LA PUISSANCE DE GUÉRISON DE L'AURA

LA PUISSANCE DE GUÉRISON DE L'AURA

Comment utiliser l'énergie spirituelle pour votre bien-être

BARBARA Y. MARTIN
ET DIMITRI MORAITIS

Traduit de l'américain par Michel Saint-Germain

ARIANE

Titre original anglais : Healing power of your aura
Spiritual Arts Institute.
P.O. Box 4315, Sunland, CA 91041
Phone : 818-353-1716 ; fax : 818-353-0506

1209, av. Bernard O., bureau 110, Outremont, Qc,
Canada H2V 1V7
Téléphone : (514) 276-2949, télécopieur : (514) 276-4121
Courrier électronique : info@ariane.qc.ca
Site Internet : www.ariane.qc.ca

Note : L'information présentée dans ce livre est destinée à soutenir et à compéter les pratiques médicales courantes. Si vous avez des symptômes physiques de maladie, veuillez consulter votre médecin.

Traduction : Michel Saint-Germain
Révision linguistique : Monique Riendeau, Michelle Bachand
Révision : Martine Vallée
Graphisme et mise en page : Carl Lemyre
Première impression : février 2007

ISBN : 978-2-89626-021-8
Dépôt légal :1er trimestre
Bibliothèque nationale du Québec
Bibliothèque nationale du Canada
Bibliothèque nationale de Paris

Diffusion
Québec : ADA Diffusion – (450) 929-0296
www.ada-inc.com
France et Belgique : D.G. Diffusion – 05.61.000.999
www.dgdiffusion.com
Suisse : Transat – 23.42.77.40

Imprimé au Canada

Dédié à la présence qui guérit
en chacun de nous

Remerciements

La création de ce livre a nécessité une bonne part de travail spirituel ainsi que physique. J'ai reçu une aide constante et intarissable du monde spirituel, qui m'a fourni l'inspiration nécessaire. Ces Êtres sacrés m'ont accompagnée à chaque étape de l'écriture afin que l'inspiration soit reçue et exprimée avec exactitude. Tout ce temps, je me suis sentie particulièrement proche du Plus Haut, pour qui je ressens une gratitude sincère.

Dimitri et moi voulons remercier Sheryl Leach pour son soutien et son encouragement déterminants dans la réalisation de ce livre. Elle nous a véritablement apporté des bienfaits. Nos remerciements sincères à George et Christine Moraitis pour leur soutien indéfectible et varié. De plus, nous offrons notre sincère gratitude à Paul Burkett, Vasilli Martin, la famille Russell – Ken, Ria et Amanda –, Phil et Ann Marie Moraitis, Louise Tamburrino, de même qu'aux étudiants et clients qui sont une source constante d'inspiration et de soutien. Nous remercions également les membres de notre merveilleuse équipe de production, de mise en marché et de distribution, qui étaient motivés à faire de ce livre un succès, dont Craig Zuckerman, Katharine O'Moore-Klopf, Nita Ybarra, Cate Cummings, Simon Warwick-Smith, Randy McKenzie, Edna Byrd, Kim Nicholls et l'équipe de Bookworld, Nigel Yorwerth, Del LeMond, Barry Kerrigan, Sonny Spencer et Phil Wagner de chez Bang Printing.

Finalement, nous remercions les nombreuses personnes qui ont écrit pour exprimer leur appréciation de *Change Your Aura, Change Your Life* et pour nous dire à quel point le travail avec la lumière les a aidées. Cela fait une différence immense de savoir que la connaissance du travail avec la lumière rejoint des gens et change des vies pour le mieux.

TABLE DES MATIÈRES

Deuxième partie

MÉDITATIONS POUR LA SANTÉ

Liste des figures

Préface

Ce livre marque mes vingt ans privilégiés de collaboration avec Barbara et la Lumière divine. Barbara est l'une de ces rares âmes qui sont, comme l'énonce Ralph Waldo Trine, « en harmonie avec l'infini ». Dès notre première rencontre, j'ai eu le sentiment renversant qu'elle avait un message essentiel à partager avec les âmes sur la voie spirituelle. Tout au long des années, ma compréhension de ce message n'a fait qu'acquérir profondeur et maturité. J'ai eu la grâce immense d'aider à bien diriger la connaissance divulguée par ce message.

Ma collaboration à ce livre a changé ma vie de façons merveilleuses et inattendues. Mon appréciation du caractère sacré de la guérison et de sa part essentielle dans le processus d'éveil spirituel s'est grandement approfondie. J'ai redécouvert le miracle du corps physique et perçu la nature de la santé sous un nouveau jour. Et comme si ce n'était pas suffisant, j'en ai gardé le sentiment profond que les intuitions spirituelles partagées étaient un point de départ pour les connaissances à venir.

Ayant été un participant et un témoin de nombreuses guérisons spirituelles avec la Lumière divine, je sais, de première main, que ces techniques de guérison par l'aura sont efficaces, et ce, mystérieusement. Je vous souhaite ardemment de trouver l'inspiration, la guérison et la transformation dans ces pages.

Dimitri Moraitis, collaborateur

INTRODUCTION

Ce livre a pour but d'exposer les bases spirituelles de la santé, son aspect, son fonctionnement, et des façons de vivre en plus grande harmonie avec elle. Il existe un merveilleux système de soutien invisible qui sert à entretenir la santé ou à aider à la rétablir lorsqu'elle paraît absente. C'est votre aura, ainsi que l'énergie spirituelle qui la rend vivante. Dans les pages suivantes, vous apprendrez à les utiliser pour faciliter la guérison de certains troubles physiques. Il ne s'agit pas d'une panacée ni d'un remède de charlatan qui guérirait prétendument toutes les maladies, mais d'un moyen de tirer parti de la source de toute force de guérison.

Ce livre est le complément de *Change Your Aura, Change Your Life*, dans lequel j'établissais le fondement du travail sur la lumière et j'expliquais l'utilisation de l'aura et de l'énergie spirituelle dans maints aspects de la vie. Dans cet ouvrage, vous appliquerez la Lumière divine à l'art sacré de la guérison. L'aura joue un rôle immense dans le processus de guérison des états physiques. Comprendre le fonctionnement de ce processus aurique et puiser à sa source vous permettra de soulager de nombreuses maladies.

Grâce à mes dons de voyance, je vois la maladie et la santé dans le corps, et j'ai été formée à l'art de la guérison spirituelle. Mais surtout, j'enseigne dans le domaine de la spiritualité. En fait, j'enseigne la métapsychique depuis des années, en guidant des gens dans leur développement spirituel. La guérison fait partie de cette croissance. C'est un outil essentiel qui nous aide à atteindre notre destination ultime, l'union avec Dieu.

C'est par mon travail avec l'aura que, pour la première fois, j'ai pris conscience de la force de la guérison spirituelle. Depuis l'âge de trois ans, je vois le champ aurique d'une manière très détaillée. Au départ, je ne comprenais pas ce que je voyais. En ces premières années, je ne pouvais même pas le nommer. Mais même enfant, j'étais attirée ou repoussée par des gens, par leurs couleurs auriques et la vibration de ces dernières. La plupart du temps, ce don était d'un grand bienfait, car il me permettait de me sentir très près de Dieu et du processus créatif de la vie. J'adorais observer le jeu de la lumière aurique dans la nature, ou voir des couleurs vives autour d'une personne. Cependant, à certains moments ce don était difficile à porter. Enfant, j'étais très sensible aux couleurs sombres et peu éclairées de la colère, de la rage et de la haine. Je ne voulais surtout pas voir ces couleurs autour des gens auxquels j'étais profondément attachée. Certaines personnes étaient entourées de couleurs très sombres et grotesques, et je ne désirais pas avoir affaire à elles. En outre, j'avais de la difficulté à concevoir que les autres ne partageaient pas mes expériences spirituelles. J'ai grandi bien avant l'époque où la guérison métapsychique était acceptée. Même mes propres parents, bons et attentionnés, avaient le sentiment que quelque chose ne tournait pas rond chez moi. J'ai fini par apprendre à ne rien dire de ce que je voyais, pour ne pas déranger.

J'ai eu la grande chance de recevoir ma première formation aurique à l'âge de 11 ans. J'ai alors rencontré une femme qui voyait l'aura comme moi. Cette âme fort évoluée m'a appris sur le champ énergétique des choses merveilleuses que j'ai incorporées dans mon travail. Sa formation m'a donné une belle compréhension de ce que je voyais, et j'ai pu interpréter les couleurs auriques.

En grandissant, j'ai pris conscience d'autres aspects de l'aura. Je communiquais également avec des êtres célestes de l'autre côté. Je me suis particulièrement rapprochée d'un groupe d'êtres immortels appelés *maîtres spirituels*. Les maîtres spirituels ne sont pas des esprits-guides ni des êtres angéliques. D'une classe à part, ils font partie intégrante de notre croissance spirituelle. Ces êtres merveilleux se sont mis à m'enseigner bien des choses sur le monde spirituel. À l'adolescence, j'ai entrepris avec eux une relation qui se poursuit encore à ce jour.

Ces Êtres sacrés ont donc commencé à m'enseigner à travailler avec l'aura et l'énergie spirituelle, pour moi et pour les autres. J'ai appris, par exemple, à me guérir de maux de tête en me servant d'une énergie appelée le feu bleu-blanc. Au secondaire, je remarquais certains problèmes dans l'aura de mes compagnes de classe. J'avais appris alors à ne rien dire directement, mais je faisais des suggestions pour tenter de les aider.

Un jour, à l'école, je me suis liée d'amitié avec une dénommée Anne. Elle venait d'un foyer brisé et dysfonctionnel. Sa mère, une prostituée, n'apportait pas grand soutien à sa fille. Jour après jour, Anne se présentait à l'école avec la même robe miteuse. Elle était très silencieuse et retirée. Ni les élèves ni les enseignants ne l'aimaient, et elle échouait sur le plan scolaire. Je voyais beaucoup de tristesse dans son aura. Ressentant de la compassion pour elle, j'ai voulu l'aider. En silence, j'ai commencé à demander à la lumière spirituelle de travailler sur son aura, afin de l'éclairer. Par ailleurs, je lui ai prêté quelques-unes de mes robes.

Bientôt, les choses se sont mises à changer pour elle. Son moral allait de mieux en mieux, à mesure que son aura s'éclaircissait. Elle obtenait de meilleurs résultats en classe. Elle avait meilleure allure et s'habillait mieux. Des camarades de classe ayant commencé à lui accorder plus d'attention, elle est devenue plus sociable. Tout cela s'est passé sans qu'elle sache qu'elle recevait de l'aide spirituelle ! Nous sommes devenues de bonnes amies. Plus tard, j'ai entendu dire qu'elle était professeur d'éducation physique et qu'elle avait connu la réussite.

À l'université, j'ai commencé à considérer plus en profondeur certains aspects de l'aura directement reliés à la santé. Comme j'étais précoce sur le plan scolaire, j'avais sauté deux années au primaire et, dès l'âge de 16 ans, j'étais donc déjà en première au Los Angeles City College. J'ai souvenir, dans certains de mes cours, d'une jeune fille aveugle et de son chien-guide. Elle était toujours de mauvaise humeur. À l'époque, je connaissais un développement spirituel merveilleux et j'en apprenais beaucoup à ce sujet. J'étais dans un très bel espace intérieur et je me demandais pourquoi les autres ne l'étaient pas. C'est durant cette période que j'ai découvert le karma physique et ses effets. On m'a dit que certaines gens ayant des problèmes de karma physique pouvaient recevoir de l'aide, contrairement à d'autres. Comme j'avais déjà aidé indirectement des gens en me servant de mes dons avec l'aura, j'ai commencé à me demander si, par le biais de l'aura, je pouvais aussi soulager des gens accablés de maladies physiques. La réponse du Plus Haut fut positive. Ainsi s'amorça l'une des plus magnifiques périodes de formation de ma vie, alors que j'apprenais l'art de la guérison spirituelle par la Lumière divine.

Ma première guérison fut parmi mes plus spectaculaires. J'étais encore à l'université. Je devrais d'abord préciser que je viens d'une famille grecque. Mon père était un prêtre grec orthodoxe. C'était un homme remarquable, aux nombreux talents. Le diocèse l'envoyait dans une nouvelle ville, où il apportait vraiment son appui en vue de dessiner et de construire une église. Puis, il effectuait une collecte de fonds et rassemblait la nouvelle paroisse. Comme il a fait cela dans bien des régions du pays, ma famille a beaucoup déménagé quand j'étais enfant. Puis, nous avons fini par nous établir en Californie, où je vis depuis. À mesure que nous grandissions, mes frères et sœurs et moi-même prêtions assistance à nos parents dans diverses fonctions ecclésiastiques. À cette époque, je secondais souvent mon père dans l'enseignement du catéchisme.

Il y avait, dans son groupe, une élève nommée Dolores. Jolie fille aux traits sombres, à l'esprit fort alerte, elle avait une douzaine d'années quand j'ai fait sa connaissance. Dolores étant sourde de naissance, ses parents l'avaient placée dans une école pour sourds-muets, où elle excellait. Même si elle ne pouvait entendre, elle assistait aux cours de catéchisme de mon père et les appréciait beaucoup. Je m'assoyais souvent à ses côtés et j'écrivais pour elle. Et quand elle avait une question, elle la rédigeait pour la donner à mon père.

À mesure que j'apprenais la guérison avec le Très-Haut, j'étais fortement poussée à épauler cette fille. Je n'avais aucune idée du résultat éventuel, mais j'avais la forte impression que la lumière pourrait grandement aider cette chère âme. Ayant vu une énergie grise autour de ses oreilles, je me suis dit que la moindre des choses était de nettoyer son aura et de la vivifier. J'ai donc entrepris un travail de lumière avec elle, encore une fois sans qu'elle le sache. (Je dois souligner ici que je demande toujours la permission au Moi supérieur de la personne avant de mener tout travail de guérison.) J'ai travaillé avec elle pendant des mois et je sentais que le Plus Haut prenait la relève pendant les séances de guérison.

Puis, un jour, en classe, un miracle s'est produit. Dolores était assise sur sa chaise pendant que mon père donnait son cours. Soudain, elle a lancé : « Oh, mon Dieu, j'entends ! Je n'ai pas besoin d'écrire ! » Au début, elle parlait doucement, mais se répétait sans cesse. Bientôt, elle fut en larmes. Lorsque les autres s'aperçurent de ce qui se passait, ils éclatèrent en larmes eux aussi. J'étais complètement prise par surprise et j'avais également les larmes aux yeux. Ce fut un moment électrisant. Lorsque sa mère est venue la chercher, elle a cru à une blague. C'était tout simplement trop beau pour être vrai. À partir de ce moment, l'ouïe de Dolores s'est améliorée d'environ cinquante pour cent.

Après cette expérience, la guérison est devenue une partie intégrante de ma vie. Des années plus tard, une fois professeur de guérison métapsychique, j'ai pensé faire carrière surtout en tant que guérisseuse. Pour une raison quelconque, l'aura a captivé l'imagination des gens et je suis devenue connue pour mon travail avec l'aura. Mais la guérison a toujours été proche de mon cœur.

Tôt dans ma carrière, j'ai formé un groupe de douze élèves. Durant des ateliers, nous accomplissions des guérisons en cercle. Dans ce but, un groupe de douze personnes forme alors un cercle et celle qui reçoit la guérison s'assoit au milieu. Lorsqu'elle est accomplie correctement, la guérison en cercle est l'une des méthodes les plus efficaces, car les énergies de douze guérisseurs sont combinées en un seul point et la personne qui reçoit obtient ainsi une puissante dose de lumière. Toutefois, pour que cette guérison soit efficace, tous les guérisseurs doivent très bien s'accorder, et il n'est pas facile de maintenir un tel groupe de gens.

Au cours d'une séance en particulier, une quarantaine de personnes se trouvaient dans l'assistance. Un à un, les gens entraient dans le cercle afin de recevoir la lumière. Dans l'auditoire se trouvait une jolie femme dans la cinquantaine, en fauteuil roulant. Elle nous raconta qu'elle était confinée à ce fauteuil parce qu'elle était paralysée à partir de la taille depuis un accident de voiture, cinq ans plus tôt. N'ayant pas abandonné l'espoir de recevoir une aide quelconque, elle était désespérément prête à tout essayer. Son mari l'avait amenée, mais il était très mal à l'aise. Il ne croyait pas à la guérison spirituelle et, de toute évidence, il n'était là qu'à l'insistance de sa femme.

Je souligne toujours aux gens que le choix leur appartient de recevoir ou non une guérison. On ne peut jamais accomplir de guérison pour quelqu'un qui se montre sceptique ou résistant. Quand vint pour elle le moment d'entrer dans le cercle, j'entendis son mari qui tentait de la décourager : « Tu es en fauteuil roulant depuis longtemps. Qu'est-ce qui te laisse croire qu'ils peuvent te rétablir ? » Heureusement pour elle, elle ne l'a pas écouté et s'est avancée vers nous.

Je me demandais aussi ce qu'on pouvait faire pour cette femme, voyant bien que les lignes de santé de son aura étaient affaissées. Elle était déprimée, et il y avait de l'énergie grise tout autour de sa personne. Durant les cinq minutes qu'elle passa dans le cercle, j'ai vu une immense masse de lumière autour d'elle. Je l'ai vue baignée par des rayons de purification et de guérison de couleurs et de teintes diverses. Beaucoup d'énergies négatives se dissipaient autour d'elle. La lumière étant plus forte que d'habitude, je savais qu'il se passait quelque chose.

Quand j'ai reçu du Plus Haut le signal que la guérison était accomplie, j'ai avisé cette femme qu'elle pouvait sortir du cercle. Elle était visiblement affectée par l'expérience, mais il était difficile de savoir si elle avait été touchée sur le plan physique. Toujours assise dans son fauteuil, elle commença à rouler hors du cercle, mais quelque chose la poussa à s'arrêter. Puis, à l'étonnement de tous, elle se leva sans aucun appui ! Elle ne pleurait pas, mais presque en état de choc, elle répétait : « Oh, qu'est-ce qui se passe ? Qu'est-ce qui se passe ?... J'ai été guérie... J'ai été guérie... » Tout le monde a alors applaudi dans le cercle. Elle nous a remerciés très chaleureusement et elle s'est mise à marcher, faiblement, mais seule. Son mari était nettement frappé de stupeur. Il était debout à côté d'elle pendant qu'elle sortait du cercle en marchant. Je n'oublierai jamais ce moment, car il m'a véritablement montré la puissance de Dieu, le fait que nous ne sommes que ses instruments et que nous ne pouvons jamais anticiper ce que fera le Divin.

À l'époque, je donnais des cours sur l'aura et la croissance spirituelle, j'intégrais la guérison dans le cadre de mon programme d'enseignement de la métapsychique. Mon don de l'aura me facilitait grandement les choses, car je voyais exactement dans l'aura des gens ce qui les affectait physiquement. Le Plus Haut m'inspirait des techniques de guérison que les élèves étaient capables d'incorporer dans leurs propres méditations. C'est alors que j'ai développé les techniques de guérison aurique présentées dans ce livre.

Ce volume n'est pas un guide médical ni un traité de santé holistique. Des ouvrages merveilleux sur ces importants aspects de la guérison sont déjà disponibles. Ce livre se concentre plutôt sur les racines spirituelles de la guérison dans leurs rapports avec l'aura. J'encourage les gens à étudier la santé sous des angles différents – le spirituel, le médical, l'holistique. Tous ces aspects ont quelque chose à offrir et font partie du processus de guérison. Par ailleurs, ce livre est destiné à votre culture et à votre enrichissement personnel. Si vous avez une maladie grave, ou le sentiment d'avoir besoin de conseils médicaux, allez consulter un praticien qualifié. Le contenu présenté ici vise à compléter – non à remplacer – des soins médicaux appropriés.

L'écriture de ces pages a été pour moi une expérience étonnante. Même si je travaille avec la lumière depuis plusieurs années, beaucoup d'informations nouvelles me sont venues durant ce processus d'écriture. Je me passionne pour ce que j'ai à vous offrir. Je considère que c'est un point de départ pour un examen continu et complet de la guérison spirituelle par la Lumière divine. Même si cet ouvrage est écrit pour votre guérison personnelle, j'espère que les guérisseurs, les chercheurs et les médecins l'étudieront avec soin et mettront en pratique la précieuse information ici offerte.

Aux dires du Plus Haut, dans les temps à venir nous découvrirons des remèdes à des maladies redoutables, dont la maladie d'Alzheimer, la maladie de Parkinson, le sida et le cancer. Mais à moins de nous attaquer à la racine d'un grand nombre de ces maux, nous serons tout de même vulnérables à la maladie. Par-dessus tout, ce livre se veut donc un outil de responsabilisation personnelle, un appel à l'action conçu pour vous donner les commandes de votre cheminement vers la santé. Dieu a destiné chacun à être un maître, non une victime, dans sa vie.

Toutes les informations et les illustrations présentées dans ces pages proviennent de ma propre inspiration et de mes propres observations directes à titre de voyante. J'ai tenté de vous montrer exactement comment je vois l'aura et le processus spirituel de la santé, et ce, sans enjolivement symbolique ni emprunt au travail d'autres personnes. Naturellement, un certain degré d'interprétation reste inévitable lorsqu'on tente de dépeindre l'aura sur papier. Comme je le rappelle toujours au gens, l'aura est tridimensionnelle et active.

Dans ce livre, je réfère au *Plus Haut*, au *Très-Haut*, aux *enseignants* et aux *guérisseurs*. Lorsque j'emploie ces termes, je désigne des êtres célestes qui constituent la composante clé de notre évolution et qui dirigent, en fait, le travail de guérison. J'ai la grande joie de travailler avec ces êtres depuis plusieurs années déjà. Ils sont à la source d'une grande part des connaissances incluses dans cet ouvrage. Une partie importante de ma formation spirituelle s'est déroulée auprès de ces Êtres sacrés. Dans vos méditations avec la lumière, vous travaillerez en collaboration avec ces merveilleux assistants et guérisseurs de l'invisible. Ils vous protègent, s'assurent que la lumière vous soit efficacement transmise, et orchestrent tout le processus de guérison. L'aspect le plus précieux de vos efforts de collaboration tout au long de ce processus spirituel consistera à vous joindre au Très-Haut, ce qui améliorera largement l'effet de la lumière. (Je vous en prie, ne confondez pas le *Plus Haut* avec le *Moi supérieur*. *Le Plus Haut* renvoie à la hiérarchie spirituelle qui guide notre évolution spirituelle. Quant au *Moi supérieur*, ou *Point du Moi supérieur*, il désigne la nature supérieure qui fait partie de la composition de chaque âme, tel que cela est exposé au chapitre 5. Tous deux sont reliés, sans être la même chose.)

Je voudrais remercier mon collaborateur, Dimitri Moraitis, pour son exceptionnelle contribution à ce livre. Ses efforts créatifs incessants ont largement dépassé le rôle traditionnel du collaborateur. C'est un élève sincère, partenaire dans l'écriture et en affaires, et un bon ami. Au cours des nombreuses années de notre association, il a développé une pénétrante compréhension de l'aura, et est devenu un excellent guérisseur.

Pour ma part, l'information transmise dans ces pages est le résultat de toute une vie d'observation et d'étude. J'ai travaillé avec des milliers de personnes, j'ai lu d'innombrables auras, et vu la lumière transformer miraculeusement la vie des gens. Les idées présentées ici ne sont pas vraiment les miennes. Il s'agit plutôt de la compilation de ce qu'on m'a enseigné et que j'ai mis en pratique. En outre, avant de communiquer des principes et des techniques, je les ai personnellement testés pour m'assurer de leur fonctionnement.

Puissent ces pages vous inspirer, vous soulever et vous offrir de nouvelles révélations dans toutes vos entreprises de guérison.

Dans la Lumière et l'Amour divins,

BARBARA MARTIN

Première partie

Le fondement de la guérison spirituelle

Chapitre un

La source de tout le pouvoir de guérison

La santé signifie une existence en harmonie avec les lois naturelles et spirituelles de la vie. À l'intérieur de notre corps agit un processus complexe qui gouverne la vie corporelle. Lorsque tout fonctionne en souplesse et de façon coordonnée, nous faisons l'expérience de la santé. Si nous dérogeons à une loi physique ou spirituelle, nous souffrons et faisons l'expérience de la maladie. La guérison est le processus qui consiste à ramener le corps à son état de santé naturel.

Récemment, la somme des connaissances sur la santé a connu une croissance explosive. La science médicale a fait de nouvelles découvertes, perçant les mystères du corps et de notre code génétique – les éléments de base de la forme physique. Les soins de santé holistiques ont fait de grands progrès, combinant les arts de diverses pratiques de guérison afin de donner des traitements très réussis. Nous sommes plus conscients des effets de la nourriture que nous mangeons et nous prenons plus de mesures préventives pour maintenir notre santé. Nous reconnaissons le pouvoir de la prière dans la guérison. La première partie du vingtième siècle a connu l'un des plus grands bonds en avant dans le domaine de la santé avec l'arrivée des sciences de la psychologie, lesquelles ont expliqué le pouvoir de l'esprit sur la matière et l'effet direct de l'état de santé mentale et émotionnelle d'une personne sur sa santé physique. Et le vingt et unième siècle voit présentement la venue de ce qu'on appelle la guérison, ou médecine, énergétique.

Malgré ces progrès, il est ironique qu'on réclame autant de guérison. Pourquoi donc ? Si nous avons fait autant de grands pas dans les techniques médicales et de guérison, pourquoi tant de gens tombent-ils encore malades ?

Dans les pages qui suivent, nous explorerons les principes et techniques de la guérison dans sa relation avec l'aura humaine. Je vous montrerai clairement la nature d'un grand nombre de nos maladies et la manière de les neutraliser. Comme vous l'apprendrez, l'aura joue un rôle immense dans le processus de guérison des troubles physiques. En comprenant le fonctionnement de ce processus aurique et en tirant parti de la source de votre pouvoir aurique, vous pourrez alléger de nombreuses afflictions physiques et découvrir le secret d'une vie saine dans tous les aspects de votre vie.

La puissance divine

Vous découvrirez de plus qu'il y a deux causes principales de maladie : le spirituel et le physique. Si vous êtes malade, cela signifie que quelque part vous n'êtes plus en alignement avec votre corps physique ou spirituel (ou les deux !), et vous ressentez cette dissonance sous forme de maladie. Bien que ce livre se concentre surtout sur les causes spirituelles de la maladie, le miracle de l'énergie spirituelle fonctionne tout aussi bien, peu importe la cause de la maladie.

L'énergie spirituelle, ou la Lumière Divine, est la plus grande clé qui permette d'établir et de maintenir la santé, car elle vous relie à votre source de santé. Peu importe la technique employée pour ramener l'être à la santé, la lumière est la clé. Elle vous donne le pouvoir et la conscience nécessaires pour manifester la santé. Il faut de l'énergie pour être en santé, beaucoup d'énergie. Je ne parle pas ici de la nourriture pour le corps ni de l'air que vous respirez. Je parle plutôt de recevoir de Dieu la nourriture *spirituelle* dont vous avez besoin pour garder tous les aspects de votre corps forts et en santé.

Qu'est-ce que l'énergie spirituelle ? Celle-ci n'est aucunement physique. C'est la force qui sous-tend la vie physique. *L'énergie spirituelle est la Lumière divine qui propulse la force vitale de Dieu dans toute la création*. C'est le canal spirituel par lequel Dieu nous donne ses divins attributs. La Lumière divine émane du trône de Dieu et pénètre toute la création. À l'instar de la lumière solaire qui nourrit et soutient la vie physique, la Lumière divine nourrit et soutient la vie dans l'univers entier. C'est l'énergie spirituelle qui maintient les planètes dans leur orbite et charge les forces physiques afin qu'elles tiennent les atomes en place. En matière de santé, c'est la Lumière divine qui nous relie à notre source de toute guérison.

L'énergie spirituelle peut être perçue comme une lumière iridescente de diverses couleurs et nuances, une lumière beaucoup plus vive que tout ce qui se trouve dans le spectre physique. La couleur et les nuances de l'énergie spirituelle dépendent de l'attribut de Dieu dont cette énergie est imprégnée. Si Dieu vous envoie de l'amour, la Lumière divine sera imprégnée de l'essence de l'amour spirituel, alors perçue sous la forme d'une énergie d'un rose foncé. Si Dieu vous envoie de la sagesse, la Divine Lumière changera sa teinte et sera perçue comme une énergie dorée. Dans la guérison, l'une des énergies essentielles que je vois est une lumière bleu saphir avec des étincelles de lumière blanche appelée le feu bleu-blanc. Le feu bleu-blanc est imprégné de l'essence même de la force de vie et du pouvoir de guérison de Dieu. Vous utiliserez beaucoup cette énergie dans votre travail de guérison. Cependant, en plus du feu bleu-blanc, vous découvrirez que de nombreux rayons spirituels fonctionnent très bien dans le processus de guérison.

Vous recevez la Divine Lumière chaque jour de votre vie ; sinon, vous ne seriez pas vivant. En ce moment même, elle vous soutient. Le plus précieux dans la Divine Lumière, c'est qu'en travaillant en coopération consciente avec l'énergie spirituelle, vous augmentez largement son pouvoir et sa puissance, ce qui accélère grandement le processus de guérison. En cas de maladie quelconque, il s'est produit une perturbation ou une corruption du courant vital qui alimente votre conscience, et cela a donné lieu à une dissonance physique. Cependant, peu importe la tension physique dans laquelle vous pourriez vous trouver, vous avez la capacité de tirer parti d'une réserve infinie de puissance spirituelle chaque fois que vous en avez besoin.

L'aura est une part essentielle de la guérison, car c'est le lieu où vous engendrez l'énergie spirituelle nécessaire pour manifester la santé. L'aura est l'expression individuelle de la force vitale universelle. C'est le projet spirituel qui exprime votre façon d'utiliser la lumière éternelle de Dieu. Pour modifier toute situation dans votre vie, vous devez générer la force spirituelle requise pour effectuer ce changement. Le lieu où vous générez la puissance spirituelle est votre aura. La santé se manifeste d'abord en celle-ci.

Voici un exemple de la manière dont l'aura et la Divine Lumière fonctionnent dans la guérison. Une femme atteinte d'une tumeur cérébrale est venue me consulter. Elle était dans la trentaine. Ma voyance me révélait la tumeur entourée d'une boule d'énergie grise de la taille approximative d'une balle de golf. À l'époque, les médecins ne savaient pas si la tumeur était maligne. J'avais l'impression qu'elle l'était, mais je ne lui en disais rien. Ses neurones aussi étaient affectés, car autour d'eux il y avait également une énergie grise. Ses lignes de santé affaissées à cause de ce qu'elle vivait, et de l'énergie grise émergeait autour de son aura en raison de sa peur et de son inquiétude.

Heureusement, elle avait une perspective spirituelle et se montrait déterminée à guérir en travaillant avec la Divine Lumière. Tout en continuant à recourir aux médecins, elle commençait donc doucement à travailler avec la lumière. Je voyais sa détermination sous la forme d'une lumière bleu royal, et je savais qu'elle avait sérieusement entrepris de se rétablir. Elle avait un certain don de voyance, lequel apparaissait sous forme de scintillement de lumière autour de sa tête. Comme elle voyait souvent la lumière fonctionner et savait l'effet que celle-ci lui faisait, elle demeurait persuadée que la Divine Lumière était réelle et bénéfique.

Le premier travail consistait à rompre l'énergie destructrice qui s'était formée autour de la tumeur. Cette dernière se nourrissait de cette énergie grise négative qu'il fallait donc dissiper pour empêcher la tumeur de grandir et de produire des métastases dans d'autres parties du corps. Cette femme reçut de nombreuses séances de guérison et travailla diligemment avec la lumière, chaque jour pendant un mois, avant que l'énergie négative de son aura finisse par être dissoute.

L'étape suivante consistait à travailler sur la tumeur même. Nous avons commencé à focaliser la Divine Lumière sur la tumeur pour la décomposer petit à petit, agissant avec plusieurs énergies pour détruire la structure atomique des cellules malignes, afin que le corps puisse se débarrasser entièrement de la tumeur. La lumière dut également être dirigée de façon à guérir les zones touchées du cerveau autour de la tumeur.

Cette partie du travail s'est poursuivie pendant à peu près deux mois. Je constatais le progrès dans son aura et savais que si les choses continuaient ainsi, cette femme allait s'en tirer. Environ trois mois après le début de ce processus de guérison, elle revit ses médecins pour un test d'imagerie par résonance magnétique. Devinez quoi ? La tumeur avait disparu ! Les médecins ne savaient quoi penser. Bien sûr, elle ne leur a pas parlé de sa démarche. Dieu, agissant par la Divine Lumière, avait rétabli la santé de cette personne. Son aura était maintenant beaucoup plus brillante. Naturellement, la tumeur et l'énergie négative qui l'entourait n'étaient plus là. Ses neurones étaient cette fois d'un beau rose et son aura était fort brillante, sans compter que toute inquiétude s'était effacée. Des étincelles blanches augmentèrent autour de sa tête. Ayant affronté un sérieux défi, elle en était sortie renforcée. Une magnifique lumière dorée entourait désormais sa tête, ce qui démontrait la force intérieure et la sagesse renouvelée qu'elle avait développées par suite de son expérience. Aujourd'hui, elle se porte très bien et reconnaît que la lumière lui a sauvé la vie. Telle est la force de la Lumière Divine.

Un duo dynamique : la Lumière Divine et la substance spirituelle

Même si la Lumière Divine est miraculeuse et essentielle à la santé, vous pouvez inclure un autre pilier spirituel à votre travail de guérison. Bien qu'il ne fasse pas partie de l'aura, ce pilier collabore si étroitement au champ énergétique qu'on ne peut fournir d'exposé complet de l'aura et de la santé sans ajouter cette part indispensable de la vie appelée *substance spirituelle*.

La substance spirituelle réfère au mot sanskrit *akasha*. Les Grecs la nommaient *ether* ou *æther* (à ne pas confondre avec l'éther physique, omniprésent dans l'espace). Le mot chinois *chi* est aussi relié à la substance spirituelle, surtout dans ses liens au corps et à la santé. Le *prâna* fait également partie de la substance spirituelle, surtout en ce qui a trait au souffle.

La substance spirituelle est le *tissu* de la vie. Si la Divine Lumière est la force derrière la création, la substance spirituelle est le matériau divin à partir duquel tout est créé. Chaque forme manifestée dans l'univers est la grande substance spirituelle qui réagit à différents taux de vibration. C'est littéralement l'argile divine, dont la main du potier façonnera une étoile, une planète ou un corps physique. Les atomes mêmes de notre monde physique sont composés de matériel cosmique. Lorsque Dieu a fait naître l'univers, il a utilisé la Lumière divine pour imprégner la substance spirituelle de cette idée, qui a amorcé le véritable processus de formation. Une fois établie la forme matérielle, un flux régulier de substance spirituelle est nécessaire pour maintenir l'intégrité de cette forme. Cela signifie qu'en plus de la Divine Lumière, la substance spirituelle est essentielle à l'intégrité du corps physique. Dans vos méditations de guérison, incluez la substance spirituelle dans votre travail de lumière, de manière à grandement amplifier le pouvoir de guérison. Par cette combinaison de Lumière Divine et de substance spirituelle, vous refléterez le processus même qui a fait naître la forme physique. En travaillant de concert avec ces deux piliers de la santé spirituelle, vous activerez la force de guérison la plus puissante qui soit.

Les principes de la guérison spirituelle

En travaillant avec l'énergie spirituelle, vous découvrirez que la lumière et la conscience vont main dans la main, comme l'exprime le dicton ancien « la lumière reflète la vie ». Pour soutirer le maximum du travail avec la lumière, vous devez apprendre à élever votre conscience au niveau de l'Esprit, où la santé existe. Bien des gens font l'erreur de considérer la lumière comme une panacée ou une pilule que l'on prend et que l'on oublie. De la sorte, la lumière aura très peu d'effet, car elle n'est pas un génie ni une baguette magique. Vous êtes censé prendre part au processus de guérison. Rappelez-vous toujours que la lumière nous aide en nous amenant à la *conscience* de la santé. Elle élève notre conscience jusqu'à l'espace où la santé existe. À mesure que nous développons notre force spirituelle, nous développons aussi notre conscience de la santé. Et en édifiant notre conscience au niveau du Divin, la santé se manifeste.

La santé fait partie de notre croissance spirituelle. Rappelez-vous cela, et vous garderez toujours un bon point de vue sur la santé. Bien sûr, cela demande souvent d'ajuster notre façon de concevoir la santé pour y inclure la dimension spirituelle. Dans mes cours de guérison, j'appelle cela « comment entretenir une conscience de la guérison ». Il y a deux principes de base dans le maintien de la conscience de la guérison, et je vous demande de vous les rappeler pour en faire des aspects indélébiles de votre travail de guérison :

- Dieu est le seul guérisseur.
- La santé est notre droit de naissance divin.

Dieu est le seul guérisseur

Selon la première loi de la santé spirituelle, la guérison commence par Dieu. Soyons très clairs à ce propos. La question n'est pas d'aller consulter un médecin ou un guérisseur, ni de prendre des médicaments ou de pratiquer cette magnifique nouvelle technique de guérison. La guérison commence par Dieu. Dieu est la vie, et la lumière est l'expression de cette vie. La vie de Dieu ne sera jamais malade ou affaiblie, ni sujette à aucune influence extérieure de quelque nature que ce soit. Nous sommes des instruments entre les mains de Dieu. Dieu travaille à travers nous pour manifester la santé. En d'autres mots, le Divin peut agir par le biais d'un médecin, d'un guérisseur, d'un médicament ou d'une technique de guérison, mais ce ne sont là que des canaux de la santé, non la source. La source demeure toujours Dieu.

Si vous cherchez la santé, votre tâche première est d'aller vers Dieu, la source de toute guérison. Vous devez vous rappeler en votre cœur et votre esprit que dans la conscience de Dieu la maladie n'existe pas et qu'en sortant du sentiment humain de ce qui vous est présenté, pour passer au Divin, vous établissez la condition de la santé. Autrement dit, lorsque vous allez vers Dieu, attendez-vous à recevoir Dieu, *non une guérison* ! Je sais que cela paraît étrange, mais si Dieu est la source de la santé, en allant à Dieu dans le but de vous relier à lui, vous vous relierez automatiquement à la santé. Dieu vient en premier.

Le guérisseur spirituel Joel Goldsmith était bien connu pour les succès de sa pratique de guérison. Il enseignait que lorsqu'une personne malade physiquement venait le voir, il ne focalisait pas du tout sur son état. Il avait appris à accéder à une conscience divine où la maladie n'existait pas. Par suite de cette élévation spirituelle, la personne était habituellement guérie. Goldsmith a cristallisé tout le processus de guérison spirituelle lorsqu'il a dit ceci :

> « *Le traitement est la technique employée pour soulever la conscience à une telle élévation qu'il s'établit alors un contact avec Dieu permettant à la puissance spirituelle de passer dans l'activité humaine.* »

La santé est notre droit de naissance divin

Selon ce deuxième grand principe de guérison spirituelle, Dieu désire que nous profitions tous d'une santé parfaite. Une fois de plus, nous devons nous rappeler que la maladie, ou toute forme d'affliction physique, est un appel à Dieu. C'est un indice que nous sommes désalignés par rapport aux lois spirituelles ou physiques de Dieu et que nous faisons l'expérience physique de cette dissonance.

Comment jouir de votre droit de naissance spirituel ? D'abord, identifiez-vous à la santé. Peu importe ce que vous voyez ou ressentez, entretenez en pensée l'image parfaite de la santé. Cela vous aidera à vous relier à votre part divine et à mettre en place un élan de guérison dans la bonne direction. Et cela fera toute une différence dans le travail avec votre aura et avec la lumière. En entretenant l'image de la santé, vous entretenez les *lois universelles immuables* qui reflètent le processus même que Dieu utilise pour manifester la santé. Si l'esprit entretient l'image de la santé, cette dernière doit nécessairement suivre.

Par-dessus tout, refusez de vous identifier à votre maladie ou à votre condition affligeante. Si vous prononcez des phrases comme « je suis malade » ou « je me sens tellement mal », vous donnez vie à vos maux. Cela a pour effet de vous débrancher de la source de votre force de guérison, ce qui diminue l'efficacité du travail avec la lumière. Quand nous devenons malades, nous tombons trop souvent dans la panique et la peur, oubliant que ce n'est là que de la chair. Nous oublions que ces conditions n'ont pas le pouvoir de détruire la vie éternelle qui réside en nous. Nous étiquetons ces maux et les décrivons dans le détail, ce qui peut les rendre encore plus vivants. D'autres personnes renforcent également ce faux système de croyances, et bientôt, notre état semble plus grand que nature. J'ai connu une femme qui, chaque fois que nous nous rencontrions pour un lunch, commençait inévitablement par parler de ce qui allait de travers chez elle. Elle m'entretenait de telle maladie ou tel problème dans les menus détails et s'exprimait avec beaucoup d'émotion. Puis elle se demandait pour quelle raison elle n'allait pas mieux !

Quand j'enseigne ce principe qui consiste à revendiquer votre droit naturel à la santé, certains se demandent si ce n'est pas du déni. « En refusant d'affirmer qu'on est malade, est-ce qu'on ne nie pas ou n'ignore pas la réalité de la situation, toute sombre qu'elle puisse être ? » À mon avis, le déni de la puissance de Dieu dans notre vie est bien plus grave, surtout si nous ne revendiquons pas ce droit à la santé ? Il y a une grande différence entre se voir en tant qu'âme éternelle traversant l'expérience humaine de la maladie et se considérer tout simplement comme une personne malade. Voulez-vous vous identifier à la source de votre santé, ou à la source de vos maux ?

Reconnaître l'aspect illusoire de la maladie ne veut pas dire éviter d'agir. Cela signifie plutôt le contraire, soit devenir très actif dans le rétablissement de sa santé. Le but d'entretenir une conscience de la guérison vise à vous donner les commandes de votre propre bien-être afin d'être le maître, non la victime, de votre vie. Suivre les principes de guérison spirituelle veut dire appliquer tous les principes de guérison à votre disposition. Alors que vous amorcez un travail avec la Divine Lumière et les lois spirituelles de la santé, vous pourriez très bien être inspiré à recourir à tel médecin ou à prendre tel médicament. Qui sait comment l'Esprit vous poussera à agir. En suivant les lois divines, vous n'excluez rien ; vous améliorez.

Il n'est pas toujours facile de penser en termes de santé parfaite, surtout lorsque nous sommes au milieu de la douleur, de l'inconfort et de la souffrance. Il peut être difficile alors de croire que Dieu est là, que dans le domaine de Dieu nous sommes déjà en parfaite santé. Nous pouvons nous décourager, surtout quand nos maux semblent insurmontables. Et puis, il y a cette habitude très humaine de devenir étrangement à l'aise dans l'inconfort. En d'autres mots, nous avons tous besoin de beaucoup de compassion, de motivation et de volonté pour être patients, alors que nous recyclons notre conscience de façon qu'elle voie la santé dans la Divine Lumière de Dieu.

Dieu peut tout guérir. Sa puissance est sans limites. Depuis des siècles, de grandes âmes ont témoigné du fait que la guérison dépasse la compréhension humaine. Voyez les guérisons de Jésus. Il a guéri des aveugles, des malades et des paralytiques. Même la mort n'a gardé aucun pouvoir devant le Divin. Cela nous dit que rien n'est plus grand que le pouvoir de Dieu et que nous pouvons tous êtres les canaux de l'énergie de guérison infinie de Dieu.

Les modèles de l'aura

Quand j'ai écrit *Change Your Aura, Change Your Life*, on m'a demandé pourquoi l'aura est décrite différemment, selon la personne à qui on s'adresse. Nous vivons une époque stimulante. En effet, nous sommes passés d'une période de disette d'informations sur l'aura à une pléthore d'informations sur le champ aurique. J'applaudis tous les efforts sincères en vue de comprendre et de partager de l'information sur l'aura. Ces efforts sont essentiels lorsqu'on veut mieux saisir qui nous sommes en tant qu'êtres spirituels.

Pour comprendre par clairvoyance une description de l'aura, il faut se poser deux questions :

- Quelle manifestation aurique est-on en train d'observer ?
- Comment cette manifestation aurique est-elle observée ?

Quelle manifestation aurique est-on en train d'observer ?

Lorsque nous parlons de l'aura, nous référons en fait à plus d'une manifestation spirituelle, et nous les désignons toutes par le terme générique *aura*. Cela peut engendrer de la confusion. Chacune de ces auras est une étude en soi. Elles sont toutes concurremment actives, et leurs énergies peuvent se chevaucher sans interférer avec la fonction de l'une et de l'autre. Cependant, cela rend plus difficile le travail du voyant lorsqu'il s'agit de syntoniser précisément les divers aspects de l'aura. Selon mon expérience et mes observations, on rencontre les types suivants de manifestations auriques :

- l'aura magnétique,
- les couches auriques,
- les gabarits auriques,
- l'aura spirituelle (le sujet même de ce livre).

L'aura magnétique

L'aura magnétique (Figure 1-1) est un champ d'énergie qui émane du champ magnétique engendré par le corps. Ce champ d'énergie généré autour du corps est analogue au champ magnétique qui entoure la Terre. Comme nous le savons, un champ magnétique est généré par la Terre et s'étend au-delà des frontières de celle-ci. Le champ magnétique du corps humain est naturellement beaucoup plus faible que celui de la planète, mais l'effet est là tout de même.

La science reconnaît l'idée d'un champ magnétique généré par le corps. À la question: Est-ce une aura? nous répondons: Le champ magnétique qui entoure une personne n'est pas vraiment l'aura. Ce qui crée l'aura, c'est l'interaction de l'énergie spirituelle et du champ magnétique. Un voyant peut observer ce champ de force, car celui-ci interagit avec le courant spirituel de lumière qui le traverse.

L'aura magnétique se manifeste sous forme de stries rayonnantes de couleurs spirituelles d'environ trente centimètres de long dans toutes les directions à partir du corps. Les couleurs de base sont le bleu, le rose et le jaune. Lorsqu'on dirige de la lumière vers l'aura magnétique, on peut voir diverses couleurs. À mesure que les courants magnétiques du corps fluctuent en fonction des diverses activités du corps, cette aura magnétique change aussi. Elle peut se contracter et s'élargir, mais cette fluctuation de la taille est temporaire, et l'aura magnétique finira par retrouver sa taille normale. Par exemple, des changements de rythme cardiaque ou de pression sanguine peuvent modifier le champ magnétique. Alors que je travaillais à cette section avec mon collaborateur, je cherchais son aura magnétique, qui sortit en des teintes de bleu, de rose et de jaune. En guise d'expérience, Dimitri s'est mis à un vigoureux exercice pendant quelques minutes. Au cours de cet exercice, il a excité les charges électriques de son corps, ce qui a eu pour effet de rendre son aura magnétique plus vive et plus expansive, et les énergies bleue, rose et jaune sont devenues plus prononcées. S'il avait vécu un soudain changement émotionnel, cela aurait eu un effet similaire.

Comme son nom l'indique, l'aura magnétique a pour but de soutenir les courants magnétique et électrique du corps, lequel, à son tour, aide à entretenir l'homéostasie du corps. Ce dernier a un système interne de régulation qui s'assure que tout fonctionne en harmonie. Le système nerveux autonome, l'équilibre acido-basique et le système endocrinien jouent tous un rôle dans le maintien de cet équilibre. En outre, le corps interagit avec les courants magnétiques de la Terre, de même qu'avec les courants magnétiques avec lesquels il entre en contact à partir de sources diverses. L'aura magnétique aide à garder toutes ces influences en équilibre, et le corps en santé.

Lorsqu'il y a maladie, les vibrations électriques du corps sont affectées, et affectent à leur tour l'aura magnétique. La décoloration devient visible dans les zones détériorées ou malades. L'émanation et la forme de cette aura peuvent se déformer et tomber davantage, indiquant une perturbation de l'aura magnétique.

Les couches auriques

Les couches auriques (Figure 1-2) enveloppent la forme physique et sont directement reliées aux sept chakras spirituels. Ceux-ci sont des lieux essentiels de transformation destinés à aider l'âme dans son évolution spirituelle. Ces chakras représentent des niveaux de conscience ; ce sont aussi des stations de réception et de transmission de la Divine Lumière. Il se passe tellement de choses dans ces centres spirituels que le Divin a placé, au sein de votre anatomie spirituelle, des bandes de lumière particulières autour de votre corps pour aider à soutenir le courant de lumière spirituelle qui pénètre dans ces centres.

Sept de ces bandes de lumière rayonnent dans toutes les directions autour du corps. Elles correspondent aux sept principaux chakras, le plus près du corps correspondant au chakra racine, en montant. Chaque bande a environ dix centimètres d'épaisseur. On les décrit souvent comme ayant la même couleur que l'énergie centrale de leur chakra correspondant, mais j'ai observé que la gamme de couleurs de ces bandes diffère d'une personne à l'autre et renvoie au caractère et aux besoins spirituels de l'individu. À mesure que l'âme évolue, ces bandes se développent également de plus en plus. De plus, lorsque la lumière est canalisée vers les centres d'énergie, on remarque que ces bandes changent aussi la couleur de l'énergie en train d'être reçue. Lorsque la personne est malade ou qu'il y a un problème dans l'un des chakras, ces bandes peuvent se décolorer. Heureusement, lorsque vous dirigez de la lumière vers les chakras, ces bandes sont automatiquement couvertes. Ainsi, à moins de circonstances particulières, vous n'avez pas besoin de diriger de la lumière vers ces bandes comme pour les centres mêmes.

LES GABARITS AURIQUES

Ce modèle de l'aura sous forme de gabarits a été largement répandu dans des textes orientaux et des enseignements théosophiques. Il ouvre la porte sur l'un des domaines les plus profonds de l'étude de la métapsychique. Dans cette manifestation de l'aura, ces gabarits sont appelés des corps. Les textes orientaux mettent l'accent sur quatre corps qui entourent le corps physique. À partir de la bande la plus proche du corps, ce sont les corps éthérique, astral, mental et causal. Correspondant à ces corps, il y a quatre corps éthérique, astral, mental et causal *indépendants* ; ce sont les véhicules de notre évolution dans les divers plans de la création. Ces corps indépendants ne sont pas reliés au corps physique. Parce qu'il est très facile de gommer cette distinction, j'appelle les corps périphériques que nous examinons ici des *gabarits* (Figure 1-3) pour éviter toute confusion. Au chapitre 3, nous nous pencherons en détail sur l'un de ces corps indépendants – le corps astral –, vu son importance cruciale pour le bien-être physique.

Les gabarits auriques soutiennent le corps physique et sont des aspects clés de notre constitution spirituelle. Le premier et le plus proche du corps physique est le gabarit éthérique. Il a pour unique tâche de soutenir la charpente physique en canalisant la substance spirituelle lorsqu'elle entre et sort des atomes du corps physique. Composé d'une substance éthérique, ce gabarit épouse la forme exacte du corps physique, sauf qu'il est un peu plus grand. Il pénètre le corps et s'étend à environ cinq centimètres au-delà du plan physique. Ses couleurs fondamentales sont le jaune or, le vert et le rouge, mais lorsque des énergies y entrent et le traversent, il peut prendre diverses couleurs et nuances. Dans notre travail avec la lumière de guérison, nous dirigerons cette lumière vers le gabarit, car il peut être affecté négativement lorsque nous sommes malades.

Le deuxième est le gabarit astral, dont la tâche est de soutenir le courant d'énergie spirituelle vers les atomes physiques. Tandis que le gabarit éthérique soutient la structure atomique du corps, le gabarit astral soutient le flux de lumière qui entre dans chaque atome du corps. Ce gabarit, qui est aussi une réplique exacte de la forme physique, pénètre le corps physique mais s'étend plus loin, à environ dix centimètres dans toutes les directions. Ses couleurs fondamentales sont le blanc, le pourpre et le rose. Il peut changer de couleur à mesure que l'énergie spirituelle y entre et le traverse. Nous inclurons ce gabarit dans notre travail de guérison avec la Divine Lumière, car il joue un rôle important pour la santé.

Le troisième est le gabarit mental. Comme son nom l'indique, ce gabarit soutient les niveaux de pensée. Il fonctionne automatiquement pour faciliter la transmission et la réception de la pensée. Comme vous pouvez l'imaginer, il se passe bien des choses dans cette part de nous. Ce gabarit commence à une trentaine de centimètres du corps et a environ quinze centimètres d'épaisseur dans toutes les directions. De forme ovale, il est composé d'une substance mentale, et sa couleur de base est le blanc, avec une aura blanche extérieure d'une dizaine de centimètres. L'aura de ce gabarit mental change de couleur à mesure que l'on reçoit et transmet des pensées. Ces couleurs peuvent prendre de magnifiques teintes diaphanes lorsqu'on a une pensée éclairée, ou des couleurs hideuses et grotesques dans le cas d'une pensée sombre et non éclairée. À mesure que l'esprit s'éveille, ce gabarit mental s'éclaire jusqu'à devenir assez luminescent.

Finalement, il y a le gabarit causal. C'est le corps protecteur de notre âme, précisément conçu pour seconder celle-ci tout au long de son séjour physique. Ce gabarit commence à une cinquantaine de centimètres du corps et a environ dix centimètres d'épaisseur dans toutes les directions, formant aussi un ovale. Sa couleur fondamentale est le blanc, avec une magnifique aura blanche extérieure. L'âme s'appuie sur ce gabarit qui soutient sa force. L'aura du gabarit causal demeure presque toujours blanche, même si le corps est malade. Il doit y avoir une profonde maladie de l'âme pour que le niveau causal soit affecté. Quand l'âme atteint la perfection spirituelle, le gabarit causal devient une lumière blanche iridescente encore plus brillante.

L'aura spirituelle

L'aura spirituelle (Figure 2-6) est fort essentielle à notre évolution spirituelle. C'est elle qui reflète le plus intimement à quelle étape de notre croissance spirituelle nous nous trouvons, et exactement à quel endroit nous sommes arrivés dans notre conscience, sur tous les plans. J'appelle cette aura le portrait de l'âme, car elle montre exactement comment nous nous portons mentalement, émotionnellement, physiquement, spirituellement, et sur le plan créatif. Il n'existe aucun aspect de notre conscience humaine que cette aura ne touche pas. Je la qualifie d'aura spirituelle afin de la distinguer d'autres manifestations auriques.

L'aura spirituelle est la force fondamentale de toutes les activités et tous les échanges d'énergie. Les autres manifestations auriques interagissent avec cette aura. En travaillant avec votre aura spirituelle, vous vous trouverez à soulever automatiquement tous les aspects de la manifestation aurique. C'est par cette aura que nous pouvons transmettre au corps les plus grands courants de guérison pour la santé et le bien-être. C'est le moyen le plus détaillé et le plus précis d'observer spirituellement la santé du corps, ou la maladie. Ironiquement, cette manifestation aurique est probablement celle dont on parle le moins, ou que l'on comprend le moins, et pourtant c'est l'aura la plus essentielle de toutes. Pour la plus grande part, toute les références et les illustrations de l'aura dans ce corps seront concentrées sur cette aura spirituelle.

Comment cette manifestation aurique s'observe-t-elle ?

En plus d'examiner les diverses manifestations de l'aura, nous devons mieux comprendre comment celle-ci est perçue en réalité. *Cependant, il n'est pas nécessaire de voir l'aura pour travailler avec elle.* Vous pouvez travailler avec la lumière de guérison pour obtenir un meilleur effet, que vous voyiez ou non les auras. Cet exposé de la clairvoyance vise à mieux vous faire comprendre comment la connaissance de l'aura a été découverte.

Lorsqu'un voyant regarde l'aura, il n'utilise pas la vue physique. Les yeux physiques ne peuvent tout simplement pas voir l'énergie spirituelle. C'est chose impossible. La structure atomique de la Divine Lumière est beaucoup trop raréfiée pour être captée par la vue physique. Ainsi, Dieu nous a donné d'autres sens pour voir le spectre spirituel tout en étant dans la vie physique. Chaque humain possède ces sens, lesquels, à la différence des yeux physiques, sont latents jusqu'à ce qu'on les éveille par l'effort et l'évolution.

La *clairvoyance* est un terme générique qui désigne en réalité la clairvoyance mystique et la claivoyance parapsychologique. Le second type est de loin le plus courant. Nous sommes tous des voyants à divers degrés, mais certains son plus accordés que d'autres à leur nature parapsychologique. La vision parapsychologique peut être attirante, mais je mets fortement en garde les gens de ne pas prendre trop au pied de la lettre cette perception. Le domaine parapsychique est une vibration mixte. Il y a là des plans éveillés et non éveillés. Vous ne pouvez dire par la seule perception parapsychique que ce que vous voyez est tout à fait exact.

La vision mystique, toutefois, est complètement exacte, et a une gamme de perceptions beaucoup plus grande que la vision parapsychique. Cette clairvoyance spirituelle comporte également des degrés, mais en général, deux voyants mystiques observant le même phénomène spirituel voient plus ou moins la même chose. Néanmoins, la clairvoyance mystique est rare. Je n'ai rencontré que quelques âmes possédant une véritable voyance spirituelle. Deux de ces personnes sont d'ailleurs devenues mes maîtres spirituels. L'un des plus grands privilèges de ma vie a été de recevoir le don de vision mystique et parapsychique, et je peux affirmer, à partir de mon expérience personnelle, que les deux approches ne sont pas comparables. La vision parapsychique est merveilleuse, mais les sens mystiques sont beaucoup plus complets. Les observations présentées dans ce livre ne sont fondées que sur des perceptions mystiques.

En plus du type et du degré de clairvoyance utilisés, il faut tenir compte de l'élément formation. Quelle habileté possède le voyant qui fait l'observation ? Il est très facile de mal lire ce qu'on voit si on n'a pas soigneusement développé son talent. Il y a de nombreuses dimensions et fréquences dans le domaine spirituel, du moins beaucoup plus que sur le plan physique. Pour arriver à comprendre toutes ces fréquences énergétiques, vous devez syntoniser un à la fois les aspects de l'aura, comme vous syntonisez une seule station radiophonique à la fois. Dans mon cas, j'ai passé de nombreuses années d'intense formation à la voyance pour exploiter au mieux mes dons.

On a demandé si la science sera capable un jour de concevoir des machines afin de détecter l'aura avec exactitude. Ces appareils pourraient servir à diagnostiquer la maladie avant même qu'elle n'ait atteint le plan physique. La réponse que j'ai reçue à cette question, c'est oui et non. Une machine ne peut détecter directement une aura, car celle-ci n'est pas physique. Mais la possibilité existe de développer des appareils ayant la capacité de déceler certains effets physiques d'une manifestation aurique, et ces appareils seraient d'un grand bienfait pour l'humanité. La question délicate qui se pose alors est la suivante : comme ces machines devraient être utilisées conjointement avec des intervenants clairvoyants, il faudrait trouver des gens d'un talent exceptionnel ayant les capacités techniques et spirituelles nécessaires pour accomplir ce travail. Cependant, le potentiel est présent. Des progrès ont été faits, et il sera très enthousiasmant de découvrir ce qui se passera dans les années à venir.

La destinée de chaque âme est de devenir apte à la clairvoyance. La vision mystique est un sous-produit naturel de votre évolution spirituelle. Au bon moment, et lorsque votre âme sera prête, vos dons de clairvoyance prendront de l'ampleur. Mais n'attendez pas ce jour pour commencer à travailler avec votre aura et votre Divine Lumière. Tirez pleinement parti, dès maintenant, de votre ouverture spirituelle.

L'amour dans la guérison

La guérison n'est pas complète sans amour. L'amour est la pierre d'assise de toute guérison réussie. La véritable guérison spirituelle n'est pas le résultat d'un processus intellectuel ; elle provient du cœur. L'amour vous relie à Dieu et au processus créateur de la vie. Il vous apporte la compassion nécessaire pour être efficace dans votre travail de guérison. Si vous êtes froid et détaché, vous ne retirerez pas le plein avantage que vous cherchez dans vos efforts de guérison. Abordez votre travail de guérison avec soin et compassion, et les résultats suivront beaucoup plus aisément.

L'amour peut également aider à se libérer des doutes et du scepticisme qui peuvent s'insinuer dans le travail de guérison. Si vous doutez du pouvoir de la lumière dans votre vie, cela peut établir une aura de résistance qui inhibera la circulation du courant de guérison. Dans mon travail de guérison auprès des autres, je demande toujours la permission avant d'amorcer tout type de guérison. Je le fais d'abord parce que ce n'est pas mon rôle d'envoyer de la lumière de guérison à ceux qui n'en veulent pas, et ensuite parce que je sais que toute résistance chez la personne qui la reçoit peut véritablement bloquer son efficacité.

Peu importe le type de guérison, il doit y avoir une réceptivité au pouvoir de Dieu. Comme le Christ nous l'a enseigné, « demandez la foi ». Notre cœur doit être engagé dans ce processus pour que ce dernier soit efficace, car le résultat de toute guérison est toujours entre les mains de Dieu. Nous devons aussi réaliser que la guérison se déroule au rythme décidé par Dieu. Nous ne pouvons décider du calendrier de la guérison. Nous faisons le travail et laissons le reste à Dieu. Ainsi, par le biais de l'amour, nous apprenons à faire confiance à Dieu pour ce qui est des questions de santé, car la guérison nous rapproche de Dieu.

À mesure que vous explorerez les diverses causes de la maladie, vous reconnaîtrez peut-être qu'une grande part de votre détresse provient en réalité de vos propres pensées et sentiments négatifs. De cette prise de conscience pourra découler une tendance à condamner ou à critiquer, laquelle entravera le processus de guérison au lieu de l'aider. Si vous admettez que vous seul avez créé votre maladie, pardonnez-vous. Considérez la situation pour ce qu'elle est, et lâchez prise. Attachez-vous à l'image divine de qui vous êtes. Si vous vous réprimandez, cela peut avoir pour effet de vous maintenir dans l'état même dont vous essayez de sortir ! Le même principe s'applique aux autres. Si vous pensez que ces derniers sont peut-être les créateurs de leur propre maladie, refusez de les pointer du doigt et de les condamner. Plutôt, faites montre de compassion et de patience envers eux. Reconnaissez l'étincelle divine en eux, peu importe la condition qu'ils vous présentent. Par l'amour, entretenez le Divin en vous-même et chez les autres, et regardez votre travail de guérison se dérouler dans une incomparable beauté.

Chapitre deux

L'AURA ET LA GUÉRISON

Depuis mon enfance, l'aura fait partie intégrante de ma vie. J'arrive à peine à me rappeler une époque où je ne voyais pas le champ énergétique. À l'adolescence, mes dons se sont approfondis et j'ai commencé à reconnaître des aspects de l'aura relatifs à la santé. Un jour – j'avais alors 16 ans –, alors que j'étais à la maison avec ma mère, l'une de ses amies est venue nous rendre visite. Ma mère et elle appartenaient à un club grec, à l'église, et cette femme était venue discuter de l'organisation du comité. Je l'aimais bien, et c'était une bonne amie de ma famille. J'étais en train de regarder son champ énergétique quand j'ai aperçu quelque chose que je n'avais jamais vu dans une aura. C'était des stries inusitées de lumière qui sortaient de son corps. Il y en avait quatre, grises et affaissées, et elles sortaient des deux côtés. Leur énergie n'avait pas belle allure. J'ai intuitivement saisi qu'elles étaient reliées à sa santé et que cette femme n'allait pas bien. Hélas, elle était fortement atteinte du cancer. Moins de trois mois plus tard, elle mourut.

Cet incident m'a fait grande impression, car c'était la première fois que j'établissais un rapport incontestable entre l'aura et la santé physique. J'avais déjà appris que l'aura est très étroitement reliée au caractère, aux pensées et aux émotions, mais il devenait fort évident alors que l'aura joue un rôle central dans le processus de la santé. Peu après cet incident, j'ai appris que les stries que j'avais vues étaient les lignes de santé spirituelle du corps. D'ailleurs, tout le monde en a. Chez une personne en santé, ces lignes sont d'un blanc argenté, mais les siennes étaient grises et affaisées, à cause de la gravité de sa maladie.

Une nouvelle phase de mes talents de clairvoyante venait de s'ouvrir. Je m'étonnais de pouvoir syntoniser le corps d'une personne et de voir non seulement les organes, mais aussi l'aura entourant ses organes, et de savoir s'ils étaient en santé ou non. Je n'essayais pas, cela arrivait tout seul. Comme pour d'autres aspects de ma voyance, j'ai bientôt appris à bloquer au besoin cette capacité afin de ne pas être submergée.

L'aura est une essence vibratoire qui entoure toute chose vivante. Elle est composée d'une énergie spirituelle que nous avons attirée de la source divine et que nous appliquons dans toutes les facettes de notre vie. Tout, dans la vie, possède une aura, car tout dans la vie renferme la force vitale de Dieu, qui y circule à un degré plus ou moins élevé. Les humains, les animaux, les plantes et même les objets inanimés ont une aura.

L'aura est votre « plan architectural » spirituel. C'est votre système de soutien invisible en tout ce que vous faites. Tout, dans votre champ aurique, se reflète quelque part dans votre vie, et vice-versa. Vous avez une section pour les pensées, les talents, les émotions, le caractère et le développement spirituel. Et vous avez une section directement reliée à la santé. Cette dernière section est fort révélatrice, car elle montre votre santé générale, y compris celle des organes et des cellules.

L'aura est essentielle à la guérison, car c'est là, d'abord, que vous générez la santé. Comme pour tout dans la vie, il faut de l'*énergie* pour produire n'importe quel type de changement. Ce principe se vérifie nettement en ce qui a trait à la santé. Vous devez d'abord changer l'énergie intérieure de votre aura pour créer la santé désirée. Cela exige de la force. Il faut une force immense pour passer de la maladie à la santé. Le fait de travailler avec votre aura et votre énergie spirituelle vous *donne* cette force.

La création d'une attitude mentale adéquate est vitale pour la santé. Si vous demandez à la lumière de Dieu de vous guérir, mais que vous entretenez de vieux schémas de pensée destructeurs, vous faites obstruction à la circulation de l'énergie spirituelle. La santé parfaite doit se former dans l'esprit. Lorsque l'esprit pense en termes de Dieu et de santé, c'est la Lumière divine qui s'exprime à travers l'aura qui donne la force de vraiment effectuer le changement.

Votre aura travaille constamment pour vous, afin d'installer et de conserver la santé. D'ailleurs, la lumière renouvelle tout votre aura *aux quatre heures*, que vous en soyez conscient ou non. Mais lorsque vous collaborez étroitement avec votre aura et la lumière, leur efficacité est largement multipliée.

Vous n'avez pas à voir l'aura pour travailler avec elle. J'ai la grande chance de voir ce champ d'énergie, et cela a été très utile dans la guérison, mais ce talent ne vous est pas nécessaire pour être un guérisseur efficace pour vous et les autres. Il vous est possible de percevoir l'aura, et si vous comprenez comment les énergies fonctionnent en vous et autour de vous, vous pouvez être un guérisseur très efficace en utilisant la Lumière divine.

Les couleurs de l'aura

Les énergies spirituelles de Dieu se présentent dans un kaléidoscope de couleurs et de teintes vibrantes et vivantes (Figure 2-1). Notre être est rempli de couleurs. Chaque couleur et chaque teinte de l'aura a une signification unique. Lorsque j'ai commencé à voir l'aura, je ne connaissais pas le sens des diverses couleurs. Je savais seulement que j'étais attirée ou repoussée par quelqu'un à partir des couleurs qu'il dégageait. À 11 ans, j'ai rencontré une femme versée dans l'alchimie, et voyais l'aura dans le détail. Elle m'a beaucoup appris, surtout les interprétations des couleurs spirituelles. J'ai trouvé ces interprétations incroyablement justes. Vous découvrirez que l'aura ne ment pas. L'énergie de votre aura, quelle qu'elle soit, révèle exactement ce que vous vivez dans votre conscience. À l'instant même, alors que vous lisez ces mots, vous êtes en train de dégager une énergie qui se présente dans diverses couleurs et teintes, en fonction de la qualité de vos pensées et de vos sentiments. Heureusement, l'aura est dynamique et active. Cela signifie que vous pouvez toujours améliorer la vôtre.

Vous découvrirez que l'aura a deux types d'énergie de base : les énergies illuminée et non illuminée. L'énergie illuminée est la Lumière divine, qui est pure et imprégnée de l'Essence divine. Les énergies non illuminées ont été corrompues par un mauvais usage et ont perdu leur puissance spirituelle. Dans mon livre *Change Your Aura, Change Your Life*, je donne une description complète des couleurs auriques et de leurs interprétations par rapport à notre caractère et nos activités. Dans l'interprétation suivante de la couleur, je mets l'accent sur les couleurs auriques reliées à la santé.

Couleurs illuminées

BLEU

Le bleu saphir est l'énergie de la guérison. Je le vois autour d'organes en voie de guérison. Le bleu saphir montre le processus naturel de guérison en cours, même si vous n'utilisez pas consciemment cette couleur pour vous guérir . Je vois également ce bleu irradier à partir des chakras lorsqu'une personne traverse un processus de guérison. Le bleu royal indique l'honnêteté, la loyauté, le dévouement et la détermination.

ROUGE

Le rouge est l'énergie de la vitalité. Je le vois le plus souvent sous forme d'un magnifique incarnat ou d'un vibrant rouge rubis, plus foncé. Je vois du rouge rubis rayonner par le bout des doigts d'une personne remplie d'énergie et d'enthousiasme. C'est une énergie très physique. Je le vois également circuler dans le système sanguin et un grand nombre d'organes en santé. Le rouge est une couleur clé du chakra racine et des chakras des paumes des mains. On le remarque aussi dans les contours du corps de quelqu'un dont la santé est bonne. Si la vitalité de ce dernier est faible, le rouge sera tout de même présent, mais il aura pâli. Dans cet état, la personne doit reconstruire le courant de vitalité dans sa conscience.

ORANGE

L'orange vif est aussi une couleur très énergétique, même si sa vitalité ne dure pas aussi longtemps que les énergies rouges. C'est une merveilleuse énergie de motivation. Les gens qui ont de l'orange dans leur aura sont très motivés, enthousiastes et organisés. Je vois cette énergie dans le Centre hermétique (chakra du cœur), où il est le signe de l'ambition. C'est une couleur primaire que l'on voit dans le centre de la rate et qui aide à recharger le corps. Je la remarque autour des organes en santé et dans le système sanguin.

VERT

Le vert émeraude foncé est l'énergie de l'équilibre et de l'harmonie. Il apporte l'harmonie de l'esprit, du corps et de l'âme, qui est si essentielle à la guérison. Il réussit bien à équilibrer la chimie du corps. Il y a aussi un vert clair très apaisant et réconfortant. Je vois souvent le vert émeraude au Centre hermétique. Lorsque la personne est en bonne santé générale, je vois une bande de lumière vert émeraude de un centimètre autour du corps, en forme d'anneau. Heureusement, cet anneau m'apparaît souvent de couleur verte ; il faut être assez malade pour que cette bande disparaisse. Par chance, elle revient vite lorsqu'on retrouve la santé.

Rose

Le rose foncé est la couleur de l'amour. Aucune guérison n'est complète sans beaucoup d'amour. Pour manifester la santé, l'amour est le premier ingrédient, car il vous relie à Dieu, la source même de l'amour. Une personne peut facilement devenir malade par manque d'amour. Je vois le rose foncé irradier autour du corps et dans les organes, ce qui indique un bon état de santé. Le rose foncé est une énergie très importante dans le maintien d'une conscience saine.

Jaune

Le jaune citron pétillant correspond à une énergie mentale puissante, et on le voit habituellement autour des centres mental et hermétique. Il indique des pouvoirs de concentration et s'avère l'une des énergies les plus fondamentales de l'aura. On voit souvent un jaune pâle plus léger dans le corps. C'est aussi une couleur qui recharge, mais par comparaison avec les énergies rouge et orange, il a moins de vitalité. Je vois le jaune autour des gens en santé, mais dont l'énergie pourrait être davantage renforcée. Encore une fois, vous le trouverez surtout dans les organes et autour du corps. D'une certaine façon, c'est une énergie d'avertissement, à l'instar d'un feu de circulation jaune. Cette couleur reste tout de même positive, mais elle vous rappelle peut-être de focaliser un peu plus sur le fait de renforcer vos niveaux d'énergie.

Violet

Le pourpre est l'énergie de la paix. Sa présence dans l'aura d'une personne indique que celle-ci est calme et équilibrée, et qu'elle lâche prise en s'abandonnant à Dieu. Cette énergie est excellente pour apaiser les situations stressantes. Je la vois à l'occasion autour des organes, surtout le foie. Comme le rose, c'est une couleur très magnétique. La teinte plus pâle du violet est fort utile pour guérir les organes. Je remarque du violet émaner du système nerveux, lorsque les nerfs sont calmes et stables.

Or

De toutes les énergies de l'aura, l'or est la plus dynamique. J'en vois le plus souvent autour des centres de la tête et du cœur. Le jaune or exprime la sagesse, la confiance, le courage, la force, la volonté dynamique et la foi. C'est aussi l'énergie protectrice la plus forte qui soit. Avec le rose d'amour, c'est l'une des énergies les plus importantes à développer dans l'aura. L'or peut aider à renforcer le corps ; il est fort nécessaire pour entretenir votre conscience de la santé. Comme le blanc, l'or est très utile dans des affirmations et des visualisations de la santé.

Argent

L'argent est la couleur de l'intelligence dans l'aura. Il est surtout nécessaire dans les neurones, de même que dans toutes les cellules du corps. L'argent est une énergie essentielle dans les lignes de santé, lesquelles constituent l'un des principaux systèmes de soutien de la santé physique. La lumière blanche argentée entre dans le corps au moyen de la ligne de santé.

Pure lumière blanche

La pure lumière blanche est une énergie immensément stimulante et salvatrice. C'est le signal d'une âme évoluée, et on la voit presque partout dans l'aura. C'est aussi une énergie clé reliée à la clairvoyance. On la remarque dans de nombreuses parties du corps. Elle soutient et nettoie. Je vois aussi un échange de lumière blanche entre les centres et les parties du corps qui leur correspondent. Avec l'argent, c'est une énergie principale des lignes de santé.

Couleurs non illuminées

Quand je parle d'énergies non illuminées, bien des gens sont mal à l'aise. Oui, il est vrai que ce ne sont pas des couleurs agréables à avoir dans l'aura, mais c'est une partie inévitable de notre croissance spirituelle : nous générons certaines de ces énergies sombres. Elles font partie de toute maladie. Les énergies non illuminées sont des énergies spirituelles corrompues. Elles ne font pas partie de la réalité spirituelle de la vie. Heureusement, elles n'ont aucun pouvoir véritable sur nous, sauf si nous le permettons et que nous n'avons aucune force en présence de la Lumière divine. Quand nous concentrons la Lumière divine sur ces zones non illuminées de notre vie, la lumière peut dissiper ces vibrations obscures.

GRIS

Le gris est la couleur de la maladie de l'aura. Plus que toute autre énergie, le gris – le plus souvent un gris métallique terne – apparaît lorsqu'une personne est malade. On le voit dans et autour des organes, et à peu près partout dans l'aura et le corps. Le gris apporte la peur et l'inquiétude, des éléments souvent présents au cours d'une affliction physique.

ROUGE VICIÉ

Le rouge vicié est la couleur de la convoitise et de la colère. C'est un rouge boueux, d'un bordeaux foncé. Je le vois dans le chakra racine de quelqu'un qui a une manière d'être animale, passionnée. Ce rouge n'est pas tellement relié à la santé, mais j'en vois dans des formes- pensées de maladie, surtout si la maladie provient d'une colère persistante.

VERT AVOCAT

Le vert avocat est un vert sombre, foncé, et le voir dans l'aura est un signe de dissimulation ou de jalousie. C'est une couleur très *dés*équilibrante. J'ai vu trop souvent cette énergie dans l'aura des gens. Cette couleur, très laide, apparaît dans des formes d'énergie de maladie.

JAUNE MOUTARDE

Le jaune moutarde est une énergie crémeuse et sale qui dénote léthargie et confusion. Je la vois surtout dans la région de la tête. Elle peut être présente lorsqu'une maladie a mentalement affecté des gens ou qu'elle les a laissés dans un dilemme devant l'action à entreprendre. J'aperçois aussi cette énergie lorsqu'une maladie a laissé le corps très léthargique.

BRUN

Le brun cacao dans l'aura indique une personne cruelle, méchante ou mesquine. Je vois cette énergie émaner des centres énergétiques de quelqu'un qui se trouve dans cet état de conscience, lequel peut avoir un effet très débilitant sur le corps physique. Cette couleur est autour de gens très entêtés, surtout s'ils refusent d'assumer la responsabilité de leur propre santé.

NOIR

Avec le gris, le noir est l'énergie le plus souvent associée à la maladie. Tandis que le gris est présent dans la plupart des types de maladie, le noir n'apparaît que lorsqu'une situation est extrêmement grave. C'est une énergie complètement dépourvue de santé, et la vibration la plus basse de l'aura. Comme le noir est source de haine et de rage meurtrière, c'est une énergie à éviter à tout prix !

La section santé

L'aura est une merveilleuse conception divine. Tout comme le corps est composé de nombreuses parties, chacune étant essentielle au bien-être de l'ensemble, notre champ aurique est d'une extraordinaire composition spirituelle. L'anatomie de l'aura reflète les nombreux aspects de notre conscience. Ce n'est nulle part plus évident que dans les divisions de l'aura. Nous disposons d'une section aurique pour les pensées, le développement spirituel, les émotions, le caractère, les talents – et d'une section pour la santé.

La section santé est un système de soutien spirituel à la forme physique. L'énergie spirituelle pénètre dans l'aura par la section santé, et cela donne vie au corps. Heureusement, un flux régulier d'énergie va dans le corps pour le soutenir. Les pensées et émotions négatives peuvent faire obstacle à ce flux, en plus de créer en soi une énergie négative. Pour créer et soutenir la santé, nous devons faire tout notre possible pour garder cette section forte.

La section santé est aussi un indicateur de santé. Elle révèle où vous en êtes par rapport à votre santé physique, à tout moment. C'est un outil merveilleux pour saisir la maladie avant que celle-ci ne se manifeste physiquement. Je dois être prudente en lisant la section santé des gens, car parfois je perçois une condition affligeante avant qu'elle n'ait atteint le physique et je ne veux pas alarmer la personne pour laquelle je fais la lecture.

La section santé de l'aura est composée :

- des lignes de santé,
- de l'aura qui entoure le corps physique,
- de l'aura des organes et des parties du corps.

Les lignes de santé

Les lignes de santé (Figure 2-2) sont des stries de lumière qui sortent de chaque côté du corps, jusqu'à la coquille aurique. Il y en a quatre du côté droit, et quatre du côté gauche. Les lignes de santé sont des indicateurs de santé.

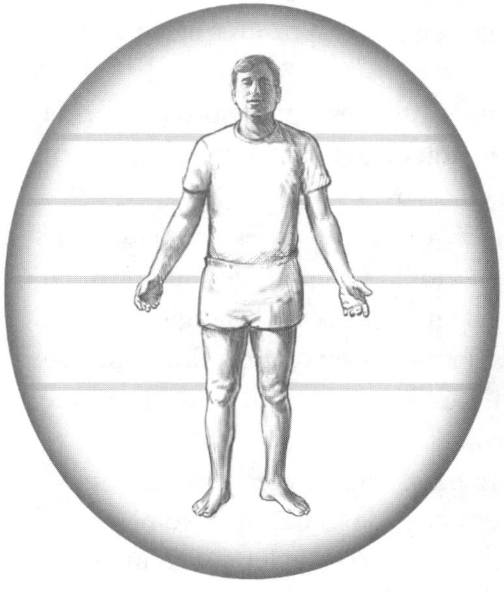

Lignes blanc argenté : excellente santé

Lignes embrouillées, gris terne : maladie

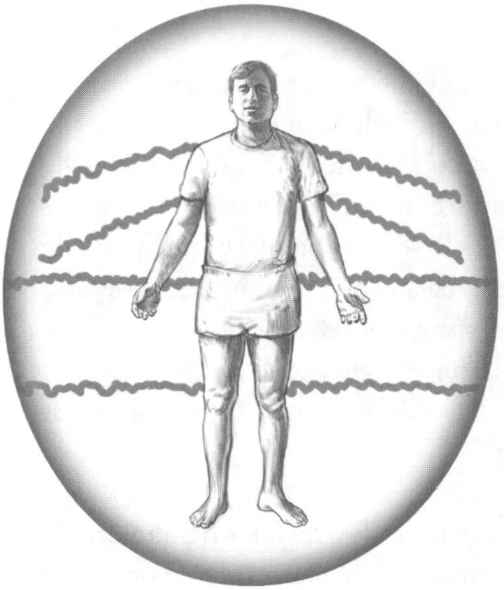

Lignes affaissées, gris terne : maladie grave

Lignes de santé affaissées près du corps : maladie extrêmement grave

Figure 2-2 : Les lignes de santé du corps

Tandis que dans d'autres aspects de l'aura on peut voir générer la maladie avant qu'elle n'ait atteint l'état physique, les lignes de santé apparaissent lorsque le corps est vraiment malade.

Lorsqu'une personne est en excellente santé, ces lignes sortent sous la forme d'une lumière scintillante d'un blanc argenté, et sont fort belles à voir. Elles forment le réseau électrique spirituel du corps.

En plus d'être des indicateurs de santé, ces lignes aident à soutenir le corps. La lumière blanche et l'énergie bleu saphir sont fournies au corps, au besoin, à travers ces lignes. Elles aident également à libérer l'énergie négative de l'aura. Je vois des atomes noirs et gris sortir des extrémités des lignes de santé et se dissoudre dans le règne minéral. Les lignes de santé constituent une part importante du soutien spirituel du corps.

Quand j'observe l'aura d'une personne pour vérifier comment celle-ci se porte physiquement, je regarde d'abord les lignes de santé. Si cette personne est en excellente santé, ses lignes sortent en fortes stries de lumière d'un blanc argenté. À mesure que la maladie s'installe, ces lignes deviennent grises et finissent par tomber.

Les diverses conditions des lignes de santé correspondent à la santé physique :

- *Les lignes blanc argenté* indiquent qu'un individu est fort et en santé.
- *Les lignes blanc argenté, mais embrouillées*, révèlent une faiblesse dans le corps, qui est en train de développer une maladie. Je vois des lignes de santé embrouillées lorsque les gens sont très nerveux ou anxieux.
- *Les lignes qui ont pris une couleur gris métallique terne* montrent une perte de vitalité et que la personne est nettement malade ou physiquement atteinte.
- *Les lignes d'un gris métallique terne qui ont commencé à tomber* manifestent une maladie sérieuse, tel un cancer à un stade avancé.
- *Les lignes grises qui tombent près du corps* dénotent que la personne est proche de la mort.

En plus des lignes de santé, le corps reçoit un flux régulier de lumière du Point du Moi supérieur (voir chapitre 5) jusqu'aux sept chakras et rayons émanant de la coquille aurique. Trois ou quatre stries de ces rayons proviennent de chaque centre, et elles peuvent être de n'importe quelle couleur. Le corps absorbe ensuite cette énergie comme une éponge. Le Moi supérieur envoie alors la force vitale de guérison, appelée feu bleu-blanc, au corps mental, lequel est à son tour envoyé dans toutes les parties du corps. La maladie ne fait pas obstacle à la circulation de ces énergies, mais comme elle bloque notre réceptivité à la circulation, la zone du corps affectée ne reçoit pas le flux comme elle le devrait, et cela diminue sa force.

L'aura autour du corps physique

Il y a un rayonnement aurique autour même du corps. L'aura qui entoure le corps physique parcourt les contours du corps et irradie à environ 6 à 10 cm, dans toutes les directions. Cela ressemble aux images d'une photographie Kirlian. Cette lueur aurique indique l'état général de santé du corps. La couleur est habituellement d'un rouge orangé vif, indice d'une santé robuste. Elle peut également devenir rosée. Parfois, je remarque une couleur rose-jaune lorsque quelqu'un récupère d'une maladie ou d'un excès de travail. Quand une personne devient très malade, la couleur pâlit et devient d'un gris métallique terne, mais seulement dans la région touchée du corps. Par exemple, si un individu a un mal de tête, la zone qui entoure la tête sera affectée et grise, mais pas nécessairement le reste du contour du corps. La seule fois où le contour entier du corps change, c'est lorsque la personne est gravement malade.

L'aura des organes et des parties du corps

Il est fascinant de s'apercevoir que chaque partie du corps a sa propre aura (Figure 2-3), et ce, parce que chaque partie du corps, même si elle est reliée à l'ensemble, a sa propre vie spirituelle.

Les auras qui entourent les organes mesurent environ un centimètre, bien qu'il y ait quelques variations, selon la taille de l'organe. La couleur dominante que l'on voit autour d'un organe sain est le rouge orangé. Cependant, il y a des variations au sein de chaque organe, que nous allons voir. Généralement, la gamme des énergies qui entourent les parties du corps se lit comme suit :

- *Énergie rouge orangé* : santé robuste
- *Énergie rose* : bonne santé ; circulation d'énergie douce et calme
- *Jaune pâle* : santé, mais un peu de faiblesse ou d'épuisement
- *Lumière blanche* : énergie fondamentale autour de tous les organes ; a une qualité nettoyante et joyeuse

- *Grise* : maladie ; peut être considérée comme une émanation, ou parfois un organe est tacheté de gris
- *Bleue* : organe ou partie du corps en processus de guérison

Passons maintenant en revue certains organes et ce à quoi ressemble leur aura. Il peut y avoir des variations selon les personnes, mais règle générale ces couleurs sont les mêmes pour tout le monde.

Cœur

Un cœur en santé a le plus souvent une aura bleu saphir. Un noyau bleu foncé permet de lui donner de la force. Lorsque le cœur est malade, son aura devient grise et le centre bleu pâle est signe d'un manque de force.

Cerveau

Le cerveau a souvent une aura vert pâle, signe d'équilibre. De temps à autre, je vois un orange clair, mais la plupart du temps s'ajoute du vert. On remarque généralement un noyau orange pâle ou blanc ; il aide à alimenter le cerveau en force. Les troubles cérébraux peuvent prendre une gamme d'apparences. Si quelqu'un souffre d'une maladie mentale, on voit généralement du gris autour du cerveau et du vert avocat indiquant la dissonance. Si le trouble provient de la colère, un rouge vicié apparaît.

Foie

L'aura du foie est fondamentalement rouge, avec un noyau bleu. Je vois parfois un peu de violet dans le foie. Lorsque ce dernier est malade, son aura devient grise, noyau inclus. La vésicule biliaire a une aura d'un vert plus pâle.

Reins

L'aura des reins est bleue, avec un noyau bleu de lumière plus pâle à l'intérieur de chaque rein. Parfois, le noyau vire à l'orange. Quand les reins sont malades, le centre devient gris et l'aura est faible.

Estomac

Quand l'estomac est en santé, son aura est d'un rose vivant, avec un noyau vert. Parfois, il y a du bleu autour de l'estomac, signe d'une guérison en cours. Encore une fois, l'aura devient grise lorsque l'estomac est malade.

Pancréas

Le pancréas a une aura d'un rouge orangé vif, et un noyau bleu pâle.

Intestins

Je vois là une énergie d'un rouge orangé vif. Lorsque les intestins sont malades, l'énergie devient grise.

Os

Il y a une lumière blanche autour des os, mais la moelle rayonne d'une énergie rouge, car elle renferme beaucoup de force vitale.

Rate

L'aura de la rate a beaucoup d'orangé, avec un noyau vert pâle.

Poumons

Les poumons ont habituellement une énergie bleue, avec un noyau bleu foncé.

Système sanguin

Une énergie rouge, couleur rubis, circule dans le système sanguin lorsque le sang est en bonne condition. S'il y a un problème sanguin, je vois parfois une énergie d'un jaune sale. Et dans le cas d'une forte maladie ou infection, la couleur devient grise.

Organes reproducteurs

Là, il y a habituellement une énergie rouge orangé tout autour. Lorsque ces organes sont malades, leur énergie devient grise et, parfois, d'un rouge vicié.

Yeux

Je vois une énergie vert pâle, mêlée à une lumière blanche autour des yeux. Parfois, je vois du bleu dans les yeux. Encore une fois, leur aura devient grise lorsqu'ils sont malades.

Nerfs

Les nerfs sont intéressants, surtout parce qu'ils constituent le système de communication du corps. Je vois diverses énergies ici : rose, violette, mais surtout vert pâle. L'aura d'une épine dorsale en santé est blanche. Lorsqu'il y a une douleur dans les nerfs et l'épine dorsale, il peut y avoir une fuite d'énergie susceptible de nuire à la performance des nerfs, et la couleur devient grise.

Glandes pituitaire, pinéale, thyroïde, surrénales, et thymus

La pituitaire et la pinéale ont des auras orange, avec un peu de lumière blanche. La thyroïde et le thymus ont des auras rouges, et les surrénales ont des auras orange et parfois blanches. Elles ont toutes de petits noyaux blancs. Lorsqu'elles sont malades, ces glandes prennent diverses teintes de gris.

L'aura des cellules

J'ai placé les cellules dans une catégorie à part, car ces unités de base de la vie dans le corps révèlent l'un des principes les plus fondamentaux quant à la manière dont la Lumière divine guérit le corps physique.

Selon des estimations prudentes, le corps est composé d'environ 100 milliards de cellules d'environ 200 variétés. Il y a littéralement un univers d'activité dans notre corps. Chaque jour, le corps produit des milliards de nouvelles cellules tandis que des milliards de vieilles cellules meurent. Les cellules vivent, se divisent, accomplissent leur travail, et meurent. Elles communiquent entre elles, formant des groupes qui, collectivement, deviennent les diverses parties du corps.

Les cellules sont dirigées par l'ADN encodé dans leur noyau, mais ce n'est pas le codage de l'ADN qui donne vie à la cellule. *Chaque cellule du corps contient son propre esprit vital, ou étincelle divine*. C'est cet esprit vital qui donne à chaque cellule sa vie et son intelligence. Tout comme notre âme est enchâssée dans un corps, un minuscule esprit vital est enchâssé dans le noyau de chaque cellule du corps ! Et tout comme notre âme subit une évolution spirituelle, chacun de ces esprits vitaux subit aussi une évolution. Songez à l'importance du dessein de Dieu. Rien n'est dépourvu de vie dans l'univers. Chaque cellule du corps a une étincelle de vie qui l'anime, et sa propre aura lui donne la force spirituelle nécessaire pour fonctionner (Figure 2-4).

C'est cet esprit vital qui permet à la cellule de contenir la lumière et d'avoir une aura. Lorsque la force vitale de la cellule est restreinte ou bloquée à cause d'un accident, d'une aberration génétique ou d'une forme de pensée erronée, l'énergie qui entre dans l'esprit vital au sein de la cellule est réduite, ce qui entraîne un mauvais fonctionnement de celle-ci. En envoyant de l'énergie de guérison au corps, vous augmentez la force de l'esprit vital afin qu'il puisse accomplir son travail. Rappelez-vous que du point de vue spirituel, la santé est notre droit de naissance divin. Autrement dit, quand l'esprit vital au sein du corps fonctionne sans interférence, il apporte naturellement l'harmonie et la santé.

Toutes les cellules du corps, surtout celles du cerveau, ont des auras argentées en raison de l'intelligence intrinsèque à chaque cellule. Cela indique aussi comment les cellules *réagissent* à l'intelligence et comment on peut leur « parler ». Si les cellules sont malades ou endommagées, il y a du gris.

Les chakras, vos centres d'énergie spirituelle

J'ai été clairvoyante pendant plusieurs années avant de commencer à voir les chakras avec régularité. Le premier centre spirituel que j'ai vu alors était celui du cœur, chez une amie de l'école secondaire. Au début, je ne savais pas ce que c'était. À mesure que les semaines passaient, chaque centre se mit toutefois à révéler sa force et sa présence. Il était captivant d'observer ces points de lumière en action.

De tous les aspects de l'aura, c'est sur les chakras que vous travaillerez la plupart du temps dans votre travail de guérison. *Chakra* est un mot sanskrit qui signifie « roue de la vie » ou « roue de la force ». Dans ce livre, j'appelle tout simplement ces chakras « centres d'énergie spirituelle » (Figure 2-5), car ce sont des points de focalisation de la lumière lorsque celle-ci entre et sort de notre conscience. Nous avons tous le même jeu de chakras, et ils font tous les mêmes choses pour nous. En ayant une compréhension de base de leur fonctionnement, vous pouvez en tirer des bienfaits immenses. Les chakras travaillent pour vous chaque jour de votre vie. Que vous en ayez conscience ou non, vous utilisez ces centres dans tout ce que vous faites. Ils sont vivants et vibrants d'énergies.

À l'instar des diverses manifestations auriques, les manifestations des chakras sont multiples, ce qui engendre de la confusion quant à leur nombre, leur emplacement véritable, et leur but. J'espère que je n'ajouterai pas à cette confusion en affirmant que chacun de nous a en réalité *quatre jeux de sept chakras* ! Ces chakras sont plus ou moins dans les positions traditionnelles que nous connaissons, mais chacun a un but différent. On comprend pourquoi les premiers auteurs à parler des chakras ont choisi de simplifier et d'interpréter ce système pour les néophytes.

Voici les quatre systèmes de chakras : les chakras du gabarit éthérique, les chakras du gabarit astral, les chakras du *corps* astral, et les chakras spirituels du corps physique. Tous jouent un rôle dans notre santé et notre évolution spirituelle. Dans ce livre, nous nous concentrerons sur les *chakras spirituels*, davantage reliés à notre travail de guérison avec la Lumière divine. Travailler avec ces centres énergétiques est la façon la plus facile, la plus sûre et la plus directe de développer l'aura et la conscience. Sauf mention du contraire, je fais référence à ces chakras spirituels en parlant des chakras. (Nous aborderons les autres chakras un peu plus loin.)

Les centres d'énergie spirituelle servent deux buts essentiels. Ce sont des centres de conscience visant le développement spirituel de l'âme, et des récepteurs-émetteurs de l'énergie spirituelle qui entre et sort de l'aura. Il y a sept centres situés dans différentes parties du corps et au-dessus de la tête. Je les vois sous la forme de sphères dorées qui dégagent des énergies de diverses couleurs et nuances. À l'intérieur de chacune de ces sphères se trouve un précieux noyau de lumière qui donne sa force au chakra. La sphère protège ce noyau et permet des activités à l'intérieur du chakra. Cette sphère tourne, mais pas le noyau. Si l'aura est le premier lieu où nous changeons notre vie, ces centres sont les premiers lieux où nous changeons notre aura.

Chakra couronne

La plupart des représentations du chakra couronne le montrent posé au sommet de la tête. Cependant, je vois ce centre à quinze centimètres *au-dessus* de la tête, juste au-dessus de la coquille aurique. Le chakra couronne est très relié à notre aspect spirituel. Chez la plupart des gens, le chakra couronne est fermé et d'un blanc doré. À le voir dans cet état, on dirait un bouton de fleur. Il n'y a rien de mal à ce qu'il soit fermé ; un centre fermé veut tout simplement dire que l'être spirituel en soi n'est pas encore éveillé. Lorsque l'âme s'éveille à son être véritable, ce chakra couronne projette des pétales de lumière blanc doré et finit par devenir un « lotus aux mille pétales ». Il n'y a ni lien ni contrepartie au chakra couronne dans le corps. La glande pituitaire est reliée au chakra couronne.

Centre mental

Le centre mental – ou, comme on l'appelle en ésotérisme, le Calice de la Trinité – est situé au milieu du front. C'est le noyau de l'être pensant et conscient. C'est aussi le centre le plus élevé du corps et le lien du mental, du corps et de l'âme avec l'esprit. C'est enfin le directeur de nos plans humains de conscience. Ce centre est une sphère de lumière dorée. Il y a aussi un triangle d'une teinte plus pâle de lumière dorée. Ce centre tourne à une vitesse rapide et il est extrêmement important de le maintenir en équilibre. Chacune de nos pensées dégage une énergie à partir de ce centre, qui correspond à la qualité de la pensée. La glande pinéale est reliée au centre mental.

Beaucoup d'entre vous ont demandé comment il se fait que le centre mental est relié au troisième œil. Ma réponse est la suivante : il ne s'agit pas de la même chose. Tout comme votre cerveau et vos yeux ne sont pas un même organe, le centre mental n'est pas le troisième œil. Chez la plupart des gens, le troisième œil est fermé. À un certain point de notre évolution, le troisième œil s'ouvre, mais seulement après une longue préparation et un développement spirituel. Lorsque le troisième œil s'ouvre, un lien fort s'établit entre la glande pinéale et le troisième œil. La pinéale aide à former des images spirituelles dans le cerveau. Cependant, avant cet éveil le lien spirituel entre la pinéale et le troisième œil demeure latent.

Centre de la gorge

Le centre de la gorge, ou Éternel Ego, comme on l'appelle en ésotérisme, est le lieu d'expression du pouvoir de notre parole. Les mots sont plus que de simples sons ; un pouvoir spirituel accompagne les paroles que nous prononçons. Nos mots passent dans les éthers en vibration, et cela déclenche une activation vers la manifestation. Nous devons être très attentifs à nos paroles, car elles créent de l'énergie.

Le centre de la gorge est situé, de façon appropriée, au milieu de la gorge. Lui aussi est une sphère de lumière dorée. Il a un magnifique noyau bleu en forme de losange qui lui donne sa force. Lorsque quelqu'un parle de manière positive, je vois une lumière bleu roi flotter à partir de la pointe du losange. La thyroïde est reliée au centre de la gorge et à sa tonalité créative.

Centre hermétique

Également appelé centre du cœur, le Centre hermétique est situé au milieu de la poitrine ; c'est le plus grand centre du corps. Son noyau, d'un vert émeraude, garde l'équilibre. Le Centre hermétique est le noyau de nos affaires terrestres. Tout ce qui se passe dans notre monde extérieur provoque un lien énergétique avec ce centre, y compris nos relations, notre carrière, nos finances, la famille et la santé. C'est donc un lieu puissant. Du point de vue énergétique, il y a douze avenues à nos affaires personnelles, et à l'intérieur de ce centre se trouvent douze rayons de lumière semblables à des rayons de roues. L'un de ceux-ci, de couleur bleue, représente le pouvoir de la santé ; nous avons donc en nous le pouvoir de manifester la santé, que nous l'exprimions ou non. Pour conserver leur force à ces puissants rayons, de l'énergie spirituelle leur est souvent transmise vers l'intérieur. Le Centre hermétique est le siège de l'âme. Autrement dit, l'âme établit son lien énergétique au centre du cœur, car c'est là que nous enregistrons toutes nos expériences de vie, afin d'apprendre et de grandir. La glande reliée au Centre hermétique est le thymus. (Bien que ce lien soit plus fort durant notre prime jeunesse – car après la puberté le thymus ne laisse que des traces résiduelles –, il demeure tout de même à l'âge adulte.)

Centre émotionnel

Le centre émotionnel correspond, en ésotérisme, au Centre du cœur spirituel. Situé près du nombril, dans le plexus solaire, ce centre est doré, avec un noyau rose qui renvoie à l'amour. C'est le noyau de notre nature émotionnelle. Tout ce que nous ressentons dégage de l'énergie depuis cette partie de notre aura.

Naturellement, le centre émotionnel est un lieu de fonctionnement puissant. Les émotions donnent de la vie à nos pensées. Elles propulsent les pensées en action. Malheureusement, c'est souvent à mon avis la partie la plus faible de l'aura des gens. Nous laissons trop fréquemment nos émotions prendre le dessus sur nous, et nous en subissons les inévitables conséquences. Nous devons nous rappeler que les émotions ne pensent pas ; elles ressentent. C'est leur travail. Les émotions sont censées être guidées par les plans de la pensée. L'idéal est ceci : des pensées illuminées mariées à des émotions illuminées, lesquelles engendrent des actions du même genre. Les surrénales sont reliées à notre centre émotionnel.

Centre de la rate

Le centre de la rate est situé du côté gauche du corps, au même endroit que la rate physique. Beaucoup de livres montrent ce centre au milieu du corps, mais c'est incorrect. Ce centre est orangé, avec un noyau doré de lumière.

Imaginez le centre de la rate sous la forme d'un soleil radieux à l'intérieur de votre corps. Ce centre a l'unique tâche de puiser de la substance spirituelle du soleil et de la transmettre aux diverses parties du corps. Voilà pourquoi il est bon de prendre suffisamment de soleil. C'est un centre joyeux pour le corps.

Le centre de la rate peut aussi conserver cette force pour usage futur, lorsque vous en aurez besoin.

Aucune glande n'est reliée au centre de la rate, lequel dégage une lumière orangée vers la rate physique, et non l'inverse. Il est intéressant de noter que la rate physique aide à dégager de vieux globules rouges du corps et que le centre de la rate aide, quant à lui, à libérer des toxines spirituelles du corps.

CHAKRA RACINE

Le chakra racine est situé près de la base de la colonne vertébrale. C'est une sphère de lumière dorée, avec un noyau de force rouge. Le chakra racine est fortement relié à la partie sexuelle, procréative et créative en nous. Il nous donne un immense dynamisme dans la vie.

Cette énergie de la racine apparaît sous forme de lumière rouge ascendante. Par le chakra racine, il est possible de dégager les vibrations destructrices de l'aura, surtout les vibrations vieilles et lourdes. En d'autres mots, il s'occupe des excréments de l'aura. Les gonades sont associées au chakra racine.

Le chakra racine loge aussi l'énergie de la kundalini, l'une des forces spirituelles les plus puissantes en nous. Elle m'apparaît sous une forme très intense de lumière blanche. Lorsque l'âme atteint un certain point dans son développement spirituel, cette kundalini commence *lentement* à monter en spirale dans la colonne vertébrale, et ce, automatiquement. Selon mon expérience, il faut être très prudent en ce qui la concerne. En vérité, vous n'avez pas nécessairement à travailler directement avec celle-ci. Lorsque vous travaillez avec votre aura et attirez la Lumière divine, vous renforcez automatiquement la kundalini. Une ouverture prématurée de cette dernière mène au désastre. J'ai conseillé bien des gens qui sont venus me voir, au bord de la folie, après avoir inutilement touché à cette énergie*.

---

* La connaissance du fonctionnement des centres spirituels et de l'énergie kundalini a été portée à l'attention du monde par la théosophie, une migration d'enseignants et de gourous indiens, et un livre d'Arthur Avalon, *The Serpent Fire (La Puissance du serpent)*. Voici ce qu'on lit sur la quatrième de couverture de l'édition Dover de ce livre important :

> *Depuis des siècles, ce contenu était un secret bien gardé en Inde ; même les universitaires du pays n'y avaient pas accès. En fait, il était si secret que beaucoup d'indologues refusèrent d'en reconnaître l'existence. Il fallut la moitié d'une vie de recherche à sir John Woodroffe (alias Arthur Avalon) pour localiser les documents clés, et d'autres années encore pour trouver un maître capable et désireux d'évoquer à partir des textes cryptiques un mode d'étude et d'application.*

Cet enseignement des chakras était transmis dans des ashrams, par des gourous qualifiés, à des *chelas* (disciples) avancés. Il était étroitement gardé, car toute mauvaise manipulation de cette technique pouvait entraîner de sérieux traumatismes physiques, mentaux et émotionnels. Cette technique employait une forme spécialisée de yoga pour l'éveil conscient de la kundalini, et la spiritualisation des chakras à l'intérieur du corps, un à la fois, à partir du chakra racine, en montant jusqu'à la couronne. Le « perçage » d'un chakra par la kundalini y libérait une force immense tout en ouvrant l'aspirant à des niveaux de conscience accrus. À mesure que la kundalini montait, le pouvoir spirituel s'intensifiait, tout comme les expériences spirituelles, jusqu'à ce que finalement le *chela* active le chakra couronne, ce qui menait au but désiré, l'éveil spirituel.

Les centres énergétiques et la santé

Les centres énergétiques aident à soutenir la circulation énergétique dans le corps, sans toutefois faire partie du corps. Vous aurez encore ces chakras bien après que votre forme physique aura disparu. En fait, vous vous incarnerez dans de futures formes physiques avec le même jeu de chakras. Cependant, puisque ces centres sont dans le corps, une relation essentielle s'établit naturellement entre eux et le corps et son bien-être.

Je vois cette relation énergétique entre les centres et le corps principalement dans certaines glandes et le système nerveux. Par exemple, il y a un échange unique d'énergie entre les centres et les ganglions nerveux correspondants. Les centres spiralent en un rayon particulier de pure lumière blanche, vers l'expérience, sur une trentaine de centimètres, que les nerfs absorbent. À leur tour, les nerfs de la zone correspondante du centre dégagent une lumière blanche que les centres absorbent.

Cet échange d'énergie est constant et nécessaire pour maintenir l'équilibre entre les centres et les nerfs.

Je vois un autre rapport entre les centres et certaines glandes du corps. Il adopte aussi la forme d'un échange énergétique de lumière blanche, du centre à la glande et de la glande au centre. Cet échange est essentiel au bien-être du corps et des centres. D'ailleurs, nombre de ces glandes sont presque des contreparties physiques des centres, en termes de maintien de l'équilibre spirituel dans le corps. Si les glandes sont malades, elles peuvent affecter l'afflux de lumière dans les centres et amoindrir quelque peu leur pouvoir. La lumière peut aider à garder cet équilibre, mais il ne fait aucun doute qu'un corps sain est le fondement d'un lien spirituel sain.

Les centres affectent aussi les organes autour de la zone correspondante du corps, et inversement, mais il ne s'agit pas d'un échange énergétique semblable à celui des glandes et des nerfs. Par exemple, si je vis de l'affliction émotionnelle, cela affectera mon centre émotionnel. Et lorsque mon centre émotionnel est perturbé, cela peut également toucher les zones correspondantes, y compris les reins et l'estomac. Si je souffre parce que j'ai le cœur brisé à la suite d'une histoire d'amour malheureuse, cela aura un effet sur mon centre du cœur, lequel pourra à son tour affecter le cœur physique. Dans ce cas, le cœur physique favorise mon expression de l'amour, et lorsque celle-ci est compromise, cela peut nuire à la véritable circulation d'amour. Heureusement, la Lumière divine peut neutraliser toutes ces conditions négatives.

Exemples de santé et de maladie dans l'aura

Rassemblons maintenant les éléments de notre étude sur les parties de l'aura et voyons à quoi ressemblent la santé et la maladie dans le champ énergétique humain.

L'aura spirituelle d'un guérisseur

La Figure 2-6 dépeint l'aura spirituelle d'une personne en excellente santé. Dans cet exemple, je montre l'aura d'un guérisseur spirituel. Cette personne s'est consacrée au service des autres et a développé sa conscience au point de pouvoir recevoir et transmettre des énergies de guérison élevées. Ironiquement, tous les gens qui sont d'excellents guérisseurs spirituels ne sont pas forcément en excellente santé physique, mais dans cet exemple, c'est le cas.

D'abord, remarquez les excellentes lignes de santé d'un blanc argenté, lesquelles indiquent une santé parfaite. Ensuite, une vivante projection incarnate du bout des doigts montre que cette personne est énergétique et forte. Les chakras des paumes sont également rouge vif. L'aura qui entoure le corps est d'un rouge rosâtre, indice d'une bonne santé générale. Remarquez le bleu tout le long des bras. C'est clairement le signe d'un talent pour la guérison. Aussi, le bleu-vert qui circule à partir d'un endroit situé au-dessus de sa tête dénote que les courants de guérison de son Moi supérieur s'écoulent vers elle et que le Plus Haut l'éclipse dans son travail de guérison.

Autour de cette personne, on remarque une magnifique bande rose de lumière, laquelle révèle l'attitude saine de celle-ci envers elle-même. Il y a un sain sentiment d'amour de soi qui est joyeux et productif. La bande de lumière vert émeraude montre aussi la condition saine dans laquelle elle se trouve. Les organes du corps sont forts et vibrants. Il y a dans son corps mental de petites étincelles de lumière bleue ; celles-ci témoignent de pensées axées sur la santé. Le rayon bleu de son Centre hermétique est très fort et brillant. Il y a un merveilleux rose orangé dans le centre émotionnel ; il indique qu'elle se sent en santé. Et le centre de la rate est aussi en grande forme. On y voit de l'orange et un intéressant jaune canari, qui montrent que la rate fonctionne vraiment en sa faveur.

Il y a aussi, dans le centre mental, de l'or, signe d'un esprit stable. Le courant stable de lumière blanche à partir des centres et la lumière pure envoyées en rayons d'en haut aux centres aident à soutenir la santé du corps. Cela élève également l'âme et tous les niveaux de conscience.

Ce qu'il y a de frappant dans cette aura, ce sont les compartiments bien développés. Ce niveau de développement montre que cette âme est spirituellement avancée. Par le travail, elle s'est sortie de la conscience obscure, non éveillée, et se dirige vers l'aura éveillée. Le chakra couronne, en train de s'ouvrir, dénote également un développement spirituel élevé. Cette aura a aussi une section spirituelle développée, comme on le voit dans les bandes de lumière qui forment un arc au-dessus de la tête et dans le courant de lumière qui en découle. Cela révèle que la personne apporte ses talents d'autres vies de travail spirituel et qu'elle tire activement parti de ce pouvoir par la méditation.

C'est vraiment là une image idéale de la santé. Elle laisse voir une personne née avec une bonne santé et un potentiel spirituel, un être qui s'est développé jusqu'à son plein potentiel.

Un athlète accompli

Bien sûr, avoir un physique d'athlète ne veut pas toujours dire être en santé, mais chez l'athlète dont l'aura apparaît à la Figure 2-7, c'est bel et bien le cas. Cette personne prend bien soin d'elle-même. Dans le monde actuel, il faut prendre garde d'éviter l'excès de sédentarité. Avec la disponibilité constante des ordinateurs et de la télévision, beaucoup d'entre nous ont tendance à rester assis et physiquement inactifs. Si notre travail est sédentaire, nous devons prendre le temps de nous engager dans une activité vigoureuse, sans exagération toutefois, car le corps est conçu pour être en mouvement. Cela fait partie de l'harmonie esprit-corps-âme recherchée.

Le premier trait reconnaissable de cette aura, ce sont ses lignes de santé rayonnantes, lesquelles sortent à flots jusqu'à l'extrémité en une vivante teinte argentée et perlée. De fortes lignes de santé sont très répandues chez bien des gens, mais habituellement je remarque certaines imperfections ou faiblesses dans la striation, à moins que la personne ne soit un athlète doué. Chez cet athlète, l'aura du corps physique même est également forte. La section astrale, qui n'est pas illustrée ici, est aussi en bonne forme, pourvu que la personne ne s'épuise pas à trop boire et faire la fête. Les oranges et rouges prononcés (les étincelles de lumière ovales qui circulent autour du corps) montrent que l'énergie et l'enthousiasme font partie de ce caractère général.

Cet athlète a une bande de lumière dorée au-dessus de la tête ; cela dénote la force qu'il a développée et dont il tire constamment parti. Beaucoup ont cette bande dorée, mais la sienne est particulièrement forte. Nous savons tous la détermination et l'endurance nécessaires pour exceller en athlétisme. Les pointes en losanges argentés et une forte lumière jaune citron au-dessus de sa tête sont surtout concentrées sur les talents qu'il a développés. Dans le Centre hermétique, il y a le bleu de la détermination, mélangé à l'orange et au vert émeraude de la motivation et de l'équilibre, respectivement. Le centre émotionnel montre un fort sentiment de vitalité et de compétitivité par les rouges et les oranges.

Le point faible de cette aura est le centre émotionnel. Il y a de la jalousie envers d'autres joueurs, et cela apparaît ici sous forme de rayons vert avocat en dents de scie. Et il y a des boules flottantes d'énergies écarlates autour du centre émotionnel, ce qui dénote de l'irritabilité et une tendance à la colère. L'autre élément manquant ici est le développement spirituel et la pensée éveillée, que l'on rencontre dans l'aura du guérisseur spirituel. Cette personne est plus concentrée sur la santé physique et n'a pas encore éveillé son potentiel spirituel.

Cancer du poumon – stade avancé

La Figure 2-8 représente un homme atteint d'un cancer du poumon au stade avancé. Une aura de cet état nous dit que l'individu n'en a plus pour longtemps en ce monde. La personne chez laquelle j'ai vu ce champ énergétique est morte dans la semaine qui a suivi. Le corps astral, qui n'est pas illustré ici, encore une fois, est aussi en mauvaise condition et montre vraiment la maladie d'abord. Les premiers traits remarquables sont les lignes de santé. Au lieu d'être brillantes et scintillantes, celles-ci pointent vers le bas. D'un gris métallique terne et tombant presque sur le corps, elles révèlent l'état mortel vers lequel la maladie a progressé. L'aura qui entoure les poumons est d'un gris foncé au lieu du bleu normal, et le noyau bleu est terne et faible. À cela s'ajoute une excroissance spirituelle noire et grise dans les poumons, surtout le gauche. Je vois également cela autour de tumeurs et d'autres maladies graves. Cela ressemble à des formes-pensées laides, sans en être. Ce sont de véritables excroissances spirituelles. Dans ce cas, elles sont engendrées par les cellules malignes et composées d'une substance spirituelle dégradée et d'une lumière qui n'a pas été dégagée du corps – ce qui n'est pas une bonne combinaison. Les tumeurs se nourrissent de cette croissance spirituelle, et c'est l'une des raisons pour lesquelles le cancer est si mortel.

Toute l'aura qui entoure le corps est grise, car le cancer a développé des métastases dans d'autres parties du corps. On voit du noir et du gris dans le centre émotionnel et dans le nuage qui flotte au-dessus de la tête, ce qui exprime la tristesse et le désespoir de cet homme. Comme sa vitalité est très faible, il y a très peu de rouge ou d'orange. La section en couleurs est parsemée de points de lumière sombres qui trahissent son épuisement et celui de l'aura.

Heureusement, d'autres parties de l'aura vont très bien, car c'est surtout une expérience physique. Les bandes de lumière spirituelles au-dessus de la tête (on ne les voit pas ici) ne sont pas affectées. En fait, elles ont pris un peu d'éclat, car malgré la souffrance de cet homme, son âme a grandi spirituellement, ce qui n'est pas rare. Cet individu a fumé des années durant ; il savait cette habitude mauvaise, mais il a quand même persisté, donnant lieu à ces malheureux résultats.

Survivre à un accident cérébrovasculaire

La Figure 2-9 est l'exemple d'une âme qui a traversé une grave épreuve physique tout en réussissant magnifiquement ses tests spirituels. L'illustration est basée sur une amie chère et fidèle élève de la spiritualité depuis plusieurs années. Elle a subi trois accidents cérébrovasculaires débilitants qui ont paralysé son côté droit. Sa foi en Dieu et son dévouement à son travail avec la lumière sont malgré tout restés forts durant cette déchirante épreuve. Pourquoi une âme aussi sincère doit-elle affronter une telle épreuve physique ? Comme d'autres, je me le suis demandé, et j'ai interrogé le Très Haut. Sa réponse : le karma physique. Malgré son développement spirituel, cette amie devait tout de même rembourser sa dette. Elle est morte trois ans plus tard, de complications liées à sa paralysie. Je suis entrée en communication avec elle de l'autre côté. Très bien portante, elle a fait des progrès sur le plan spirituel. Comme elle a sincèrement maintenu sa conscience de la guérison, même si elle ne s'est pas rétablie de cette condition, elle était vraiment guérie au meilleur sens du terme.

Dans son aura, remarquez d'abord les lignes de santé. On s'attendait à ce qu'elles soient tombantes à cause de tout son vécu, mais ce n'était pas le cas en raison de la lumière spirituelle qu'elle dirigeait constamment vers elle-même. Ces lignes étaient peu assurées, un peu grises, mais tout de même remarquablement résistantes. Une aura d'un gris pâle tout autour du corps indique bien la souffrance qu'elle vivait. J'ai accompli d'innombrables séances de guérison pour elle, et j'ai remarqué qu'à ces moments cette aura changeait de couleur, passant au bleu des œufs de merle. Malheureusement, cette énergie ne restait pas et une autre séance de guérison était requise.

En fait, l'aura du cerveau était en bon état. Je voyais une lumière verte argentée autour du cerveau, sauf lorsque l'attaque avait endommagé des neurones. Dans ces zones, il y avait des poches de lumière d'un gris foncé. L'artère du côté droit qui a causé l'attaque était également gris foncé. Un grand nombre des nerfs périphériques du côté droit, mais pas tous, étaient également entourés de lumière grise, ce qui illustrait la paralysie qui s'était installée. Encerclant le corps près de la coquille aurique, il y avait un nuage tourbillonnant de lumière grise qui se développa avec le temps. Malheureusement, c'était là un indice que sa condition persistait.

Une lumière vert émeraude émanant du centre mental indiquait qu'elle espérait toujours et adoptait un point de vue optimiste. Il y avait également de l'or, qui montrait sa force intérieure et sa résolution. Parce qu'elle continuait de travailler avec la lumière, un courant continu de lumière blanche lui était envoyé d'au-dessus de sa tête. D'une immense qualité joyeuse, il l'aidait à garder son esprit fixé sur Dieu. Une magnifique lumière bleu roi émanait de son centre de la gorge, révélant qu'elle était déterminée à s'en sortir et à faire connaître ses intentions. Et un rose foncé rayonnant à partir de son Centre hermétique témoignait de la force de son flux d'amour. Elle ne voulait pas que les gens aient pitié d'elle. Sa section spirituelle (qu'on ne voit pas) était également en train de s'éclairer, et les compartiments spirituels étaient en très grande forme, ce qui dénotait que cette âme était bien développée. Toute la lumière qu'elle avait gagnée au moyen de son travail dévoué était fort intacte. J'ai inclus son aura dans mon livre parce que je sais que cette amie aurait voulu que son exemple inspire d'autres gens et les incite à rester proches de Dieu lorsqu'ils affrontent un difficile défi sur le plan physique. Tôt ou tard, une telle détermination leur sera avantageuse.

Maladie d'Alzheimer – stade intermédiaire

La Figure 2-10 illustre la maladie d'Alzheimer au stade intermédiaire. Une immense peur est associée à cette maladie, car on a l'impression qu'une personne ainsi atteinte est en train de perdre son identité personnelle. Il faut cependant comprendre, à propos de n'importe quel type de démence, que même si le cerveau peut être affecté, l'esprit de la personne demeure le plus souvent intact. La métapsychique établit une distinction nette entre le cerveau et l'esprit. Lorsque le cerveau est atteint, l'esprit envoie tout de même les signaux, mais ceux-ci n'ont pas d'effet sur le cerveau. L'âme et l'esprit de la personne sont bel et bien là, mais parce que le cerveau est lésé, l'âme ne peut s'exprimer convenablement. (Pour plus d'information sur la relation entre le cerveau et l'esprit, voir « Problèmes cérébraux», au chapitre 7.)

Dans cette illustration, l'aura du cerveau est grise, ce qui montre l'état de dévitalisation du cerveau. Une certaine atrophie s'est déjà produite. Le noyau de lumière du cerveau est également gris, indiquant de la faiblesse. Cette personne ne peut recevoir la nourriture spirituelle dont ses neurones ont besoin. À l'intérieur d'un grand nombre des neurones se trouve une énergie vert avocat, laquelle trahit l'état de dissonance des cellules.

Cependant, remarquez que le centre mental même est en bon état. De la lumière dorée en sort, ce qui manifeste la force et la diligence de cette personne dans ses rapports avec sa condition. Celle-ci ne va pas tout simplement céder. Au contraire, elle lutte et travaille fort pour garder intactes ses facultés mentales. Il y a aussi une magnifique lumière blanche luisante qui encercle le centre même. Cette énergie lui est donnée pour aider à garder le corps mental agrandi. Le corps mental renferme un peu de couleurs sombres qui, toutefois, proviennent non pas de la maladie, mais d'une réaction à celle-ci. Un peu de rouge vicié sort du centre, exprimant de la colère, de la frustration et de l'irritation, dans ce cas surtout envers la personne même. Il y a aussi de l'énergie jaune moutarde juste au-dessus du centre, signe de confusion. Cette personne ne comprend pas pourquoi elle ne peut s'exprimer.

Chapitre trois

LA PLUS GRANDE CAUSE DE MALADIE

L'un des plus grands progrès en santé fut la découverte de l'influence de l'esprit sur la matière. Des pionniers tels que Thomas Troward, Ernest Holmes et Norman Vincent Peale nous ont ouvert la voie de la compréhension de cette énorme influence de l'esprit sur le corps. Il est étonnant de voir le nombre de fois où nous nous rendons malades par une pensée et des sentiments destructeurs. Sans nous en apercevoir, nous cultivons un environnement dans lequel la maladie et la souffrance physiques peuvent dégénérer et provoquer un état terrible. La pensée erronée peut causer tout autant de torts physiques au corps que le fait d'être heurté de plein fouet par une voiture.

Dans notre champ aurique, la manifestation de la maladie par nos pensées et nos émotions obéit à un schéma très précis. Le schéma énergétique est sans contredit *la plus grande cause de maladie*. Je sais, c'est beaucoup dire, mais au cours de toutes mes années de travail avec les auras, j'ai constaté que la moitié ou les trois quarts de nos maux sont créés par cette aberration spirituelle. Nous avons joué ce scénario destructeur pendant si longtemps qu'à moins de le briser, nous serons toujours vulnérables à la maladie. Heureusement, en mettant fin à ce schéma, nous pouvons apaiser bien des maladies et beaucoup de souffrances.

Ce schéma destructeur dans l'aura porte le nom de syndrome PMM (Péché-Maladie-Mort). C'est beaucoup à prononcer d'un coup, mais retenez-le ainsi :

> Nous péchons dans le mental,
> nous devenons malades dans l'astral,
> et nous passons à l'étape de la mort (dernière étape de la maladie physique) dans le physique.

Pour comprendre le phénomène du schéma Péché-Maladie-Mort, nous aurons besoin d'explorer certains nouveaux aspects fascinants de notre anatomie spirituelle.

Les trois corps de la santé

Lorsque nous sommes atteints d'une maladie physique, notre attention se porte naturellement sur notre forme physique et sur ce qu'il faut corriger. Cependant, saviez-vous que lorsque nous sommes malades, nous n'avons pas un, mais *trois* corps reliés à la santé ?

- Le corps physique
- Le corps astral
- Le corps mental éthérique

Chacun de ces corps joue un rôle crucial dans notre bien-être. Tous les trois étant perceptibles par la voyance, je les observe et je travaille avec eux depuis des années.

Le corps physique

Bien sûr, nous savons tous que nous avons un corps physique. Nous vivons quotidiennement dans notre corps et nous connaissons intimement la forme matérielle. La plupart d'entre nous identifient leur vie, leur conscience, au corps physique. Cela fait du corps le but suprême. De ce point de vue, lorsque le corps physique s'en va, la vie part avec lui. Naturellement, en ayant une telle perspective, nous ferons tout en notre pouvoir pour soutenir le corps et connaîtrons une grande souffrance lorsque ce corps sera en dissonance.

Le point de vue métapsychique ne partage pas cette vision du corps. Du point de vue de l'aura, notre corps n'est pas la source de vie. C'est plutôt le moyen par lequel la vie s'exprime. Nous ne sommes pas notre corps ! Ce dernier est notre manière de fonctionner dans notre environnement physique, et grâce à lui nous pouvons nous identifier les uns les autres. Néanmoins, notre véritable identité, la source de notre conscience et de notre vie, n'est pas du tout d'ordre physique. C'est l'âme. Un jour, le corps physique retournera à la terre dont il est venu, mais l'âme poursuivra sa route. À présent, chaque âme s'est engagée dans un incroyable pèlerinage à travers la création, l'apprentissage et la croissance. Chaque expérience que nous vivons, qu'elle soit pénible ou agréable, fait partie de notre croissance spirituelle.

Le corps physique est le véhicule, l'outil que l'âme utilise pendant son séjour sur terre. Certains le qualifient de temple de l'âme. Le corps physique est le moyen par lequel nous pouvons accomplir nos tâches dans la vie physique. Bien sûr, il est important de prendre soin de la forme physique, mais sans en faire une obsession ni croire que le physique est tout.

Le corps astral

Un jour, vers l'âge de huit ans, je me trouvais à la maison avec mes parents, qui se disputaient. Je me rappelle que mon père était en colère contre ma mère à propos d'une chose insignifiante. J'étais en train d'observer cet échange quand j'ai vu, par la voyance, un personnage debout à côté de mon père. La silhouette lui ressemblait beaucoup. Elle était solide et se tenait là sans émotion, à le regarder, consciente et alerte. Je ne savais pas de qui il s'agissait. Ce n'était pas son aura ni quelqu'un de l'autre côté. Cela a duré quelques minutes, et j'étais fascinée.

Parce que cela lui ressemblait tellement, j'en ai conclu que cela avait quelque chose à voir avec son corps physique.

Ce fut ma première expérience, en tant que clairvoyante, du corps astral. Après cet incident, j'ai commencé à remarquer celui des gens. J'ai découvert que tout le monde en a un, même si tous les corps astraux ne sont pas dans le même état. Dès ma vingtaine, j'avais appris comment fonctionne le corps astral et comment travailler avec celui-ci.

Les gens pour qui cette part de nous n'est pas familière peuvent trouver incroyable que chacun de nous possède une forme spirituelle intelligente et complètement autonome qui reste là et soutient le corps physique. C'est pourtant l'exacte vérité. En outre, c'est un corps que nous connaissons beaucoup plus intimement sur d'autres plans de conscience.

On a donné bien des noms au corps astral, dont le double éthérique, le corps du désir, le corps émotionnel et le double. Précisons d'abord que le corps astral dont je parle ici est une manifestation entièrement différente du *gabarit* astral. Même si tous les deux sont composés de matière astrale, ils divergent totalement quant à leurs fonctions et leurs tâches.

Le mot *astral* vient du latin *astralis*, qui signifie « étoilé ». Ceux qui ont vu le corps astral le décrivent souvent comme d'apparence lumineuse, et je peux le confirmer. Si une personne est en excellente forme sur le plan astral, ce corps a une qualité lumineuse. Le corps astral fait partie du règne astral, qui est une vie en soi. Tout comme nous avons l'univers physique, il existe un univers astral, aussi composé d'atomes et d'énergies. La différence, c'est que le règne astral fonctionne à un taux vibratoire beaucoup plus raffiné et plus rapide que le physique, et c'est pourquoi nous ne pouvons voir ni toucher le monde astral avec des yeux ou des mains physiques. Cependant, cela ne veut pas dire que nous ne pouvons faire l'expérience directe de ce corps pendant notre séjour sur terre. Lorsque les gens voient des spectres, en réalité ils voient une âme dans son corps astral. Les voyages hors du corps ont lieu dans la forme astrale.

Avant d'avoir un corps physique, vous aviez un corps astral. Et vous garderez ce corps astral longtemps après le départ de votre corps physique. C'est votre corps astral qui a aidé à mouler la forme physique. D'ailleurs, toutes les choses vivantes ont un équivalent astral.

Le corps astral est le corps qui survit. En d'autres mots, lorsque nous quittons cette vie physique, notre âme se retire dans le corps astral et retourne au monde astral. C'est dans ce corps que nous poursuivons notre existence sur le plan astral. Les âmes qui vont de l'autre côté et qui ne croient pas en l'au-delà sont souvent abasourdies en voyant que non seulement la vie continue, mais qu'elle le fait sous une forme qui leur est très familière. Ces gens ont souvent de la difficulté à croire qu'ils sont décédés, car ils se sentent encore très vivants, et pas du tout « morts ».

À quoi ressemble le corps astral ? À vous ! Il a tous vos traits. Il a aussi les mêmes organes, bien que les organes astraux fonctionnent un peu différemment de leurs contreparties physiques. C'est un double de vous. Si vous me rendiez visite sous votre forme astrale, vous auriez exactement votre forme actuelle – sans aucune différence.

Selon une idée fausse, et très répandue, le corps astral est à l'intérieur du corps physique. C'est vrai pour le gabarit astral, mais le corps astral *se tient généralement à la droite de la personne*. Et pour la plupart des gens, la forme astrale est un peu plus grande que la forme physique. Le corps astral est relié au corps physique par un cordon d'argent rattaché au foie. Très élastique, ce cordon d'argent peut s'étirer sur de grandes distances, ce qui explique les voyages hors du corps. S'il se casse ou se déloge, la personne meurt véritablement. Du point de vue spirituel, la mort en cette vie est la rupture du cordon d'argent. En plus du cordon d'argent, des centaines de fils d'argent astraux, fins, relient le moi astral au moi physique. Ce sont ces fils qui donnent un véritable soutien à la forme physique. C'est aussi un cordon d'argent différent qui se relie à l'arrière des têtes physique et astrale. Ce cordon mental assure un flux régulier d'énergie en mouvement, de l'esprit astral à l'esprit physique. Lui aussi est très élastique. Et pour compléter la connexion, un cordon d'argent très nourrissant relie les cœurs astral et physique.

Le corps astral demeure généralement très près de vous, à moins que vous ne fassiez quelque chose qu'il n'aime pas, comme vous laisser aller à des explosions émotionnelles intenses, fumer, recourir à des hallucinogènes, boire en grande quantité, ou vous adonner au libertinage. Dans ce cas, le corps astral s'éloigne de vous, ce qui vous affaiblit et vous laisse vulnérable aux influences métapsychiques. Par exemple, la gueule de bois, après une longue nuit passée à boire, est due davantage au corps astral qui tente de se réaligner sur le corps physique, qu'à un déséquilibre chimique. Un jour, je suis allée assister à un service religieux dans une église de type spirite. Un homme y jouait de l'orgue. L'endroit était bondé, et tout le monde l'écoutait jouer. Soudain, j'ai vu le corps astral de l'homme le quitter et se mettre à flotter dans la pièce. J'ai même eu à me pencher alors qu'il volait, pour éviter qu'il me heurte ! Le corps astral s'était délogé, et c'est là un bon exemple de l'importance de bien en prendre soin. Je me suis alors dit, à la blague : *Peut-être que son corps astral n'aime pas sa façon de jouer !* C'est sans doute l'un des traits les plus incroyables du corps astral : il ne meurt pas comme le corps physique. Il peut devenir endommagé ou malade, mais ne meurt pas. Tout comme le corps physique a des billions de cellules, le corps astral est composé de billions de « vitatrons », leur contrepartie. Cependant, les vitatrons sont beaucoup plus forts et résistants que les cellules physiques. Sauf dans des états extrêmes, ils ne peuvent être détruits comme les cellules physiques. De plus, ils sont remarquablement réparables. Voilà d'ailleurs pourquoi vous avez eu le même corps astral durant d'innombrables incarnations.

Le corps astral ne vous sert pas seulement au moment de quitter la Terre. Il collabore très étroitement avec vous pendant que vous êtes ici, dans le monde physique. Il soutient et renforce votre être physique. Le corps astral a sa propre intelligence et sa propre conscience, et il s'en sert pour vous aider de toutes les manières possibles.

Le corps astral subit le plus fort de la maladie. Sans contredit, c'est là son plus grand rôle dans le maintien de la santé. C'est le corps qui devient malade le premier. Le corps astral filtre les énergies négatives émanant du physique. Il agit comme une éponge qui absorbe l'énergie négative du corps physique avant qu'elle puisse se manifester sous forme de maladie. Une fois dans le corps astral, cette énergie négative est transférée au courant vital astral, contrepartie du système sanguin physique. De là, le corps astral peut se débarrasser de cette énergie négative en la dégageant par la plante des pieds. Ce processus, qui aide donc à prévenir la maladie physique, est l'un de vos premiers mécanismes de défense spirituels.

CORPS ASTRAL EN SANTÉ

La Figure 3-1 illustre le corps astral dans un état très sain et robuste. Comme vous le voyez, il reproduit exactement le corps physique et se tient à la droite de ce dernier, auquel il est relié au foie par le cordon d'argent. Vous pouvez également voir les cordons se connecter à la tête et au cœur. Les fils astraux qui courent le long du côté gauche du corps astral et du côté droit du corps physique sont en excellente forme. Ils sont d'une vive couleur argentée. La forme astrale est fort bien alignée sur le corps physique.

Le corps astral a son propre champ aurique, et c'est là une caractéristique frappante. L'aura astrale partage de nombreuses similitudes avec l'aura du corps physique. Elle est, elle aussi, l'accumulation d'énergie spirituelle que nous avons gagnée par nos pensées et nos actions, mais cette fois en relation avec nos expériences astrales. Remarquez que l'aura astrale est d'une forme plus ovale. Elle n'a pas de coquille aurique comme le corps physique, et elle renferme moins de compartiments. Ici, nous voyons quatre compartiments : rose, vert, bleu et or. Cela indique un corps astral dynamique, fort et équilibré. La forme change selon le développement de l'individu.

Il y a également des chakras dans le corps astral, mais ceux-ci fonctionnent différemment des chakras du corps physique. Comme les chakras astraux n'ont que les noyaux, ils paraissent plus petits que les chakras physiques, mais ils sont tout aussi puissants que ces derniers. De brillants rayons de lumière émanent des centres astraux. Remarquez l'énergie spirale qui émane du chakra astral, près du diaphragme. C'est un bon indicateur de santé. Quand je vois cela dans l'aura astrale, je sais que le corps astral est en excellent état.

Les autres points saillants ici sont les énergies qui entourent les têtes astrale et physique. Ces énergies, rose, blanche et jaune vif, révèlent de la joie et un excellent échange énergétique entre le moi physique et le moi astral. Cette personne fonctionne en parfaite harmonie avec sa partie astrale, et en retour le corps astral lui donne beaucoup de pouvoir et de soutien. Le courant vital (qui n'apparaît pas sur l'image) est ici d'un blanc vivant ; il montre l'excellent état du corps astral et sa capacité d'écarter aisément toute énergie destructrice absorbée dans le corps physique. (Le courant vital est l'équivalent astral du système sanguin.)

Une autre caractéristique des corps astral et physique en santé – difficile à illustrer – est une saine réserve d'ectoplasme d'une vibration élevée. L'ectoplasme est un fluide spirituel d'un blanc crémeux dans les organes sexuels des corps astral et physique. C'est une substance froide et collante. L'ectoplasme aide à fournir énergie et force vitale au corps. Il fonctionne très lentement dans le corps et s'avère essentiel à la santé du moi astral et du moi physique. Il aide chacun à rester souple, résistant et jeune.

Il est très important de ne pas épuiser son ectoplasme par des excès tels que l'alcool, le sexe et l'effort physique, car cette substance est très lente à se régénérer. L'épuisement de ce fluide essentiel peut en effet provoquer toutes sortes de maladies physiques dans les corps physique et astral.

Il ne faut pas confondre ectoplasme et effluves, ces derniers ne se trouvant que dans les organes sexuels du corps physique. Les effluves ont également un aspect blanc crémeux, mais ils constituent une lumière spirituelle plutôt qu'un fluide spirituel. Les effluves ont un pouvoir de recharge et aident à lubrifier spirituellement le corps. Dans cet exemple, il y aurait une riche réserve d'effluves dans le corps physique.

Corps astral mal en point

La Figure 3-2 illustre un corps astral très malade. D'innombrables raisons expliquent une maladie du corps astral. Dans ce livre, nous en explorerons plusieurs, mais dans cet exemple, la cause est l'abus du corps physique par l'alcool.

Le premier trait remarquable ici est la prédominance d'énergie grise dans tout le corps astral. Le gris, comme vous le savez, est la couleur première de la maladie dans l'aura. Les fils astraux qui relient les corps astral et physique sont très gris, ce qui indique un échange destructeur d'énergie. Comme le corps physique n'est pas encore malade à cause de l'abus, si cette personne mettait dès maintenant un terme à cet excès, elle pourrait empêcher la maladie d'atteindre le stade physique. Le rayonnement des centres astraux est gris et en dents de scie. Même la spirale qui entoure le chakra à côté du diaphragme est d'un gris foncé. Comme le courant de vie astral est surchargé d'atomes noirs et gris, il est très gris, lui aussi. Toute la vibration blanche du courant vital a disparu.

Le corps astral est penché et désaligné, ce qui l'empêche de soutenir efficacement le corps physique. Les compartiments de l'aura astrale sont faibles. Les couleurs sont là, mais elles ont un peu pâli. Des fuites dans le corps astral indiquent que ce dernier perd de la vitalité. On le voit à l'énergie grise et jaune moutarde qui fuit par la plante des pieds. Il y a des larmes dans la partie supérieure du corps astral. Elles ressemblent à des plaies ouvertes et ont une énergie gris foncé.

Le nuage gris au-dessus de la tête et les énergies rouge vicié et vert avocat autour du chakra, près du plexus solaire, révèlent qu'il y a nettement un usage impropre du pouvoir spirituel et qu'il est relié à cet état. Cette personne est probablement tombée dans les passions animales de la luxure et de la débauche, lesquelles ont été un facteur contributif important dans ce déprimant scénario. Remarquez que les couleurs vives autour de la tête ont complètement disparu.

À moins que cet état ne soit subitement renversé, une personne ayant ce type de corps astral peut s'attendre à une grave maladie physique.

Le corps mental éthérique

Nous avons un troisième corps à examiner afin de compléter l'image du système d'opération de la santé agissant en chacun de nous.

Il s'agit du *corps mental éthérique* (Figure 3-3). Ce corps a pris divers noms et a parfois été confondu avec la couche éthérique. Cependant, tout comme le corps astral diffère complètement de la couche astrale, le corps mental éthérique est totalement différent de la couche éthérique.

Le corps mental éthérique apparaît sous la forme d'une sphère dorée de substance éthérique entourant le corps physique. La substance éthérique n'est ni physique ni astrale. Elle est plus raréfiée, ce qui rend ce corps très puissant et le plus résistant des trois. Au sommet même, il y a une pointe argentée que vous qualifieriez de tête. Le nom de ce point de lumière est justement le point argenté du mental éthérique. Il est argenté parce que l'intelligence divine est une caractéristique essentielle du corps mental éthérique.

Tandis que le corps astral prend racine dans le foie, le corps mental éthérique a son pivot dans la rate physique. Un cordon d'argent, lui aussi d'une substance éthérique, relie la pointe argentée à la rate. Cependant, ce lien n'est pas aussi essentiel que le lien entre le cordon d'argent astral et le corps physique, enraciné dans le foie. Le lien mental éthérique est surtout destiné au transfert d'énergie. Si vous perdiez votre rate, ce lien compenserait en connectant plutôt avec le centre de la rate. Ce corps a ses propres atomes et cellules éthériques, qui sont aussi plus raréfiés que leurs équivalents physiques ou astraux.

Le corps mental éthérique a certaines fonctions fort importantes. En premier lieu, en ce qui concerne le travail énergétique, c'est lui qui conduit en réalité l'énergie jusqu'à votre aura, car il descend de votre Moi supérieur. Il le fait d'abord en se reliant au point argenté du mental éthérique, qui fonctionne sous la divine intelligence, puis en aidant à diriger l'énergie vers les aspects de votre aura ou de votre corps qui en ont besoin. En deuxième lieu, le corps mental éthérique est fort ; il protège le corps physique et l'aura reliée à celui-ci. En troisième lieu, c'est le système de transport qui vous permet de quitter la Terre pour de bon. Lorsque vous êtes prêt, c'est lui qui transporte votre âme et votre corps astral jusqu'au prochain règne de vie.

Parce que le corps mental éthérique est fait d'une substance éthérique hautement raffinée, il ne peut être profané ni corrompu, comme peuvent l'être les corps astral ou physique, sauf dans des cas extrêmes. Toutefois, il peut être désaligné, ce qui diminue la force qu'il peut vous donner. Une fois désaligné, il penche vraiment sur son axe, ce qui veut dire que la lumière n'est pas aussi efficacement transmise au corps. Heureusement, je ne vois pas tellement souvent de corps mental éthérique désaligné. Ce qu'il faut faire, c'est aligner les trois corps afin qu'ils fonctionnent en harmonie les uns avec les autres.

Dans la méditation de guérison que vous apprendrez, vous travaillerez avec le corps mental éthérique pour amener la lumière au corps et aux centres.

Le schéma PMM (Péché-Maladie-Mort)

À présent, rassemblons tous ces éléments de notre anatomie spirituelle en vue de comprendre le fonctionnement du schéma PMM. Une fois de plus, le schéma suit cette séquence :

Péché – mental
Maladie – astral
Mort – physique (maladie physique)

Commençons par le concept de *péché*. Le mot même paraît très sinistre, car il évoque les discours d'un ministre évangéliste sur les tourments de l'enfer, ou le péché originel d'Adam et Ève au jardin d'Éden. Lorsqu'il fait référence à l'aura et au schéma PMM, le péché n'est rien de cela. C'est tout simplement une *pensée erronée*.

Dans l'aura, une pensée erronée correspond à tout type de pensée qui est contraire à la loi divine et qui produit des énergies négatives dans le centre mental. Ces énergies négatives peuvent prendre diverses formes et teintes, du gris de la peur et de l'inquiétude au noir de la malice et de la haine. Nous péchons dans notre centre mental lorsque nous entretenons avec persistance et régularité la colère, la peur, le ressentiment, et une foule de schémas mentaux et émotionnels malsains. Ces courants négatifs rayonnent de notre aura à l'instar de la fumée d'une cheminée. Cet état mental destructif est la première étape du syndrome PMM.

Vous vous demandez peut-être pourquoi le péché commence dans le corps mental. Le péché est relié à notre pensée en raison du libre arbitre. Pour appeler « péché » une pensée erronée, nous devons avoir le libre arbitre de choisir une pensée éclairée ou non. C'est par notre pensée que nous exprimons ce choix. Pour avoir le libre arbitre, nous devons posséder l'attribut de la conscience de soi. Et la conscience *de soi* est très différente de la conscience tout court.

Les animaux sont conscients, mais ils n'ont aucune conscience *d'eux-mêmes*, n'ayant pas évolué jusqu'à cet état de conscience. Les animaux sont très intelligents, mais leurs décisions découlent de leur instinct animal. Comme c'est dans leur nature, ils ne peuvent pécher comme les humains, puisqu'ils n'ont pas la même qualité de libre arbitre.

Nous ne sommes pas toujours conscients de pécher ou de produire des pensées erronées, et c'est l'un des défis de la vie. Nous pouvons nous sentir parfaitement justifiés de penser ainsi, et notre libre arbitre nous permet d'exprimer cette pensée.

L'une des grandes tâches de notre évolution consiste à distinguer une pensée éclairée d'une pensée non éclairée. Nous ne pouvons apprendre la différence que par l'expérience. Nous récoltons des bienfaits selon la qualité de notre pensée – ce que nous nous permettons de penser et de sentir –, de telle sorte qu'en définitive nous sommes chacun notre meilleur juge de ce qu'est pécher ou non par la pensée.

Les émotions sont incluses dans la pensée erronée. Comme nous l'avons vu, le noyau énergétique des émotions est le centre d'énergie émotionnelle situé dans le plexus solaire du corps. Lorsque nous avons des pensées négatives, nous avons aussi une réponse émotionnelle négative, car c'est la tâche de la nature émotionnelle que de donner vie aux pensées. Cette énergie négative se déversera également du champ aurique, amplifiant le pouvoir destructeur de la pensée négative. Cela nous mène maintenant à la deuxième phase du schéma PMM.

Alors que l'énergie négative jaillit de notre conscience par suite de notre pensée négative persistante, elle transmet une partie de cette énergie au corps astral, par les fils astraux, car c'est le travail de ce corps que d'essayer de la filtrer. Le corps astral essaie ensuite de dégager cette énergie à travers les fluides vitaux de son courant vital. Dans des circonstances normales, il peut facilement le supporter. Toutefois, lorsque nous persistons dans nos habitudes négatives, nous créons un courant régulier de ce pouvoir destructeur, et le corps astral accumule une surcharge d'énergie négative puis devient *malade*.

Voilà l'étape de la maladie dans le schéma PMM. Nous tombons malades dans notre corps astral *avant* même de le devenir dans notre corps physique. Si nous pouvons mettre un terme à cet état destructeur dans le corps astral *avant* qu'il n'atteigne le corps physique, il nous est possible d'empêcher bien des maladies. Dans le cas contraire, si cet état destructeur continue de se développer, nous nous dirigeons alors vers la troisième étape : le schéma de mort.

Si le corps astral n'est pas restauré et libéré de ces énergies destructrices, celles-ci vont refluer dans les fils astraux jusqu'au corps physique, comme un surplus d'eau reflue dans un drain bloqué. Ces énergies négatives se fraieront alors un chemin dans le système sanguin et s'accumuleront partout où il y a une faiblesse dans le corps physique, créant dès lors la maladie physique. Le péché commence dans le corps mental, la maladie s'accumule dans le corps astral, et l'état de mort est dans la maladie physique. C'est le concept de pouvoir de l'esprit sur la matière, en passant par l'intervention supplémentaire du corps astral. Et c'est pourquoi vous voulez faire tout en votre possible pour empêcher la dissonance d'atteindre le stade physique, car il est beaucoup plus facile de guérir le corps mental ou astral que d'affronter cette dissonance lorsqu'elle aura atteint l'état physique. La Lumière divine agit magnifiquement pour dégager les vibrations PMM. Cependant, nous devons également faire notre part pour nous défaire de la colère et de la haine persistantes qui précipitent ces états.

Le syndrome PMM est-il le véritable schéma pour l'humanité ? Non. De siècle en siècle, toutefois, nous avons cru que ce l'était, jusqu'à ce que nous acceptions l'idée que la vie est ainsi faite. Faut-il de la discipline pour renverser ce schéma ? Oui. Faut-il de la volonté ? Bien sûr. Cela en vaut-il la peine ? Absolument !

La crise cardiaque provoquée par le schéma PMM

Le syndrome PMM a d'infinies variations. Dans mon travail de guérison, je vois ce schéma à diverses phases de son développement et, naturellement, je me mets au travail pour aider à alléger cet état chez la personne. L'exemple que je donne ci-dessous est une sorte de collage de plusieurs études de cas. Il vise à vous donner un véritable aperçu, du début à la fin, d'une crise cardiaque provoquée par le syndrome PMM.

Le personnage de ce scénario est Sam, qui est au début de la cinquantaine. Cet homme est en santé et il adore le plein air. C'est un comptable prospère qui possède son propre cabinet. Il est d'ailleurs habile à son travail, et les gens reconnaissent ses talents. Il est marié à Jessica, une consultante en marketing au début de la quarantaine. Son poste lui permet de voyager, et elle adore l'aventure. Ils n'ont pas d'enfants, même si Sam aimerait en avoir. Cependant, ils ont un bon cercle d'amis. Les choses semblent bien se dérouler dans leur vie.

Sam est follement amoureux de Jessica. Ils sont mariés depuis environ douze ans, et son monde à lui tourne autour d'elle. Il est généreux, très attentif à ses besoins, et ferait tout pour lui plaire. Même s'ils travaillent fort, ils ont l'intention de prendre leur retraite tôt et de consacrer plus de temps l'un à l'autre. Ils désirent faire le tour du monde.

Depuis un mois ou deux, Sam a remarqué que Jessica est distante. Elle travaille plus que d'habitude. Il croit qu'elle est préoccupée par son travail et qu'ils ont tout simplement besoin de passer plus de temps ensemble.

Puis, un jour, Sam reçoit le choc de sa vie. Jessica lui apprend sans ambages qu'elle a eu une aventure avec quelqu'un qu'elle a rencontré au travail. Elle lui annonce, plutôt abruptement, qu'elle le quitte pour cet homme. Son aventure lui a fait prendre conscience qu'elle n'est pas aussi amoureuse de Sam qu'elle croyait l'être, que cet autre homme lui donne le sentiment d'être plus vivante que jamais. Elle ne présente aucune excuse à Sam, et affirme ne plus vouloir mentir.

Sam est consterné. Non seulement est-ce complètement inattendu, mais la façon immédiate et sans-cœur dont Jessica le laisse le bouleverse. Cette dernière sort immédiatement de la maison et demande le divorce. Elle ne réclame aucun bien ; elle veut tout simplement partir.

Sam plonge dans une profonde dépression. Il adore vraiment sa femme et ne peut s'expliquer comment les choses ont bien pu si mal tourner. Il est viscéralement déçu, rempli de peine et de chagrin. Il a bâti son monde autour d'elle, et tous les plans et les rêves qu'il avait s'effacent soudainement.

Dans son aura, Sam a généré beaucoup d'énergies négatives reflétant sa déception et son chagrin (Figure 3-4). Un tourbillon d'énergie grise autour de sa tête témoigne de son choc et de sa dépression. Une énergie brune émane du centre mental même, indiquant la possessivité. Il considérait vraiment sa femme comme la sienne. Cependant, il essaie de rester positif, et cela apparaît sous forme d'étincelles de lumière blanche dans la région mentale. Une sombre énergie bleue irradie à partir du Centre hermétique (qui n'apparaît pas ici), où il y avait jadis la lumière bleu roi du dévouement. Cela montre qu'il ne sait pas très bien ce qu'il doit croire à présent. Le Centre hermétique même bouge dans le sens contraire des aiguilles d'une montre, illustrant sa souffrance et son incapacité à gérer la situation d'une manière plus productive. Dans le centre émotionnel, une énergie grise descendante dénote une grande tristesse. Il y a aussi du vert avocat, signe de jalousie. Flottant autour du centre émotionnel, de grosses gouttes de rouge vicié indiquent qu'il ressent aussi de la colère. L'élément le plus insidieux, peut-être, est l'énergie grise qui se projette vers le cœur physique, à partir de son centre mental. Ce sera l'un des schémas énergétiques clés qui le mèneront à sa crise cardiaque. (Voir « Imagerie divine et attributs spirituels du corps », dans ce chapitre.)

Remarquez, toutefois, que ses lignes de santé sont encore très fortes à ce stade et que la lueur qui entoure son corps est vivante. Cet homme est présentement en excellente santé. Sa détérioration physique sera tout entière sa propre création.

Au départ, Sam prend congé du bureau. Même s'il n'est pas suicidaire, il n'a pas la motivation de faire quoi que ce soit. Ses amis se rassemblent autour de lui, et cela l'aide à retomber sur ses pieds. Au bout de quelques semaines, il est de retour au travail. En lui, toutefois, sa tristesse ne fait que s'approfondir. Il entend dire que Jessica a emménagé avec l'autre homme et qu'ils ont l'intention de se marier. Il réfléchit à ce qui est arrivé, et ne veut plus qu'elle revienne, mais le vide en lui est encore très fort. Lentement, il semble se remettre sur pied. Il travaille mieux. Quelques mois passent, et ses amis retournent à leur vie habituelle et ne lui accordent plus autant d'attention qu'avant. Les choses ont l'air de s'être tassées. Mais en lui, Sam ressent encore ce profond sentiment de perte.

Le corps astral prend le plus gros de son chagrin et de son stress (Figure 3-5). Par les fils astraux, le corps astral absorbe l'énergie négative que Sam vomit. Il prolonge son action pour dissoudre cette énergie par le courant vital, mais ne peut garder le rythme de l'énergie négative qui est expulsée. Le corps astral de Sam passe cette fois au stade de la maladie. Il y a tellement d'énergies négatives à dissiper que le corps astral développe maintenant des fuites. Dans sa frustration, Sam est enclin à des crises de colère, et ces énergies sont comme des petits coups de couteau dans le corps astral, créant finalement des larmes et obligeant le corps astral à s'écarter un peu du physique, ce qui affaiblit davantage le lien. Cela le désaligne aussi du corps physique, ce qui ne fait qu'affaiblir sa capacité de le soutenir.

Remarquez le gris prédominant dans le courant vital, l'équivalent astral du système sanguin physique. Il a dégagé de l'énergie négative au meilleur de sa capacité.

Il y a désormais de fortes fuites à partir de la plante de ses pieds astraux. Les rayonnements astraux de ses centres sont gris, surtout l'énergie spirale au centre, près du diaphragme. Les fils astraux sont gris, sans être emmêlés, car à l'origine le corps astral était en grande forme. L'aura astrale est encore forte, puisque Sam a pris soin de lui et qu'il a encore des ressources spirituelles pour affronter cet état. C'est cet état de santé qui empêche sa crise cardiaque d'être fatale. À ce stade, Sam ne va pas très bien physiquement. Il remarque que son énergie est basse. Il a de la difficulté à se lever le matin et à s'endormir le soir. Même s'il est toujours en santé, il est en train de développer des douleurs à la poitrine, dont il ne tient aucun compte, estimant qu'il s'agit de crises de panique. Ce qu'il ne réalise pas, c'est qu'en raison de sa déception et de sa perte, le soutien spirituel qui alimente son cœur a été compromis et que cela a lentement l'effet d'empêcher l'alimentation du cœur en sang.

Tous les avertissements spirituels ont été signalés à Sam. Il entre maintenant dans la phase « mort » du syndrome PMM. S'il assume ce qu'il est en train de faire, il a encore le temps de renverser la vapeur, peu importe ce qui est arrivé. Il peut immédiatement commencer à demander à la lumière de purifier tous les niveaux de sa conscience et sortir peu à peu de l'ornière dans laquelle il s'est enfoncé.

Hélas, il n'en fait rien. Il est tout simplement inconscient de la sape que son état mental et émotionnel impose à son corps. Le schéma PMM atteint maintenant un stade critique dans son aura. Alors que Sam s'enferme dans sa mélancolie, son corps astral est tellement saturé d'énergies négatives que l'énergie destructive refoule dans le corps physique, jusqu'à son cœur, la zone la plus affaiblie. Un après-midi, environ six mois après le départ de Jessica, alors qu'il est en train de tondre la pelouse, Sam tombe en arrêt cardiaque.

Heureusement, il survit. Un voisin, qui le voit s'effondrer, appelle une ambulance, et on le transporte d'urgence à l'hôpital, où il subit une opération chirurgicale et se rétablit. Même s'il est complètement inconscient du schéma PMM, auquel il s'est soumis sans le savoir, il établit véritablement le lien entre sa crise cardiaque et son état mental et émotionnel intense. Même s'il n'est pas encore prêt à aimer, il finit par pardonner à Jessica, et cela enclenche son processus de guérison spirituelle.

La Figure 3-6 montre les effets du schéma PMM peu après la crise cardiaque. Le cœur est gris, et il y a des énergies d'un gris sombre dans les artères, ce qui a causé la crise cardiaque. Le noyau bleu dans le cœur est pâle, ce qui dénote qu'il est faible et ne reçoit pas suffisamment de force spirituelle. Une énergie grise irradie du corps même, indiquant qu'il est affaibli et malade. Il y a une rare configuration de lignes de santé. À droite, elles sont grises et tremblantes, mais pas tombantes. À gauche, les trois lignes de santé du haut sont tombantes. Cela montre que la douleur spirituelle était isolée et, une fois de plus, que Sam était au départ en excellente santé. Cette configuration des lignes de santé indique également que la crise cardiaque ne sera pas mortelle.

Le fait que Sam prenne graduellement conscience de son apport à cet état, et qu'il veuille pardonner à Jessica, a généré un frappant cercle de lumière blanche autour du centre mental. C'est là un signe d'espoir que Sam surmonte la situation et commence une nouvelle vie. En outre, une attitude positive par rapport à la santé et une croyance qu'il ira mieux apparaissent dans l'énergie dorée qui va au cœur, et cela accélérera grandement son processus de guérison. Il y a aussi du pourpre dans le centre émotionnel, ce qui lui apporte la paix dont il a besoin à présent. Le pourpre sous ses pieds est plus fort et révèle qu'il est sorti de cette expérience et qu'il finira par s'en porter mieux. Mais un autre résultat était possible. En effet, s'il avait décidé de rester dans sa dépression, il aurait pu avoir une autre crise cardiaque, potentiellement fatale.

Le schéma PMM a d'innombrables variantes. Dans le cas de Sam, sa meilleure approche aurait été de recourir à ses ressources divines au tout début, lorsqu'il était confronté à son défi émotionnel, bien avant toute manifestation de souffrance physique.

On m'a demandé si la médecine peut rompre le schéma PMM. Oui, la médecine ou les traitements médicaux peuvent certainement apaiser la souffrance physique causée par un schéma PMM. Cependant, si les schémas destructifs qui ont provoqué cet état persistent, la personne reste tout de même à la merci de la maladie, à défaut d'avoir atteint la racine du mal. L'énergie destructrice étant encore présente, elle peut générer plus de souffrance ou trouver simplement d'autres régions du corps à attaquer. Voilà pourquoi il est essentiel d'entretenir une conscience de guérison.

L'imagerie divine et les attributs spirituels du corps

Le schéma PMM peut affecter presque n'importe quelle partie ou fonction du corps. S'il y a déjà une faiblesse physique, il peut l'exacerber. Et il peut aussi provoquer toutes sortes de maladies dans une forme physique en parfaite santé. Le sérieux de l'effet physique du schéma PMM dépend du type et de l'intensité des schémas mentaux ou émotionnels destructeurs qui sont exprimés.

Même si le schéma PMM peut affecter le corps en général, son aspect le plus insidieux est peut-être sa capacité à provoquer des maladies spécifiques, en fonction de la pensée ou de l'émotion négative exprimée. Autrement dit, la colère peut créer une maladie très différente dans le corps que la haine ou l'entêtement. Car la pensée erronée interfère avec deux processus fort essentiels au corps, soit l'*imagerie divine* et un autre processus, relié aux attributs spirituels du corps.

L'imagerie divine

La métapsychique nous enseigne que notre corps a été conçu par l'Esprit divin et créé par l'interaction de la Lumière divine et de la substance spirituelle.

C'est l'Esprit divin qui soutient à présent la forme physique. Si ce soutien était retiré, le corps cesserait de vivre. Mais comment le divin renouvelle-t-il le corps au moyen de l'esprit ?

Dans notre centre mental, Dieu a placé quelque chose de très particulier : *l'image divine de notre forme physique*. Nous n'avons pas conscience de cette image divine, mais elle est là pour nous. Dieu l'a aussi utilisée pour concevoir le corps, au départ. Cette image divine est le prototype qui nous laisse voir que nous avons deux mains, deux pieds, un cœur, une tête, et ainsi de suite. Cependant, il ne faut pas la confondre avec notre empreinte génétique unique, laquelle détermine la couleur de nos cheveux et notre taille. L'image divine est générique. Chacun de nous possède cette même empreinte divine, cette image toujours parfaite et pure. Même si nous naissons avec des défauts génétiques, elle demeure intacte.

Dans une séquence régulière d'activités, une empreinte de cette image divine est projetée du centre mental à l'esprit vital en chaque cellule du corps, pour renouveler spirituellement chaque partie et fonction du corps. Ce processus d'imagerie divine est visible sous forme d'éclairs de lumière blanche projetés du centre mental aux diverses parties du corps. Par exemple, l'image divine de notre cœur est projetée dans les cellules du cœur physique, afin de renforcer le schéma de pensée du cœur ; l'image divine du cerveau est projetée dans les neurones du cerveau pour renforcer le schéma de pensée du cerveau. Et cela continue ainsi dans chaque partie du corps. C'est ce processus qui accomplit la célèbre affirmation selon laquelle « mon corps est une idée divine à jamais renouvelée par l'Esprit ».

L'imagerie divine est constante et continue, comme le battement de notre cœur. Cependant, lorsque nous entretenons une pensée destructrice, nous créons dans notre corps mental un environnement qui peut interférer avec le processus naturel d'imagerie divine. Cette aberration ne perturbe pas l'image divine même, mais nuit à la projection de celle-ci sur le corps. Les schémas de pensée négatifs installent essentiellement un obstacle, et la lumière ne peut se projeter efficacement vers les parties du corps, comme elle se doit. Cela affaiblit une forme autrement saine, et établit l'état d'enracinement du schéma PMM. Par exemple, si j'entretiens une forme de pensée extrêmement rigide et que je refuse de laisser s'épanouir ma créativité, je peux engendrer une aberration mentale qui interfère avec l'image divine projetée vers les articulations de mon corps. En combinant cet état avec le schéma PMM, je pourrais me retrouver avec de l'arthrite, sans m'apercevoir que j'ai engendré cet état au départ.

Je vois cette interférence du processus d'imagerie divine sous la forme d'une énergie grise projetée vers la zone affectée. Remarquez que dans l'exemple de la pensée erronée de Sam, celui-ci projetait une énergie grise vers son cœur en santé. Malheureusement, je rencontre trop souvent ce type d'activité dans l'aura des gens. Pour vous aider à reconnaître à quel moment vous perturbez le processus d'imagerie divine, nous explorerons, au chapitre 7, les racines spirituelles de nombreux maux.

Les qualités spirituelles et le corps

L'autre facteur qui permet à une pensée erronée d'affecter précisément le corps est relié aux qualités spirituelles du corps. Les anciens considéraient la forme humaine comme l'un des plus grands symboles mystiques. Ils croyaient qu'en comprenant les mystères du corps humain, ils pouvaient trouver bien des réponses aux mystères de la vie. Du point de vue spirituel, notre forme matérielle est un microcosme de la création. Tout comme nous avons un corps physique constitué d'une tête et d'un cœur, l'univers est essentiellement un corps cosmique géant, avec une tête et un cœur. Ce corps cosmique est vivant et actif, et nous sommes une minuscule recréation de ce grand plan cosmique. À mesure que nous apprenons à harnacher les propriétés de notre nature physique, nous apprenons également à harnacher les forces cosmiques de la création.

Lorsque nous sommes confrontés à une leçon spirituelle, les défis que présente cette leçon peuvent nous toucher physiquement, de bien des façons très précises. Par exemple, la qualité spirituelle de notre cœur physique est l'amour. Bien sûr, l'amour est l'une des grandes forces de l'univers. Apprendre à développer un courant d'amour spirituel fort est l'une des leçons les plus importantes de la vie. Si nous échouons en matière d'amour, cela peut engendrer une maladie réelle dans le cœur physique.

Reconnaître qu'un état mental précis est possiblement en train de nous affecter de manière défavorable peut fortement nous aider non seulement à soulager notre souffrance physique, mais aussi à grandir spirituellement. Voici un autre exemple. J'avais une étudiante qui, malgré qu'elle fût très consciente de ces principes, se retrouva avec une bronchite tenace. Elle sentait bien qu'elle pouvait être en train de générer elle-même cet état, mais ne pouvait en déceler la cause. Après un travail méditatif avec la lumière, elle se dit qu'elle ressentait une souffrance et une frustration immenses devant un projet d'écriture dans lequel elle était très engagée. Après avoir établi le lien entre son désir (ou son manque de désir) d'accomplir cette tâche, et sa bronchite, elle fut à même de travailler avec la lumière, et son état se corrigea très rapidement.

Je dois ajouter ici que chaque pensée ou émotion n'a pas nécessairement un effet physique correspondant, pas plus que chaque partie du corps n'a une qualité spirituelle. Ce qui compte, c'est que notre corps physique est un outil essentiel de notre évolution spirituelle. Nous permettre de faire l'expérience de certains types de maladies est parfois le seul moyen pour Dieu de nous atteindre afin de nous aider à apprendre nos leçons spirituelles.

Reconnaître les racines spirituelles de la souffrance physique

Comment savoir si votre maladie physique a une racine dans le schéma PMM ? Il n'est pas toujours facile de distinguer ce schéma des autres causes de maladie. Je ne veux certainement pas vous amener à devenir parano et à penser que chaque fois que vous vous mettez en colère ou que vous êtes fâché, vous engendrez une maladie physique. Cependant, il vous faut surveiller vos pensées. À défaut de mettre le doigt sur une raison physique expliquant votre maladie, demandez-vous tout simplement si vous avez fait quelque chose qui contribue à cet état, si vous avez été inquiet, déprimé, en colère, ainsi de suite. Si, dès lors, vous reconnaissez un schéma mental ou émotionnel malsain, mettez-vous au travail afin de vous en libérer, car la lumière ne sera pas aussi efficace pour guérir des états physiques si vous persistez à entretenir une pensée destructrice.

S'il vous plaît, ne confondez pas le schéma PMM avec les maladies psychosomatiques ou les troubles comportementaux. La maladie psychosomatique, tel un aveuglement hystérique, est davantage une hypnose provoquée par soi qui implique l'esprit subconscient. En outre, certains états mentaux et émotionnels peuvent affecter défavorablement le corps sans, pour autant, faire partie du schéma PMM. Par exemple, si je suis très frustrée, je peux me mettre à trop manger, et me voilà bientôt obèse. Ce comportement a bien une racine mentale et émotionnelle, mais également comportementale, car cela ne suit pas tout le processus qui affecte le corps astral.

Y a-t-il moyen de savoir si vous êtes dans la phase « maladie » du schéma PMM et si vous pouvez malgré tout écarter cette maladie physique ? D'abord, rappelez-vous l'importance d'abolir toute pensée ou tout sentiment malsain avant que ces énergies aient le temps de s'accumuler. Le corps astral tentera de vous signaler à quel moment il deviendra malade. La plupart d'entre nous n'ont pas conscience de ce corps, mais sentent son influence. Habituellement, nous nous sentons mal en point quand celui-ci n'est pas bien. Parfois, notre visage prend un aspect légèrement différent lorsque nous ne sommes pas bien sur le plan astral. Soyez attentif à ces signaux. Une partie de votre travail avec la lumière consiste à aider à garder le corps astral fort.

Combien de temps faut-il à un schéma PMM pour affecter l'état physique ? Tout dépend de la personne. Plusieurs facteurs entrent en jeu : l'intensité et la régularité du « péché », l'état du corps astral au départ, et celui du corps physique au départ. Il est clair que le schéma PMM du rhume atteindra le corps beaucoup plus rapidement que le schéma PMM menant au cancer. Ce schéma peut donc atteindre le physique en quelques jours, semaines, ou mois, selon la situation.

Et les maladies dégénératives ? D'après mon expérience, la majorité des maladies dégénératives, comme celles de Parkinson ou d'Alzheimer, sont fondées sur des états karmiques. Cependant, de graves schémas PMM peuvent aussi créer ces états dégénératifs. Dans ces situations, l'énergie destructrice s'est rendue dans l'encodage génétique des cellules et les a corrompues, déclenchant par conséquent l'état dégénératif. Le problème, ici, c'est qu'une fois que l'encodage génétique est touché, il est très difficile de renverser cet état. La personne pourrait dégager l'état mental qui a enclenché le syndrome, et libérer l'énergie négative reliée au schéma, mais l'encodage génétique perturbé serait tout de même en mouvement. Heureusement, dans ce cas, la lumière peut aider à prévenir une aggravation de l'état.

Bien que le syndrome PMM soit peut-être la plus grande cause de maladie, ce n'est pas la seule cause spirituelle. Par exemple, il y a les « bombardements psychiques ». En temps de guerre, les soldats qui sont commotionnés peuvent être victimes d'immenses perturbations métapsychiques au cours une bataille. Mon frère aîné a servi dans l'armée pendant six ans au cours de la Deuxième Guerre mondiale, en partie dans la troisième armée, sous le général George S. Patton Jr. Il a connu de nombreuses expériences traumatisantes. De retour à la maison, il était très nerveux, et je voyais que son corps astral avait été fort affecté par tout ce qu'il avait vécu.

Parmi les autres facteurs possibles de perturbations psychiques, mentionnons la magie noire, le fait de se mêler de phénomènes parapsychologiques, les expériences soudaines et affreuses, les accidents, l'abus de drogues dures ou d'alcool, le viol, l'avortement, et toute autre forme de maltraitance.

L'une des causes de maladie les plus difficiles et les plus confondantes est sans doute le karma physique. Le fait d'explorer la cause karmique de la maladie va au-delà de la portée de ce livre, mais nous devons en avoir conscience lorsque nous travaillons avec la Lumière divine dans la guérison, car c'est une cause majeure de maladie. Quand j'ai commencé mon travail de guérison, je me suis demandé pourquoi certaines personnes étaient immédiatement guéries, et d'autres pas. La réponse que j'ai reçue, c'était *le karma*. Si la personne n'a pas remboursé la dette karmique qui a engendré la maladie, vingt guérisseurs auraient beau travailler ensemble à guérir cette personne, l'état ne pourrait être retiré avant que la dette karmique n'ait été remboursée.

Le karma physique signifie que l'âme qui s'incarne apporte dans sa vie présente les effets karmiques de vies passées d'abus. Peut-être avons-nous intentionnellement blessé quelqu'un et ressentons-nous maintenant cette souffrance physique par une maladie ou un accident. Ou peut-être avons-nous montré des états mentaux ou émotionnels immensément négatifs dans une incarnation précédente, et ressentons-nous leurs effets physiques en cette vie. Les états et prédispositions génétiques sont fort certainement des états karmiques. En vivant des expériences physiques qui représentent de tels défis, les âmes sont à même de résoudre une grande partie de leur dette karmique et d'effectuer de grands pas dans leur évolution spirituelle. La lumière peut-elle guérir le karma physique ? Cela dépend entièrement de la situation. Il ne fait aucun doute que la lumière peut aider à atténuer une partie de ces états. Elle vous aide à garder conscience de la guérison et des principes de la santé, et vous permet de traverser ces feux karmiques. Peu importe que vous affrontiez ou non un état karmique, vous avez tout de même besoin de prendre les devants en ce qui a trait à votre guérison. Et puisque vous vivez un processus de croissance spirituelle, la lumière s'avère essentielle.

Chapitre quatre

LE MIRACLE DE LA SUBSTANCE SPIRITUELLE

L'étude de la substance spirituelle est l'une des pierres d'assise de la métapsychique. À travers les âges, les mystiques et les initiés ont fort bien connu ce savoir cosmique, mais ils ont largement gardé secrètes sa connaissance et son application. Même à une époque plus récente, l'intérêt croissant pour la métapsychique n'a permis de retrouver qu'une infime connaissance pratique de ce savoir cosmique. Mais les temps ont changé. Maintenant que la connaissance de l'aura et de l'énergie spirituelle se répand davantage, que le désir sincère de vérité spirituelle grandit, et que l'on tente de relier la métapsychique au monde atomique de la physique quantique, il est temps de dire la vérité sur la substance spirituelle et son application à la guérison.

Dans ce chapitre, nous dépasserons les frontières de l'aura pour explorer le fonctionnement de la substance spirituelle et sa relation à la santé. Le Plus Haut m'a bien fait comprendre qu'il fallait inclure cette dimension de bien-être spirituel dans ce livre, car elle améliorera d'autant votre travail de guérison. Lorsque nous plongerons dans le monde de la substance spirituelle, rappelez-vous que la Lumière divine est tout de même la plus grande clé de la santé. La substance spirituelle est un *ajout* au travail de guérison par la lumière.

En vérité, la Lumière divine, associée à la substance spirituelle, engendre la forme la plus puissante possible de pouvoir de guérison.

Le spectre de la vie

La Lumière divine et la substance spirituelle sont deux piliers spirituels dans le contexte général du spectre de la vie.

Si vous avez étudié la physique, vous savez que les ondes électromagnétiques se décomposent en divers éléments. Il y a le spectre de la lumière visible. Puis, à mesure que les vibrations augmentent, il y a les rayons X, les rayons gamma et les rayons cosmiques. À mesure que la vibration ralentit, il y a les rayons infrarouges, les ondes radio et les ondes électriques. Ce sont là diverses fréquences du même spectre électromagnétique. La Lumière divine et la substance spirituelle font donc partie d'un spectre similaire.

Du point de vue métapsychique, tout ce qui est vivant vibre. Notre corps physique et notre aura fonctionnent à un certain taux vibratoire, de même que notre environnement. Tout est vibration. Et le miracle de la vie, c'est que tout ce qui vibre, en réalité, *fait partie du même spectre spirituel.* Autrement dit, un spectre unifiant de la vie émane de la source divine que nous appelons Dieu, sur tous les plans de la création. Tout, dans la vie, fait partie de la même essence divine, de l'esprit jusqu'à la matière. Helena Blavatsky l'exprime très bien : « La matière est l'esprit à son point le plus bas de manifestation, et l'esprit est la matière à son point le plus haut. » Tout ce qui vient de Dieu fait partie de Dieu, d'une façon ou d'une autre, même lorsque cela fonctionne à des fréquences et taux vibratoires largement différents. Ce spectre, actif en tout temps, explique le fonctionnement de l'aura, de la substance spirituelle et de la santé.

Le spectre spirituel se décompose comme suit :

DIEU
↓
L'ESPRIT
↓
LA LUMIÈRE DIVINE
↓
LA PAROLE DE DIEU
↓
LA SUBSTANCE SPIRITUELLE
↓
LA MATIÈRE

Le point le plus élevé du spectre spirituel est Dieu. Dieu *est* le spectre spirituel, et tout fait partie de Dieu. La vie commence par Dieu. Quelle que soit votre définition de Dieu, celui-ci est l'auteur de l'existence et de tout ce qui vit. Dieu est le Créateur éternel en expansion continue de tout ce qui a été, est et sera. Dieu est partout et en tout. Tous les superlatifs s'appliquent à lui : Dieu est amour, Dieu est paix, Dieu est joie. Et en termes de guérison, Dieu est la santé. C'est pourquoi, pour nous relier à la source de la santé, nous devons nous relier à Dieu.

À un niveau sous l'être englobant de Dieu se trouve l'Esprit infini de Dieu. Notre Esprit divin individuel est né de l'Esprit infini de Dieu. Tout comme une goutte d'eau salée fait partie de l'océan, notre esprit est une précieuse goutte de l'océan spirituel. Nous faisons partie de l'Esprit immortel de Dieu. Notre Esprit divin est éternel. Notre forme physique finira par retourner à la terre dont elle vient, mais notre esprit retournera éventuellement à la source divine.

En plus de l'Esprit divin, nous avons l'âme, l'*embryon* de l'esprit. L'âme en possède tous les attributs divins, mais ces qualités sont latentes et doivent être pleinement développées durant le processus de croissance spirituelle. C'est l'âme qui s'incarne à multiples reprises pour apprendre les leçons de la vie. L'esprit demeure toujours intact dans les règnes spirituels afin de nous guider, mais notre âme s'incarne et interagit avec le corps physique, vulnérable à la maladie. À mesure que nous évoluons, nous élevons la vibration de notre âme et étendons notre pouvoir spirituel jusqu'à ce que l'esprit et l'âme ne fassent plus qu'un. Voilà l'éveil spirituel que nous recherchons.

Un degré plus bas que l'esprit, en matière de vibration, se trouve la Lumière divine. Cette dernière est la puissance spirituelle qui envoie les attributs de Dieu à la création. C'est le canal de la conscience. Lorsque Dieu veut créer, il utilise la Lumière divine pour traduire cette idée en réalité. Ainsi, la Lumière divine, dans son spectre de couleurs, applique toutes les idées et qualités de Dieu. Dieu utilise en quelque sorte la Lumière divine pour accomplir des choses. Par exemple, notre corps physique était, à l'origine, une idée dans l'esprit de Dieu, et c'est la lumière de Dieu qui fournit le pouvoir de création et soutient notre forme physique.

Un degré sous la Lumière divine se trouve ce que les anciens appelaient la Parole de Dieu, laquelle est l'*activateur* de la création. Lorsque la Lumière divine est envoyée pour appliquer un aspect du plan de Dieu, c'est la Parole de Dieu qui met vraiment en mouvement la création. L'esprit donne la vie, et la lumière donne à l'esprit le pouvoir de croître et de s'exprimer ; puis, par la Parole de Dieu, la création est mobilisée, du plus petit atome jusqu'à l'univers même. Cette Parole de Dieu ne peut être entendue de la même façon que les paroles que nous prononçons, vous et moi, mais sa vibration se réverbère dans l'ensemble de la création, de la musique des sphères à l'essence spirituelle de nos paroles.

Un degré sous la Parole de Dieu se trouve la merveilleuse substance spirituelle. Comme on l'a évoqué au chapitre 1, la substance spirituelle est le tissu de la vie, la glaise cosmique dont tout est fait dans l'univers. L'*akasha*, l'*éther* et le *qi* [ou *chi*] sont des termes qui désignent cette substance. Le mot sanskrit *mulaprakriti*, qui signifie littéralement « la racine de la nature [matière] », est une référence directe à la substance spirituelle, la racine primordiale de toute matière. Par la voyance, la substance spirituelle apparaît semblable à la lumière blanche, car cette dernière est en interaction constante avec elle. Certains croient que cette substance spirituelle est omniprésente dans l'espace, en tant que médium renfermant toute la création, mais ce n'est pas tout à fait vrai. La substance spirituelle découle du cœur de Dieu, un peu comme le sang entre et sort de notre cœur physique. En fait, un système circulatoire cosmique irradie de la substance spirituelle fraîche et renouvelée, et attire vers lui les atomes de substance spirituelle non réparés, en vue de les régénérer.

La vibration descend, depuis cette substance spirituelle, vers diverses qualités de matière qui composent toutes les formes de vie, y compris l'éthérique, l'astral et le physique. *Toutes les formes d'énergie et de matière physiques font partie de la substance spirituelle*. Ce que nous qualifions d'énergie, et de matière, physique est en fait composé du même matériau spirituel, mais fonctionne dans différents états physiques. La substance spirituelle est l'élément constituant de chaque particule physique de l'univers, y compris les atomes qui composent notre forme matérielle. Du point de vue métapsychique, le « big bang » qui a engendré l'univers n'est pas issu du néant, mais de la substance spirituelle*.

---

* Quand l'univers fut créé, ces particules de substance spirituelle ont pris, initialement, la forme d'une mer de matière physique primaire appelée *prakriti* (mot sanskrit signifiant « matière primaire » ou « nature »). Les scientifiques commencent à reconnaître cette matière primaire comme étant le champ du point zéro (CPZ). Bien que son existence fasse l'objet de débats dans la communauté scientifique, la métapsychique confirme son existence. Le CPZ est le plasma physique duquel émergent toutes les formes de matière et d'énergie. Comme l'enseigne la théosophie, « la force [physique] et la matière ne sont que deux aspects de la même substance [*prakriti*] ».

L'une des raisons pour lesquelles le CPZ n'est pas encore généralement accepté a trait à son effet gravitationnel sur l'espace-temps. La masse totale (ou énergie, du point de vue de la physique quantique) contenue dans le CPZ est d'une taille stupéfiante. La question est celle-ci : Si ce champ existe vraiment, pourquoi n'a-t-il pas déformé l'espace-temps à un degré tel que l'univers imploserait ? La réponse est reliée à la périodicité de l'univers même. La métapsychique enseigne que l'univers s'étend et se contracte dans ce que les hindous appellent une « journée

Cela nous amène aux deux qualités fondamentales de la substance spirituelle, qui sont directement reliées à notre travail de guérison.

La substance spirituelle a besoin de la Lumière divine pour devenir active

La substance spirituelle ne peut agir d'elle-même. Pour qu'elle s'active, la Lumière divine doit agir sur elle. Dans notre travail de guérison, nous utiliserons la Lumière divine pour diriger la substance spirituelle vers des zones qui ont besoin de guérison.

La substance spirituelle est nécessaire pour élaborer la forme et maintenir sa structure atomique

Chaque atome est non seulement composé de substance spirituelle, mais soutenu par elle. Tout comme le corps requiert un constant flux d'énergie spirituelle pour survivre, *il a également besoin d'un flux constant de particules de substance spirituelle pour maintenir sa structure atomique.* Sans ce flux de substance spirituelle, le corps n'aurait pas l'étoffe spirituelle dont il a besoin pour réparer les zones endommagées. Nous pouvons automatiquement recevoir cette substance, et de bien des façons, mais nous examinerons ces dernières plus avant dans ce chapitre.

Atomes et auras

Maintenant que nous avons une vue générale de base de la substance spirituelle, attardons-nous au fonctionnement de cette substance dans le corps en considérant les atomes, ces éléments constitutifs de notre forme physique.

Il est étonnant de voir que la plus grande part de notre connaissance de l'atome est apparue à une époque relativement récente. Au cinquième siècle avant Jésus-Christ, les Grecs ont été les premiers à postuler que la matière était composée d'atomes (du grec, qui signifie « indivisible »). Mais ce n'est que

---

de Brahma ». Même si l'univers a des milliards d'années, il est encore jeune du point de vue de l'éternité et toujours en train de prendre de l'expansion à partir du big bang initial. Nous ne sentons pas l'impact renversant du CPZ, car l'élan du big bang est encore plus grand que l'effet gravitationnel du CPZ. Une fois cet élan dissipé, la gravitation prendra le relais et l'univers entier se mettra à imploser lentement, mais inexorablement, dans la « nuit de Brahma ». Nous n'avons pas à trop nous soucier de cet événement, puisque ce processus ne s'amorcera pas avant plusieurs milliards d'années et représente non pas notre annihilation, mais plutôt un temps pour assimiler nos expériences dans la création et nous préparer à une autre journée cosmique sur un plan d'existence plus élevé.

plusieurs siècles plus tard, au début des années 1800, que l'existence des atomes a été démontrée scientifiquement. Le tournant du vingtième siècle a connu une explosion de découvertes scientifiques qui révélaient avec une troublante exactitude le fonctionnement du monde atomique et subatomique. Ces découvertes firent entrer l'humanité dans l'ère atomique et permirent notre compréhension actuelle du monde atomique.

L'atome est composé d'un noyau de charge positive entouré d'électrons de charge négative. Au sein du noyau de l'atome se trouvent des protons et des neutrons, lesquels sont à leur tour composés de quarks, les éléments de base du noyau. Le modèle le plus populaire de l'atome montre un noyau entouré d'électrons en orbite, à l'instar des planètes autour du soleil. La physique quantique a toutefois révisé ce modèle pour montrer les électrons périphériques davantage comme un nuage électronique qui possède ces qualités d'onde et de particule.

L'observation par la voyance de la structure de l'atome est une tâche pour le moins ardue qui exige une puissance spirituelle immense. Des techniques de voyance spécialisées ont été utilisées avec un certain succès. Pour plus d'exactitude, j'ai eu recours aux guérisseurs célestes qui ont guidé l'écriture de ce livre. Ils m'ont projeté, par la voyance, le fonctionnement spirituel de l'atome. Comme je ne suis pas physicienne, je décrirai ce que je vois en un langage aussi clair et direct que possible. Nous examinerons ici des aspects de l'atome relatifs au processus de la santé.

D'après ce que m'ont montré les guérisseurs, la forme générale de l'atome est sphérique, bien qu'elle puisse adopter des aspects différents. L'atome a un noyau ovale avec, à l'intérieur, de minuscules quarks en forme de cœur semblables aux images qu'en donnent les études théosophiques. Le noyau est entouré d'un nuage électronique en vibration et en expansion. Ce nuage électronique n'est pas un nuage potentiel où l'emplacement d'un électron peut se trouver, mais un vrai nuage composé de minuscules particules d'électron beaucoup plus petites que ce dernier. Lorsqu'elles accomplissent leurs fonctions, ces particules « fusionnent » pour former un véritable électron. Par exemple, lorsqu'on agit d'une manière quelconque sur un nuage électronique, un électron en émerge pour accomplir une certaine fonction, tel le dégagement de photons. Au cours de son activité, la particule d'électron change de niveau énergétique et effectue une sorte de mouvement circulaire. Une fois son travail terminé, cette particule retourne au nuage électronique. Une particule d'électron peut aussi émerger et être libérée entièrement de l'atome, comme dans l'effet photoélectrique.

Oui, cette image de l'atome diverge de l'image populaire qui le montre sous la forme d'un minuscule système solaire. Elle est même différente de certaines des dernières théories en physique quantique. Mais le miracle de l'atome n'en est qu'à ses débuts !

Du point de vue spirituel, *un esprit vital existe à l'intérieur de l'atome*. Tout comme notre âme habite un corps, et un esprit vital habite une cellule, un esprit vital présent au sein de l'atome lui donne vie. L'esprit vital de l'atome réside à l'intérieur du noyau et dégage une lueur de lumière blanche, pas très loin au-delà du noyau. Le noyau même dégage une aura blanche. Puis, tout autour de l'atome se trouve aussi une aura rayonnante de lumière blanche (Figure 4-1).

L'atome est maintenu en vie par un flux régulier de Lumière divine. Pour nourrir l'atome d'énergie spirituelle, la lumière traverse les infimes quarks à l'intérieur du noyau. Les théosophes appellent cet élément *anu*. Le quark, ou anu, est très important, car il est le canal par lequel l'énergie spirituelle entre et sort du noyau pour soutenir la vie dans l'atome. L'anu est chargé positivement ou négativement. Un anu chargé positivement attire de l'énergie spirituelle dans l'atome, en vue d'un usage actif sur le plan physique. Un anu chargé négativement se régénère à même l'énergie de l'atome. Ce courant de lumière, qui entre et sort de l'atome, soutient la force de vie dans l'atome et lui donne sa charge.

Comme le nuage électronique autour du noyau a également besoin d'énergie spirituelle pour fonctionner, la lumière spirituelle circule aussi à travers lui. Le nuage électronique tire de la Lumière divine de l'aura du noyau. Puisqu'il est chargé négativement, l'énergie spirituelle y circule pour revenir au règne spirituel. Le nuage électronique donne aussi une puissance et une protection additionnelles au noyau.

Quand le corps est malade, l'équilibre de lumière qui entre et sort des atomes atteints est bloqué, ce qui, par conséquent, perturbe l'équilibre énergétique et peut même affecter l'aura de l'atome. De plus, il est possible que l'énergie négative s'accumule à l'extérieur de l'atome et des molécules, inhibant encore davantage le flux de lumière qui entre et sort de l'atome. Diriger de la lumière vers les atomes peut éliminer une accumulation d'énergie négative, restaurer l'équilibre de la lumière qui circule dans les atomes, et redonner à la charge électrique son équilibre naturel.

Et qu'en est-il alors de la substance spirituelle ? Si vous pouviez regarder profondément à l'intérieur de l'atome, vous verriez l'élément constitutif de base de toute forme. À l'intérieur de chaque quark, ou anu, se trouvent littéralement des milliards de particules de substance spirituelle. C'est d'ailleurs la combinaison de ces particules qui forme un seul atome (Figure 4-2). Pour saisir le caractère infini de la vie, songeons un moment que le corps a des milliardsde cellules, chacune composée de milliards d'atomes, et que chaque atome est composé de milliards de particules de substance spirituelle !

Le nuage électronique est lui aussi composé de particules de substance spirituelle. Avec la Lumière divine, il se sert de cette substance pour accomplir les fonctions pour lesquelles il a été conçu. Par exemple, quand les électrons dégagent des photons, ils libèrent de minuscules paquets de matière spirituelle

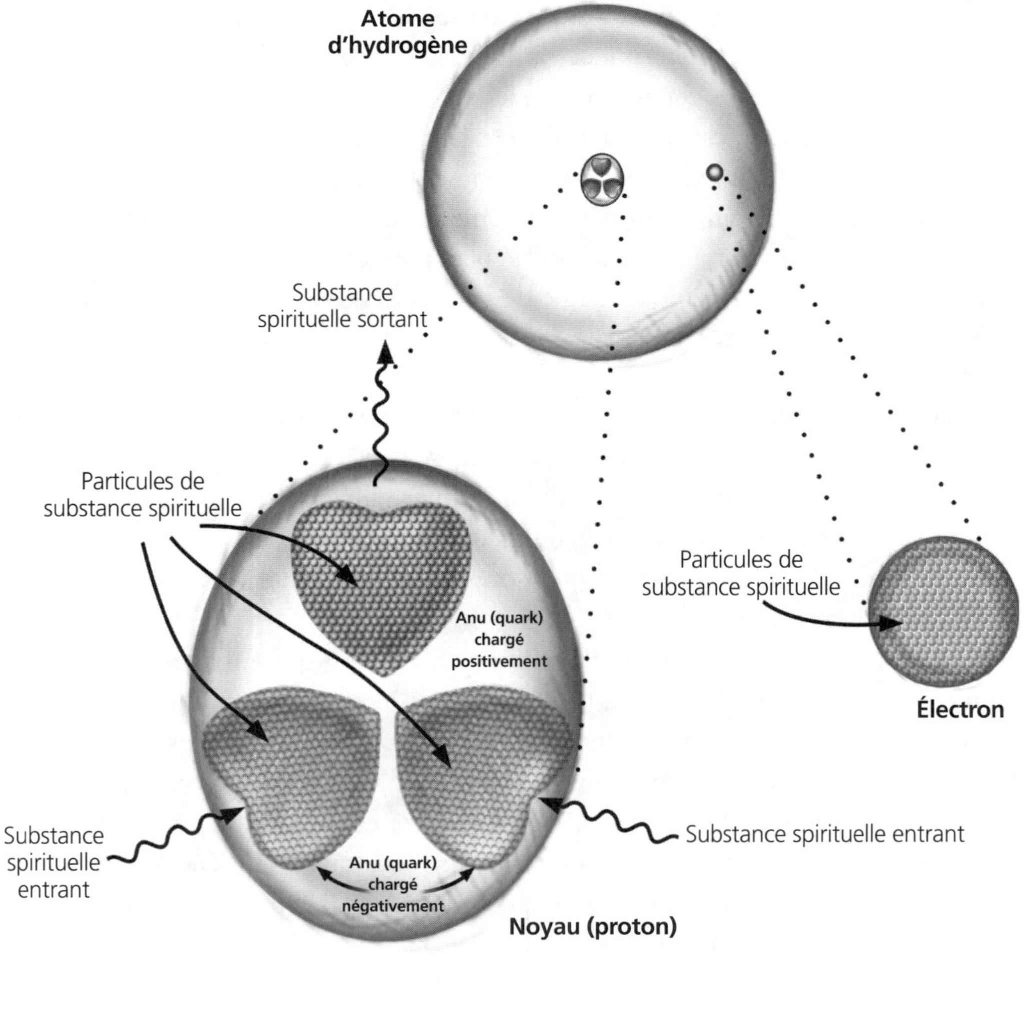

Figure 4-2 : Structure spirituelle d'un atome d'hydrogène

renfermant son propre flux de lumière et sa propre force vitale ! Au cours des activités de la vie, les atomes interagissent les uns avec les autres afin de grandir (car tout dans la création est en évolution) et de fonctionner comme il se doit. Il est intéressant de noter que malgré toute sa complexité, le corps n'utilise que quatre types d'atomes : l'oxygène, le carbone, l'hydrogène et l'azote.

À mesure que nos âmes évoluent, nous élevons la vibration de l'esprit vital au sein des atomes de notre corps. Ces atomes finissent par atteindre leur propre niveau d'éveil et sont alors qualifiés d'« atomes blancs ». Les saints et les êtres hautement évolués dont le corps ne se détériore pas après leur décès doivent directement leur état à l'exaltation de ces atomes blancs, extrêmement puissants.

En plus d'un flux constant de Lumière divine, les atomes ont besoin d'un courant régulier de substance spirituelle renouvelante pour soutenir leur forme physique. Il y a donc un influx constant de nouvelle substance spirituelle, et une émission de particules non éclairées de substance spirituelle. (Pour gérer toute cette activité de lumière et de substance, l'atome physique a besoin d'aide, ce qu'il obtient de ses contreparties éthérique et astrale. Voir la Figure 4-3 pour une illustration du fonctionnement de ce processus.)

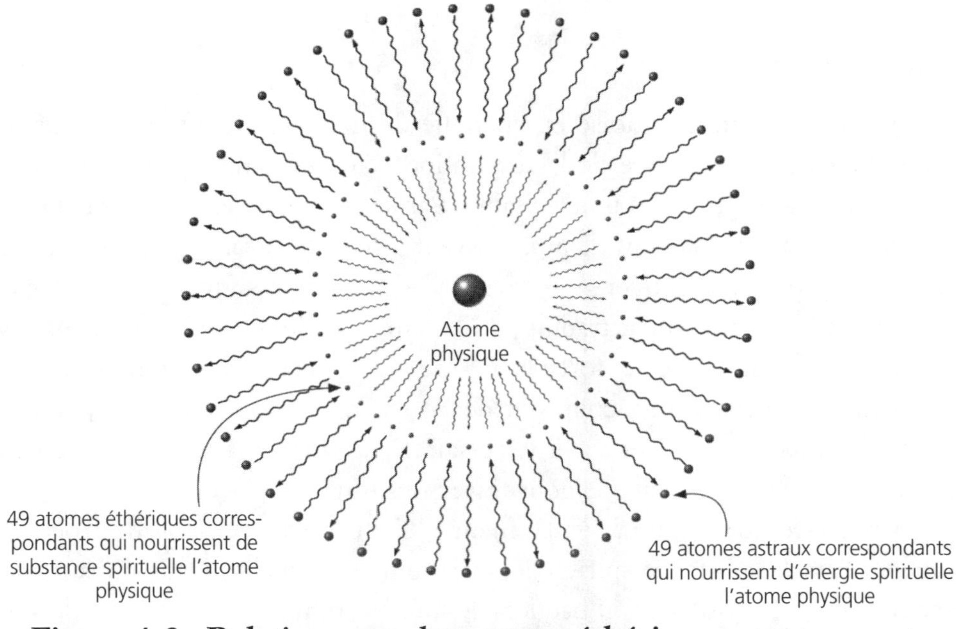

Figure 4-3 : Relation entre les atomes éthériques et astraux, et l'atome physique

(En réalité, les atomes éthériques et astraux entourent l'atome physique en trois dimensions.) Pour chaque atome physique, il y a 49 atomes éthériques et 49 atomes astraux correspondants. Les atomes astraux ont pour tâche de canaliser la lumière qui entre et sort de l'atome physique, et le travail des atomes éthériques est de canaliser la substance spirituelle qui entre et sort de l'atome physique.

Quand le corps est malade, le tissu spirituel de l'atome peut se dégrader, affectant ainsi la stabilité de tout l'atome. Lorsque vous travaillez avec la lumière, celle-ci dirige aussi la substance spirituelle vers les atomes en vue de régénérer et de reconstruire les particules corrompues de substance spirituelle. Cela se fait naturellement, au moyen des processus automatiques exposés ci-après.

Comment nous recevons la substance spirituelle

La substance spirituelle est si essentielle à la santé du corps, que Dieu nous a offert plusieurs façons de recevoir ce matériau vital (Figure 4-4) :

- Par l'air que nous respirons ;
- Par les courants éthériques de la Terre ;
- Par la lumière solaire qui touche notre corps ;
- Par le processus de méditation avec la Lumière divine

L'air que nous respirons

Les écoles indienne, chinoise et tibétaine de métapsychique parlent depuis longtemps de l'importance de la respiration. Elles considèrent qu'une bonne respiration est essentielle à une vie saine. Par le souffle, nous recevons le prâna. Le mot sanskrit *prâna* vient de *pra*, qui veut dire « de l'avant », et *an*, qui veut dire « respirer », « bouger », « vivre ». Ainsi, *prâna* signifie « respirer de l'avant », plus couramment traduit par « souffle de vie » ou « énergie vitale ». Les Chinois nomment cette force le *qi* [ou *chi*] ; les Japonais réfèrent au *ki*. Elle est si importante que beaucoup ont décrit le prâna au moyen de superlatifs. Non seulement ce dernier est-il nécessaire à la santé, mais il fait également partie du processus d'éveil que nous traversons tous.

Qu'est-ce que le prâna, exactement ? C'est la combinaison de trois éléments : l'air, la substance spirituelle, et la lumière blanche. Dans notre atmosphère, il y a des globules ou paquets de lumière remplis de particules de substance spirituelle. Lorsque nous inspirons de l'air, nous inspirons des globules de substance spirituelle.

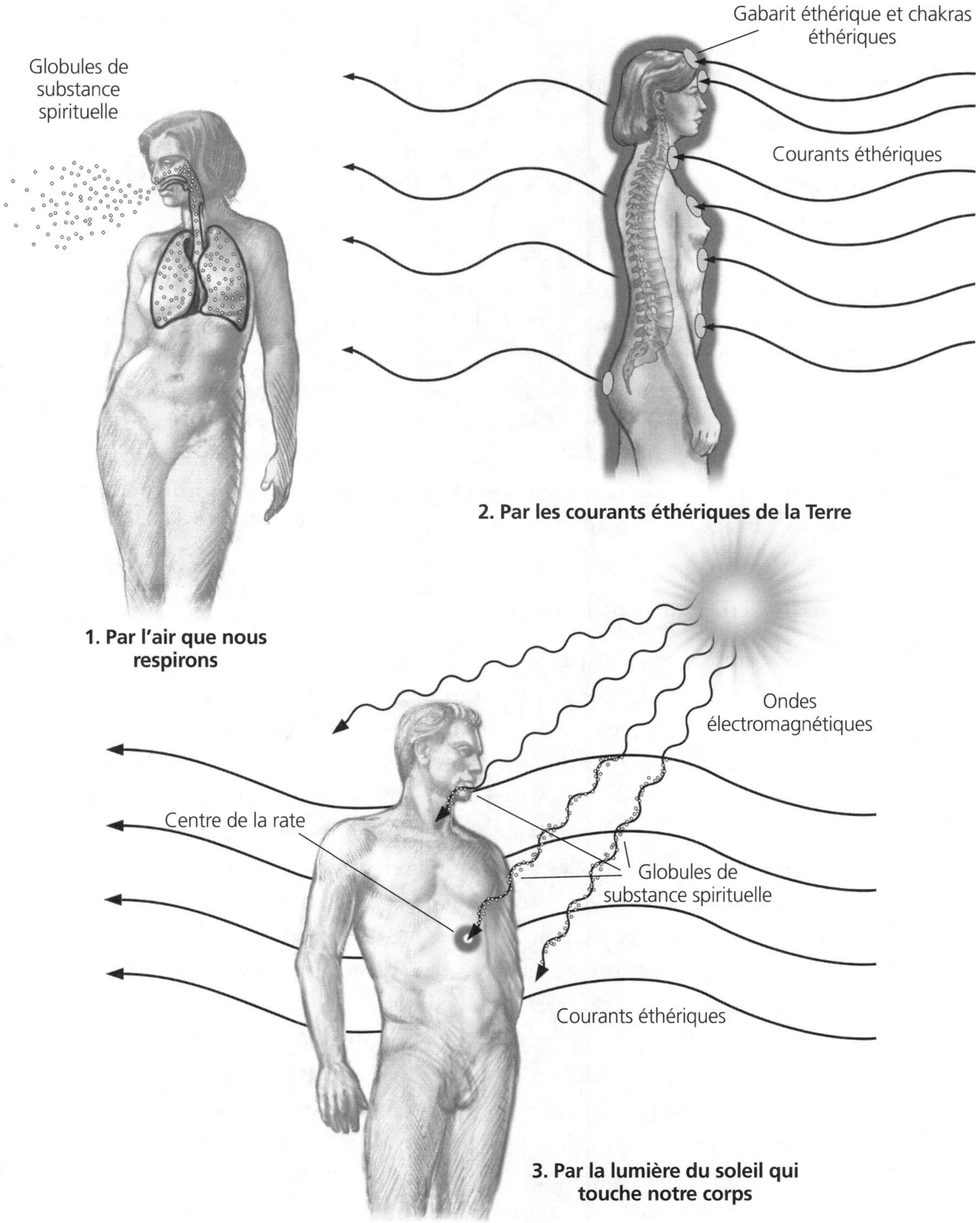

Figure 4-4 : Trois façons de recevoir la substance spirituelle

À chaque respiration, nous absorbons du prâna. Ce faisant, nos poumons absorbent de la substance spirituelle et l'apportent avec l'oxygène dans le système sanguin, où elle est distribuée dans le corps, jusque dans les cellules (par l'imagerie divine et le gabarit éthérique), où elle est finalement injectée dans les molécules et les atomes du corps. Les méridiens du corps aident au bon déroulement de ce processus. De même, lorsque nous exhalons, nous dégageons des particules de substance spirituelle dégradée, ou non éclairée, pour qu'elles soient reconstituées. Chaque jour de notre vie, ce processus étonnant recrée donc le corps. Nous avons tous entendu parler de yogis capables de passer de longues périodes sans manger. Ils le font en vivant du prâna, entre autres sources (mais je ne vous le recommande pas !).

Des gens m'ont demandé si le fait de vivre dans un environnement urbain où l'air est pollué épuise notre ration de prâna. En réalité, les contaminants de l'air n'affectent pas la substance spirituelle en soi, mais bien plutôt notre capacité de l'absorber. Une bonne respiration et de l'exercice sont essentiels à une excellente distribution du prâna dans le corps.

Les courants éthériques de la Terre

Notre atmosphère n'est pas stagnante. Des courants atmosphériques et des courants-jets sont engendrés par l'interaction de systèmes de basse et de haute pression faisant partie des schémas météorologiques de la Terre. Lorsqu'il y a un déséquilibre de la pression atmosphérique, l'air se déplace pour combler cette inégalité ; nous en faisons l'expérience sous la forme du vent. De même, des courants éthériques font circuler des globules de substance spirituelle dans l'atmosphère. Ces courants éthériques sont en quelque sorte le système circulatoire spirituel qui aide à soutenir la vie sur la planète. Ils font entrer des globules frais de substance spirituelle, et filtrent les particules non éclairées, tout comme les artères du corps nourrissent le corps en oxygène, et les veines charrient les déchets et le dioxyde de carbone.

Les courants éthériques ont leur flux et leur rythme propres. Leur mouvement ne dépend pas des courants éoliens physiques. Heureusement pour nous, les courants éthériques pénètrent toutes les régions de l'atmosphère. C'est ainsi que nous recevons le prâna de l'air. Des globules de substance spirituelle circulent dans l'air, à l'instar des globules rouges, riches en oxygène, qui circulent dans le corps. Les courants éthériques donnent un nouveau sens à l'idée d'obtenir de l'air frais. Lorsque nous sommes dans une pièce fermée, nous bloquons une partie du courant éthérique. L'air stagnant a autant à voir avec les particules stagnantes de substance spirituelle qu'avec l'air physique. Ouvrir une fenêtre ou une porte permet alors de renouveler la réserve de cette substance essentiellement spirituelle. En plus de recevoir cette dernière par la respiration, nous recevons des globules de substance spirituelle dans les courants éthériques au moyen de notre gabarit éthérique et des chakras qui le gouvernent. Jetons un coup d'œil aux gabarits éthérique et astral, et au rôle qu'ils jouent dans la santé.

Comme nous l'avons vu au chapitre 1, il y a, autour et imprégnée dans la forme physique, une contrepartie appelée gabarit éthérique. Ce gabarit, constitué d'une substance éthérique, est une réplique un peu plus grande du corps physique ; il s'étend jusqu'à cinq centimètres de celui-ci. Ses couleurs primaires sont l'or, le vert et le rouge (Figure 4-5).

Le gabarit éthérique a pour but de nourrir et de soutenir la structure atomique du corps au moyen de la substance spirituelle. Toute la substance spirituelle que reçoit le corps doit passer par ce gabarit, qui aide à maintenir l'intégrité des diverses parties du corps. En d'autres mots, celui-ci s'assure qu'un foie reste un foie, qu'un cœur reste un cœur, et ainsi de suite. Il le fait au moyen du processus d'imagerie divine, laquelle imagerie « dirige » les particules de substance spirituelle à l'endroit approprié.

Le gabarit éthérique reçoit la substance spirituelle par son propre ensemble de sept chakras. *Les chakras éthériques sont complètement différents des chakras spirituels, dont nous avons déjà parlé dans ce livre.* Ces chakras éthériques sont intégrés au gabarit, un peu sous la surface. Ils ont un noyau, la forme de disques, et ils dégagent des énergies multicolores semblables aux rayons d'une roue, comme sur les images de chakras dans les textes orientaux. Les couleurs véritables de chaque chakra varient d'une personne à l'autre. Chaque chakra éthérique dégage un flux de lumière blanche qui se relie à l'épine dorsale et aux glandes pinéale et pituitaire. Ces chakras attirent les globules de substance spirituelle des courants éthériques jusque dans le gabarit, pour les distribuer dans tout le corps. Ces chakras retirent aussi du corps des particules non réparées. Pour guider tout ce processus, le gabarit éthérique a sa propre intelligence, située dans le noyau de son chakra mental.

Quand ce gabarit devient malade, ces chakras peuvent devenir encrassés ou obstrués, ce qui diminue leur puissance et leur pouvoir. Il s'avère alors important de diriger le courant de guérison vers ces chakras, afin de guérir le gabarit et ses chakras correspondants.

Ici aussi, le gabarit astral entre en jeu. C'est également une réplique du corps physique, mais plus grande que celui-ci ou que le gabarit éthérique. Il s'étend jusqu'à une dizaine de centimètres du corps, et ses couleurs de base sont le blanc, le pourpre et le rose (Figure 4-6). Le gabarit astral a pour rôle de canaliser la Lumière divine qui entre et sort de la structure atomique du corps. Toute lumière reçue par le corps doit passer par le gabarit astral.

Pour guider ce processus, le gabarit astral a aussi son propre jeu de chakras ! Je sais que cela peut être confondant, mais en plus des chakras éthériques, il y a aussi les chakras du gabarit astral. Leur position est très rapprochée des chakras éthériques, mais tout comme le gabarit astral est plus grand que le gabarit éthérique, la position des chakras astraux est plus éloignée du corps physique que celle des chakras éthériques. Eux aussi sont en forme de disques et ressemblent à des fleurs. Comme pour le gabarit éthérique, le gabarit astral a sa propre intelligence, centrée sur son propre chakra mental. Lorsque le gabarit astral devient malade, ces chakras peuvent s'assombrir et ne pas fonctionner comme ils le devraient. La lumière divine doit également être dirigée vers ces chakras.

Au cours de la vie du corps physique, les gabarits éthérique et astral ne changent pas de position. Même si un bras ou une jambe étaient coupés, leurs contreparties éthériques et astrales demeureraient intactes. Ces gabarits ne partent que lorsque l'âme s'en va et que le corps commence à se désintégrer. Même alors, ce dégagement prend un certain temps.

Autre caractéristique intéressante des gabarits éthérique et astral : leur relation avec les organes et les cellules du corps. En plus des gabarits qui pénètrent le corps physique, chaque cellule et organe du corps a aussi ses propres contreparties éthérique et astrale ! Cela s'avère nécessaire pour compléter le circuit de la lumière et de la substance vers le corps. Le processus fonctionne de la manière suivante : Lorsque la Lumière divine et la substance spirituelle circulent à travers les gabarits astral et éthérique, elles atteignent les contreparties astrale et éthérique des organes, où elles sont transférées aux contreparties astrale et éthérique des cellules. De là, elles traversent les contreparties astrale et éthérique de l'atome, puis l'atome même. Quel voyage ! Et dire que cela se passe à chaque instant de chaque jour où nous habitons cette forme physique !

La lumière du soleil qui touche notre corps

En définitive, le soleil est la source de toute vie physique sur terre. Nous ne pourrions soutenir la vie physique sans la nourriture que nous recevons régulièrement des rayons du soleil. Quand je regarde l'aura du soleil, je vois de fantastiques teintes d'orangé et de jaune. Des études étonnantes ont été menées pour explorer les effets de la lumière sur le corps et développer d'efficaces thérapies par la couleur.

Dans notre structure spirituelle, nous avons une minuscule recréation de la force vitale du soleil : le centre de la rate. C'est en quelque sorte le soleil du corps. Il a l'unique rôle de recevoir la substance spirituelle des courants électromagnétiques du soleil et de les amener au corps. Il le fait d'ailleurs par un procédé très particulier. Quand la lumière solaire nous touche, les ondes électromagnétiques attirent les globules de substance spirituelle dans les courants éthériques de la Terre et transmettent ces globules au centre de la rate. Le centre de la rate reçoit donc cette substance spirituelle, puis la transmet au corps mental éthérique. Le corps mental éthérique la mène alors au foie, dans le corps astral. Le corps astral la mène ensuite au foie physique, par le cordon d'argent, et le foie physique la libère alors dans le système sanguin, où elle est distribuée partout dans le corps, à l'aide du gabarit éthérique.

Voilà pourquoi il est si important pour la santé de recevoir la lumière du soleil. À défaut de celle-ci, les personnes qui habitent des endroits peu ensoleillés pendant de longues périodes sont susceptibles de devenir très déprimées et épuisées.

Le processus de méditation avec la Lumière divine

Ce matériau divin peut être projeté vers des parties du corps qui ont besoin de guérison, avec l'aide de la Lumière divine. Rappelez-vous : la substance spirituelle ne peut fonctionner d'elle-même. Elle requiert l'action de la lumière pour être activée et efficace. Dans votre travail avec la lumière, vous inclurez donc la substance spirituelle dans vos méditations afin de grandement amplifier votre travail de guérison de la structure atomique du corps.

Si vous avez plutôt besoin d'une guérison mentale ou émotionnelle, travaillez directement avec la Lumière divine. Il n'est pas nécessaire dans ce cas d'ajouter la substance spirituelle. Aussi, veuillez noter que ce processus de travail avec la lumière et la substance spirituelle en vue de réparer la structure atomique du corps diffère du fait d'envoyer de la lumière à l'esprit vital au sein des cellules du corps. Vous n'avez pas à envoyer de substance spirituelle lorsque vous rechargez l'étincelle de vie à l'intérieur des cellules. Toutefois, lorsque vous dirigez la lumière vers des zones précises du corps qui ont besoin de guérison, vous avez avantage à inclure la substance spirituelle dans votre travail sur la lumière, car cela améliorera grandement la régénération des atomes.

Chapitre cinq

LA MÉDITATION POUR LA SANTÉ

Méditer avec la Lumière divine est l'un des outils spirituels les plus efficaces quand il s'agit de guérison du corps physique. Il y a autant de techniques de guérison que de guérisseurs, mais j'ai observé ceci : quels que soient les techniques employées et les termes utilisés pour les désigner, l'élément clé du succès de toute pratique de guérison, c'est la Lumière divine. Peu importe le nom qu'on lui donne, elle est l'agent de guérison de Dieu. Nous la recevons chaque jour de notre vie, et lorsque nous devenons malades, elle travaille automatiquement pour nous, en notre nom, pour rétablir notre état de santé. Cependant, lorsque nous méditons avec la Lumière divine, nous puisons directement à même notre source de tout pouvoir de guérison, accélérant ainsi largement notre guérison. Et lorsque nous ajoutons de la substance spirituelle, nous magnifions ce pouvoir de guérison de façon exponentielle.

Qu'est-ce que la méditation ? C'est une ouverture au fait de recevoir quelque chose de Dieu. Durant le processus de méditation, vous calmez votre esprit afin d'être réceptif au Divin. Certaines personnes disent avoir de la difficulté à méditer ; elles trouvent ardu de calmer leur esprit. Bien sûr, c'est là un savoir-faire à cultiver. Ce qu'il y a de merveilleux à propos de la méditation avec la Lumière divine, c'est que non seulement vous calmez votre esprit, mais vous le focalisez sur l'énergie divine que vous voulez recevoir. Cela facilite de beaucoup votre méditation, car vous orientez votre esprit selon certains critères, ce qui a un effet calmant.

La méditation est différente de la prière, laquelle consiste à implorer Dieu et propulser de l'énergie. Pour réussir votre travail de guérison, vous avez besoin à la fois de la méditation et de la prière. Vous devez compléter le circuit « donner et recevoir ». La méditation que vous êtes sur le point d'apprendre est une forme de méditation et de prière. Les nombreuses méditations offertes dans ces pages sont essentiellement des prières méditatives.

Dans mon livre *Change Your Aura, Change Your Life*, j'ai évoqué la méditation qui sert à attirer l'énergie spirituelle afin d'améliorer tous les aspects de l'aura. Je vais répéter ici une partie de cette information, en insistant sur la méditation avec la lumière dans le but délibéré de guérir le corps, en y ajoutant l'élément substance spirituelle. Je donne à cette technique le nom de méditation du Moi supérieur ; il s'agit d'une façon extraordinaire de diriger les courants de guérison vers votre corps et votre conscience.

Se relier à la source de santé

Dans le travail avec la Lumière divine, la première étape consiste à vous relier à la source de votre pouvoir de guérison. Comme l'énonce la loi spirituelle de la santé, la guérison commence par Dieu. Votre première tâche, pour manifester la santé, consiste donc à vous tourner vers Dieu, à aller à la source de la santé. Dans l'aura, vous vous reliez à la divine source de la santé au moyen d'une part fascinante de votre anatomie spirituelle, appelée le *Point de connaissance spirituelle du Moi supérieur*. Votre Moi supérieur est l'émissaire, le lien spirituel entre vous et votre source divine. Il guide tout le processus de lumière. Rappelez-vous, l'approvisionnement spirituel en lumière que vous recevez ne vient pas de l'intérieur de vous ; c'est plutôt de l'énergie tirée d'une source infinie située au-dessus et au-delà de vous. Le Moi supérieur est une part magnifique de vous qui a déjà l'intelligence et la conscience divines nécessaires pour toucher directement la lumière et vous toucher en tant qu'âme habitant un corps physique.

Dans votre travail de guérison, toute la lumière spirituelle reçue de la source divine doit d'abord passer par le Point du Moi supérieur pour vous atteindre. Elle le fait automatiquement, mais lorsque vous faites consciemment appel à elle, cela augmente largement la lumière que peut vous donner votre Moi supérieur. Si ce n'était de ce dernier, vous n'auriez aucun moyen de vous relier directement à la Lumière divine.

Ce que votre Moi supérieur a de précieux, c'est qu'il est déjà dans sa conscience divine et, par conséquent, dans un état de perfection. C'est une part de vous qui est plus grande, complètement consciente des règnes spirituels qui se trouvent au-dessus d'elle, et néanmoins bien conscience de ce qui vous arrive ici et maintenant. Vous pouvez complètement vous fier au Moi supérieur. Il n'a aucune imperfection, aucun trait humain susceptible de vous décevoir. Tout à fait fiable, c'est véritablement une force éclairante qui guidera votre âme tout au long de son évolution. Le Moi supérieur est toujours avec vous, et travaille toujours pour vous, que vous en soyez conscient ou non. À mesure que vous vous alignez sur sa puissance, son efficacité se multiplie considérablement.

Le Moi supérieur apparaît comme un point de lumière à 60 centimètres au-dessus de la tête physique. Vous pouvez l'appeler le huitième centre spirituel (Figure 5-1). Il a environ 7,5 centimètres de diamètre, mais ne tourne pas. Il est doré, avec un noyau doré plus pâle. À partir de ce centre, des milliers de rayons blancs et dorés semblables à des fils jaillissent à environ 35 centimètres dans toutes les directions. Plus une personne est évoluée et reliée au Moi supérieur, plus ces rayons sont radieux et étendus. Lorsqu'une énergie particulière y est attirée, un grand nombre de ces rayons adoptent la couleur et la qualité de la lumière invoquée.

Attirer la lumière de guérison dans l'aura et le corps physique

Pour la méditation du Moi supérieur, trouvez d'abord un lieu tranquille et relaxant où vous vous sentez bien, où vous pouvez vous concentrer sans être interrompu. Je recommande un endroit de votre maison qui soit propice à la méditation : idéalement, une zone dans laquelle d'autres gens ne passent pas beaucoup de temps. Ce peut être un coin de votre chambre à coucher où vous avez votre fauteuil particulier, où vous pouvez méditer régulièrement. Ainsi, l'énergie aura une chance de s'accumuler, ce qui rendra votre travail avec la lumière d'autant plus efficace. Si vous habitez avec d'autres gens, informez-les de votre démarche et avisez-les que votre temps de méditation ne doit pas être interrompu.

Figure 5-1 : La posture méditative (avec le Point du Moi supérieur et les quatre centres spirituels)

Dix à quinze minutes, voilà le temps qu'il vous faudra au début pour travailler avec la Lumière divine. À mesure que vous vous acclimaterez au processus de guérison, vous pourrez augmenter cette période jusqu'à une demi-heure environ. Allumez une chandelle blanche et placez un bol d'eau à côté de celle-ci. Cela aidera à établir dans la pièce la vibration propice à votre démarche. Vous pouvez également déposer des fleurs près de vous, si vous voulez.

Le matin est généralement un bon moment pour méditer, puisque vous êtes frais et dispos, et n'avez pas encore commencé votre journée, mais peu importe finalement le moment choisi. Par ailleurs, vous pouvez porter des vêtements de méditation, telle une tunique, car à chaque méditation ces vêtements absorbent de la lumière. Avec le temps, ils contiendront tellement de lumière que du seul fait de les enfiler vous mettra dans l'ambiance de méditation.

Pour préparer la méditation de guérison, je recommande d'évaluer votre situation. Il n'est pas nécessaire d'y consacrer beaucoup de temps, mais essayez d'identifier la racine de votre souffrance. Est-ce le syndrome PMM, ou autre chose ? Soyez honnête envers vous-même. En travaillant avec la lumière de guérison, cherchez à découvrir en quoi vous contribuez à cet état de souffrance. Évaluez où vous en êtes dans votre pensée et vos sentiments. Si vous reconnaissez votre attachement au ressentiment et à la colère, cela peut nettement contribuer à votre état de santé actuel, et votre souffrance peut très bien être basée sur le schéma PMM. Faites un examen objectif, sans autocritique.

Puis, déterminez les rayons de lumière avec lesquels vous voulez travailler. Ce livre contient beaucoup d'exemples d'énergies à attirer et de façons de travailler avec celles-ci. Voici les trois énergies que vous utiliserez le plus dans votre travail de guérison : la flamme rouge-orange, le feu bleu-blanc, et la pure lumière blanche. À mesure que vous travaillerez avec ces rayons, vous saisirez comment incorporer également les autres rayons. Le travail avec la lumière est un art, et c'est justement en travaillant avec elle que vous sentirez comment tout cela fonctionne.

Voici les six étapes de la méditation du Moi supérieur :

1. Se détendre.
2. Établir une protection.
3. Vérifier ses centres spirituels.
4. Se relier à son Moi supérieur.
5. Faire descendre le rayon de Lumière divine et de substance spirituelle.
6. S'enraciner.

Étape 1 : Se détendre

Prenez quelques moments pour tout simplement relaxer. Laissez tomber la clameur du monde et vos propres préoccupations. Laissez surtout tomber vos soucis de santé. Peu importe ce qui se passe dans votre vie. Vous êtes maintenant dans un espace sacré où vous établissez un lien avec la Puissance supérieure, et vous voulez être aussi clair et lucide que possible. Cet état de relaxation passive n'est pas une forme de sommeil, mais un calme éveillé.

Si vous êtes en colère ou perturbé, assurez-vous de tout d'abord vous calmer avant de commencer votre travail avec la lumière. Accordez-vous alors une pause et allez marcher ou vous promener en voiture, et ne songez aucunement à ce qui vous ennuie. Si vous avez de la difficulté à vous détendre, écoutez de la musique qui vous calmera. Ce peut être le bon moment pour respirer lentement et profondément.

Étape 2 : Établir une protection

Quand vous vous adonnez à l'un ou l'autre type de méditation, vous vous placez dans un espace très ouvert et réceptif. La protection spirituelle est importante sur tous les plans de la vie ; elle l'est doublement dans l'état de méditation. Le monde comporte beaucoup d'activités, beaucoup d'énergies négatives qui vous arrivent de gens et de lieux susceptibles de vous affecter – si vous le leur permettez. Par conséquent, avant votre méditation, assurez-vous d'invoquer une lumière de protection autour de vous.

Lorsque vous aurez trouvé votre place pour méditer et que vous serez détendu, placez-vous dans une bulle de lumière. Pour ce faire, visualisez votre corps entouré d'une bulle de lumière dorée qui s'étend à une distance d'environ la longueur du bras. Cette bulle de lumière est tout autour de vous – devant, derrière, au-dessus, en dessous et sur les côtés. Visualisez sept courants de lumière vivante autour de vous qui vous garderont en parfaite sécurité pendant que vous réciterez la prière suivante :

Bulle de protection dorée

Encercle-moi maintenant dans une bulle dorée de lumière protectrice. Je demande aux sept courants de cette lumière de m'entourer pour me garder parfaitement protégé.

Étape 3 : Vérifier ses centres spirituels

En travaillant avec la Lumière divine, envoyez la lumière de votre Moi supérieur à vos centres spirituels, ainsi qu'à la partie de votre corps qui en a besoin. Les quatre centres spirituels que vous utiliserez le plus sont :

- le centre mental,
- le centre de la gorge,
- le Centre hermétique,
- le centre émotionnel.

Ces quatre centres seront les points de convergence de la réception et de la distribution de la lumière dans votre conscience. Vous ferez aussi usage des autres centres, selon votre état de santé, mais ils fonctionnent un peu différemment de ces quatre-ci, qui sont les stations essentielles de réception et de transmission de la lumière spirituelle.

Lorsque ces centres bougent à leur rythme et selon leur propre courant, ils tournent *dans le sens des aiguilles d'une montre* (Figure 5-2). Imaginez qu'une

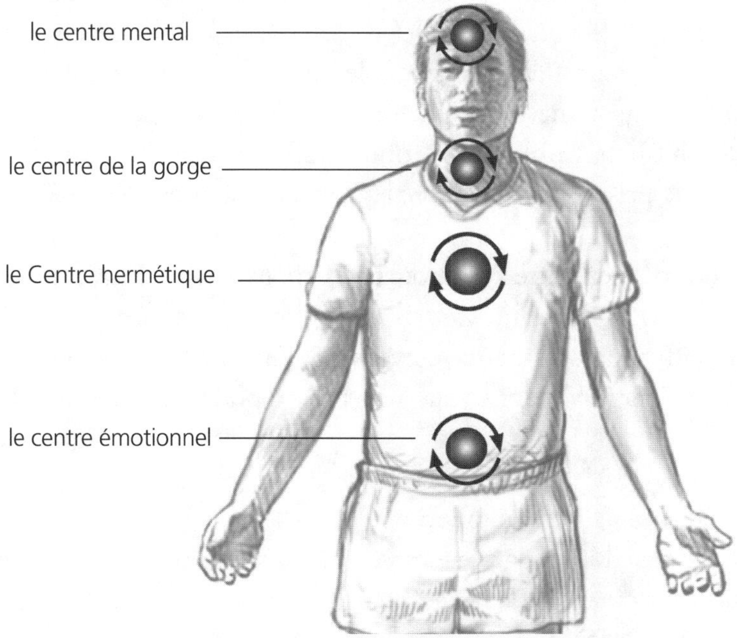

Figure 5-2 : Tourner les centres dans le sens des aiguilles d'une montre

horloge est accrochée à votre poitrine, le cadran face à l'extérieur, les aiguilles tournant dans leur direction normale. C'est le sens des aiguilles d'une montre. Si vos centres tournent dans le sens contraire, ils ne fournissent pas un bon point de contact à la Lumière divine. Même si un seul centre bouge dans le sens contraire, il peut dérégler les autres.

Posez d'abord les mains, la droite par-dessus la gauche, sur le centre que vous désirez vérifier. Commencez par le centre émotionnel, puis montez. Si vous avez le sentiment que ce centre bouge dans le sens des aiguilles d'une montre, passez au suivant. Si ce dernier est déréglé, visualisez la pure lumière blanche qui y entre et en change la direction en le faisant tourner dans le bon sens. Poursuivez ainsi en vérifiant les quatre centres.

Étape 4 : Se relier à son Moi supérieur

Maintenant, vous êtes prêt à établir un lien avec la lumière. Assoyez-vous droit sur votre fauteuil, décroisez les jambes et retirez vos chaussures, de manière que l'énergie circule librement (Figure 5-1). Durant la méditation, gardez vos mains sur votre centre émotionnel, la droite par-dessus la gauche, pour aider à polariser l'énergie à mesure qu'elle circule en vous. Amorcez votre méditation en dirigeant votre attention consciente sur votre Point du Moi supérieur, à 63,5 centimètres au-dessus de votre tête. De la sorte, vous établissez un lien solide avec votre Moi supérieur. Il est fort possible que vous ressentiez alors de l'allégresse, ou que vous ayez une conscience accrue du Moi supérieur, mais une telle expérience n'est pas obligatoire pour se livrer à une méditation efficace. Ce processus de prise de contact avec le Moi supérieur est aussi appelé élévation de conscience.

À mesure que vous dirigez votre attention sur votre Moi supérieur, formulez à haute voix l'invocation suivante. Cette invocation signale votre appel à l'aide. En outre, elle affirme votre lien avec votre Point du Moi supérieur et vous aide à entrer dans l'état divin dont vous avez besoin pour travailler avec la lumière.

Invocation

Père céleste, Sainte Mère Dieu, j'élève ma conscience jusqu'à ta conscience, où je deviens un avec toi. Je demande de recevoir ce dont j'ai besoin et ce qu'il me faut savoir maintenant.

En prononçant ces mots, dirigez votre attention sur votre Point du Moi supérieur en ne faisant qu'un avec sa divine essence. Sentez que vous êtes dans un espace de paix, de sérénité et d'harmonie. Aucun souci, aucune inquiétude n'existe en ce lieu. Vous avez placé votre conscience au-dessus des plans humains de votre être ; vous avez accédé à votre part purement divine. Vous êtes maintenant relié à la source de votre pouvoir de santé.

Étape 5 : Faire descendre le rayon de Lumière divine et de substance spirituelle

Après avoir établi un lien avec votre Moi supérieur, vous pourrez invoquer verbalement la lumière. La verbalisation est importante, car elle vous aide à vous concentrer tout en faisant de vous un participant beaucoup plus actif du travail avec la lumière. Vous allez utiliser un rayon de lumière particulier pour accomplir une tâche précise. Si vous le faites en silence, votre esprit aura tendance à vagabonder un peu. Verbaliser vos prières représente une affirmation forte de la lumière ; cela incite également un ton spirituel à entrer en jeu par le centre de la gorge.

Pour demander l'énergie dont vous avez besoin, je vous recommande la séquence suivante (Figure 5-3). Si vous la suivez, la Lumière divine et la substance spirituelle se rendront partout où elles doivent aller. Une fois cette séquence apprise, le processus est rapide.

PHASE 1 : ENVOYER LA LUMIÈRE À VOS CENTRES SPIRITUELS

D'abord, voyez l'énergie demandée qui descend par rayons vers le Point du Moi Supérieur, en activant ce dernier. Puis, du Point du Moi supérieur, visualisez un rayon de lumière qui descend vers les quatre centres spirituels. Lorsque la lumière touche chacun des centres, maintenez-la en place un moment pour sentir le contact en train de s'établir, sachant que ces centres sont éveillés par le pouvoir spirituel. Voyez chaque centre se remplir complètement de l'énergie demandée et projeter des rayons à une trentaine de centimètres dans chaque direction. Puis, demandez la qualité divine particulière que vous voulez obtenir de la lumière.

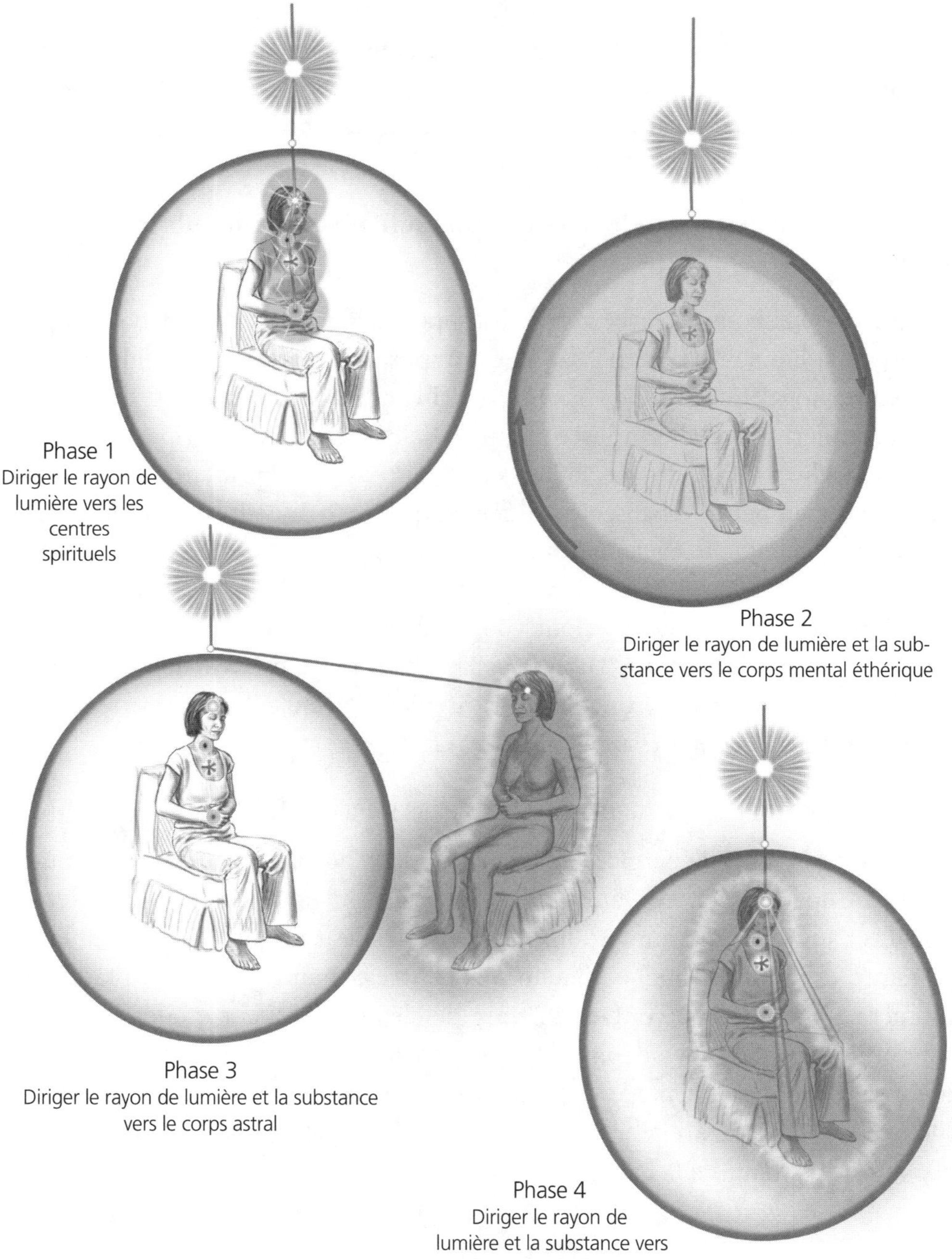

Figure 5-3 : La séquence de descente de la lumière et de la substance spirituelle

Phase 2 : envoyer la lumière et la substance à votre corps mental éthérique

Ensuite, demandez qu'un *deuxième* afflux de cette même énergie descende vers le Point du Moi supérieur, mais que la *substance spirituelle fusionne cette fois avec la Lumière divine*. Puis, à partir du Point du Moi supérieur, visualisez la lumière remplie de substance spirituelle qui descend vers le point argenté du mental éthérique (à 15 centimètres au-dessus de votre tête) et encerclez votre corps mental éthérique de sept courants de lumière.

Phase 3 : envoyer la lumière et la substance à votre corps astral

Demandez ici que cette lumière et cette substance soient dirigées vers le point argenté de votre *corps astral*. Si vous le voulez, imaginez votre corps astral assis devant vous, baigné par la lumière que vous demandez.

Phase 4 : envoyer la lumière et la substance à votre corps physique

Ensuite, demandez au corps mental éthérique de diriger cette lumière et cette substance vers votre corps physique, partout où elles doivent aller. Si vous travaillez sur un organe en particulier, invitez la lumière à se diriger vers celui-ci – et vers le noyau d'énergie si cet organe en a un – et à rayonner dans cet organe. Si ce dernier n'a pas de noyau, demandez tout simplement au corps mental éthérique de diriger la lumière vers le centre de cet organe, ou de cette partie du corps, et de l'irradier complètement. Lorsque vous travaillez avec l'énergie spirituelle du corps, vous devez procéder plus lentement que si vous travaillez au moyen des centres. Partant, maintenez la lumière dans chaque organe de deux à trois minutes.

Répétez cette même séquence à chaque rayon que vous invoquez. Votre appel à la lumière s'effectue par une prière méditative dans laquelle vous indiquez comment vous voulez recevoir cette lumière. Ce livre contient de nombreux exemples de prières méditatives convenant à une gamme de situations et d'états. Je recommande de les prononcer mot à mot au début. Vous finirez par entrer dans le rythme du travail avec la lumière et par créer votre propre prière, en fonction d'un besoin précis.

Quand la lumière descendra sur vous en un rayon, vous ressentirez peut-être une montée d'énergie ou une sensation de picotements, ou, encore, de la chaleur, selon son action et votre degré de sensibilité. Cependant, je le répète, même si vous ne sentez rien, la lumière travaille tout de même pour vous.

Si vous n'êtes pas sûr de quelque chose, demandez à l'Intelligence divine de vous guider. Ne craignez pas de vous tromper en choisissant la « mauvaise » énergie. Il m'est parfois arrivé de demander un rayon et d'en recevoir un autre, complètement différent. Votre Moi supérieur connaît exactement vos besoins. Demandez toujours de recevoir la lumière dans la mesure de votre besoin.

Étape 6 : S'enraciner

Après avoir reçu la lumière, restez tranquille un moment pour la laisser se stabiliser dans votre conscience. Ainsi, vous serez enraciné dans la lumière. C'est surtout vrai dans le travail sur le corps physique. Ne vous mettez pas à courir subitement à vos activités. Lorsque vous sentez que la lumière est établie en vous, demandez qu'elle soit ancrée et scellée en chaque point, de même que dans tout votre corps physique. Demandez en outre que le rayon doré de protection entoure cette lumière.

Pour conclure, rappelez-vous de réciter la prière suivante pour remercier la Puissance supérieure de tout son travail et pour exprimer votre gratitude à l'égard de tout ce que vous avez reçu.

Prière de conclusion

Je demande que la Lumière divine et la substance spirituelle que je viens de recevoir soient protégées, scellées et ancrées dans mes centres, mon corps et tous les aspects de mon aura et de ma conscience. Je te remercie de faire en sorte qu'il en soit ainsi, maintenant et à jamais. Ainsi soit-il.

Exprimer la santé dans sa vie

À l'occasion, une méditation suffit pour provoquer le changement désiré, mais la plupart du temps vous devez activement appliquer la lumière après l'avoir reçue. Il vous faut devenir l'exemple de ce que vous voulez. Si vous invoquez la lumière pour qu'elle manifeste la santé, mais que vous recommencez à vous inquiéter de votre santé et à vous considérer « malade », la lumière n'aura pas un effet aussi fort sur vous en raison de cette vibration du doute et du scepticisme. Vous devez croire fermement que la lumière travaille pour vous, et vous considérer en parfaite santé. C'est ici qu'il est nécessaire d'invoquer votre capacité d'entretenir une conscience de la guérison. Vous devez appliquer les lois spirituelles de la santé et penser en termes de santé parfaite.

Soyez réceptif après une méditation. Parfois, la lumière agit de manière inattendue pour vous. Vous recevrez peut-être l'inspiration d'adopter une certaine ligne de conduite en vue de favoriser le processus de guérison. Encore une fois, je crois à l'utilisation de tous les moyens de guérison mis à votre disposition. En ce sens, la lumière spirituelle fonctionne très bien autant avec la médecine allopathique qu'avec la médecine holistique.

Guérir par les mains

À certains moments, vous appliquerez la guérison à un endroit du corps très précis. Il vous sera alors possible de travailler avec les mains pour amplifier votre travail méditatif. Il y a beaucoup de pouvoir de guérison dans vos mains, et elles peuvent constituer des outils inappréciables du courant de guérison (Figure 5-4).

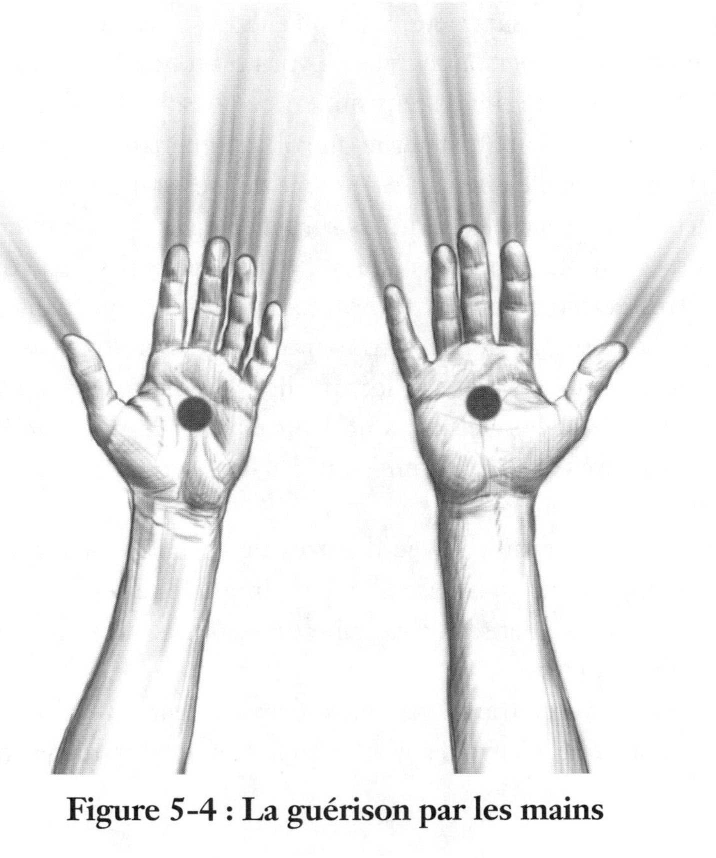

Figure 5-4 : La guérison par les mains

Dans la paume de chaque main se trouve un petit chakra. De couleur rouge, il peut canaliser les courants de guérison. La main droite est surtout conçue pour ce type de travail. Et des jets d'énergie qui irradient du bout des doigts peuvent aussi servir à la guérison. Je peux apprécier la vitalité d'une personne à la vibration d'énergie qui jaillit du bout de ses doigts. Pour utiliser vos mains dans la méditation du Moi supérieur, il suffit de placer votre main droite (ou la gauche, si c'est la seule façon de prendre contact) sur la partie du corps qui a besoin de guérison, au cours de la deuxième descente de lumière à l'étape 5. Lorsque la lumière descend, voyez l'énergie circuler depuis le chakra de la paume de votre main, jusqu'à la zone affectée. Retenez-la une minute ou deux. Vous pouvez le faire avec n'importe quel type d'énergie. Si vous travaillez avec la flamme rouge orangé, vous devez laver vos mains ou les secouer à quelques reprises après la guérison afin de vous assurer de dégager tout résidu négatif.

Envoyer de la lumière aux autres

La méditation du Moi supérieur, telle qu'elle est enseignée dans ce chapitre, est conçue pour usage personnel, mais il vous est tout à fait possible d'envoyer de la lumière de guérison aux gens qui en ont besoin. Cette pratique, que je trouve indispensable, fait aussi partie du rôle de guérisseur spirituel, et j'ai fait de la guérison spirituelle une part essentielle de mes cours et de ma formation.

La façon la plus simple et la plus sûre d'envoyer de la lumière aux autres consiste à recourir aux êtres angéliques. Nous n'avons pas parlé de la manière dont les êtres célestes guident le processus de guérison, mais ces derniers constituent la présence derrière tout travail de guérison. Ce sont eux qui envoient les courants de guérison lorsque nous méditons. Ce sont eux qui ont guidé l'écriture de ce livre et qui font jaillir une inspiration immense. Ils sont les véritables guérisseurs, les administrateurs du plan divin dont nous sommes les instruments.

Lorsque vous travaillez avec d'autres personnes, assurez-vous de faire preuve de compassion, mais aussi d'impartialité. De leur côté, les anges peuvent guider la guérison et savoir ce qui est nécessaire. Ainsi, les choses restent entre les mains du Divin.

Commencez votre travail en demandant toujours la permission du Plus Haut de la personne d'envoyer la lumière. Puis, invitez tout simplement les anges à envoyer la lumière que vous trouvez nécessaire et à vous utiliser comme intermédiaire de la lumière pour que cette guérison s'amorce. Et c'est exactement ce qui arrivera. La lumière est beaucoup plus efficace lorsque le Plus Haut a une base à partir de laquelle mener le pouvoir de guérison. En proposant de jouer ce rôle, vous amplifiez le pouvoir de guérison que peut recevoir l'autre personne.

Chapitre six

Les énergies spirituelles

Un soir, l'une de mes élèves m'a téléphoné, en état d'agitation. Sa meilleure amie, enceinte de six mois, venait d'entrer à l'hôpital, inconsciente, après un accident de voiture. Le pronostic n'était pas favorable. Elle était gravement blessée, et les médecins disaient à la famille qu'ils ne pouvaient qu'alléger sa souffrance, car elle n'allait fort probablement pas survivre jusqu'au matin. L'élève m'a demandé de prier pour son amie.

Après notre conversation téléphonique, je suis entrée en méditation profonde et, par la voyance, je suis entrée en contact avec la blessée. Je l'ai vue dans la chambre d'hôpital, presque sans vie. En me mettant en contact avec son aura, j'ai aperçu beaucoup d'énergie grise autour d'elle. Ses lignes de santé étaient tombantes, et son corps astral était vidé et fort désaligné. Cette personne était vraiment en mauvais état. En communiquant avec son bébé, j'ai senti qu'à ce stade il allait bien.

J'ai alors commencé à effectuer le travail de guérison sur elle. J'ai demandé d'abord que des rayons de purification et de guérison aillent vers elle, puis qu'on lui envoie la pure lumière blanche. À mon étonnement, j'ai vu et senti cette lumière blanche plus intensément que jamais. Je l'ai vue toucher l'intérieur des organes de la blessée et dégager le gris. J'ai effectué beaucoup de guérisons dans le cadre de mon travail, mais cette expérience fut incroyable. La lumière agissait sur elle comme jamais auparavant. J'étais véritablement éblouie.

Après l'expérience de cette indescriptible guérison, j'avais le fort sentiment que cette femme, qui habitait une autre ville et que je ne connaissais pas, allait survivre à ce traumatisme. Le lendemain matin, mon élève m'a rappelée ; je sentais un grand sentiment de soulagement dans sa voix. Elle m'a simplement dit : « Merci pour vos prières. Nous venons d'apprendre que l'état de santé de Julie s'est amélioré, et qu'elle va survivre. Le bébé va bien, lui aussi ! » La femme reçut son congé de l'hôpital quelques semaines plus tard. Elle se rétablit complètement et, peu après, donna naissance à un fils en santé.

Toute l'expérience a réaffirmé à quel point l'énergie spirituelle est puissante. J'ai maintenant le grand privilège de vous présenter les divers rayons de guérison que vous utiliserez dans vos méditations de guérison par l'aura. C'est une gamme étonnante d'énergies divines conçues pour favoriser le processus de guérison. Dans ce chapitre, j'ai tenté de présenter la gamme complète des énergies que vous pouvez employer. Au fil des ans, j'ai travaillé avec toutes ces énergies, et les résultats obtenus sur d'autres et sur moi-même furent surprenants. En étudiant ces puissants rayons de santé, vous serez étonné de l'envergure du travail avec la Lumière divine. Chacune de ces énergies a sa propre signification et son propre but dans le processus de guérison. Faites de votre mieux pour entrer dans le sentiment et la vibration de ce que vous êtes en train de recevoir.

La force des rayons de guérison

Lorsque nous prenons un médicament allopathique pour quelque problème que ce soit, ce médicament donne des instructions au corps. En soi, il ne fait pas le vrai travail. De même, lorsque vous dirigez la Lumière divine vers votre corps, vous la dirigez en réalité vers l'esprit vital présent à l'intérieur du corps, lui donnant le pouvoir de restaurer son état de santé naturel. En plus, vous dirigez de la lumière sur tous les plans de votre conscience et même vers la structure atomique du corps. Toutes les parties de votre conscience, l'esprit-corps-âme, sont bénies dans la lumière. Vous pouvez inclure la substance spirituelle avec chacun des rayons suivants, à l'exception de la flamme rouge orangé.

Ces rayons sont fort réels et, lorsque vous invoquez la lumière de votre Moi supérieur, ils se mettent rapidement au travail pour vous. Encore une fois, ne vous souciez pas d'obtenir la bonne énergie ou d'effectuer le processus correctement. Votre Moi supérieur vous aidera au cours du processus. Oui, il faut de l'habileté pour travailler avec la lumière et, en travaillant avec les énergies, vous allez renforcer et développer cette habileté. Désirez-vous vraiment un rapprochement avec Dieu et pensez-vous en ces termes ? Avez-vous réellement la santé à l'esprit ?

Dans *Change Your Aura, Change Your Life*, j'ai exploré le fait qu'un grand nombre de ces énergies peuvent servir à guérir des états mentaux et émotionnels, de même que des états et des situations de votre vie. En effectuant votre travail de guérison, vous constaterez qu'il vous faut utiliser les énergies en ayant ces deux buts en tête pour manifester la santé, car la guérison exige la transformation de tous les aspects de votre vie.

La flamme rouge orangé

La flamme rouge orangé est le rayon spirituel purificateur. Elle est perçue sous la forme d'une vive lumière rouge orangé. L'aspect orangé de cette énergie est le véritable agent de purification, et le rouge purifie avec force et rapidité. La flamme rouge orangé peut couper et dissoudre les énergies négatives de l'aura et du corps. Avec le feu blanc-bleu, elle sera l'énergie la plus employée dans votre travail de guérison.

Lorsque nous sommes malades, nous accumulons de l'énergie négative dans l'aura, et cette énergie se rassemble et irradie à partir des organes et du corps. Le plus souvent, cette énergie a un aspect gris. Comme je l'ai déjà mentionné, le gris est la couleur prédominante de la maladie dans l'aura. Cette énergie grise peut être accompagnée d'une foule d'énergies non éclairées qui drainent et étouffent la force vitale du corps. Le travail de la flamme rouge orangé est de rompre cette énergie destructrice et de la dissoudre dans le règne minéral, et ce, dans la lumière. La Lumière divine a sa propre structure atomique, et lorsque la lumière passe à l'état non éclairé, ces atomes excités font la même chose, deviennent noirs et gris, et peuvent causer bien des problèmes dans l'aura et le corps. Tant et aussi longtemps que ces énergies négatives demeurent dans le corps, ce dernier ne peut être bien portant. Avant que le pouvoir de guérison fasse son chemin dans le corps, il faut dégager l'énergie négative du corps, et c'est la tâche de la flamme rouge orangé.

La flamme rouge orangé dégagera aussi des particules de substance spirituelle non réparées, ou corrompues, également appelées atomes noirs et gris, qui peuvent aussi congestionner le corps et les autres atomes, et largement perturber le processus de santé. La flamme rouge orangé fonctionne bien dans toutes les facettes de la conscience. Elle est absolument essentielle au nettoyage mental et émotionnel. Ce rayon peut écarter les pensées et émotions négatives, où qu'elles se logent dans la conscience. Il peut vous aider à vous défaire du schéma PMM et de toute pensée malsaine de maladie. Vous utiliserez beaucoup ce puissant rayon dans toutes les facettes de la vie. En travaillant avec la flamme rouge orangé de la purification, demandez à la lumière de dissoudre et de dégager tous les atomes noirs et gris de votre corps, et de les expulser dans le règne minéral, par la plante de vos pieds.

Prière méditative pour nettoyer le corps avec la flamme rouge orangé

Que le rayon de flamme rouge orangé de la purification descende dans mon corps physique et sur tous les plans de ma conscience, pour me nettoyer et me dégager de tous les atomes noirs et gris, des toxines spirituelles et de toute vibration destructrice. Je demande que ces énergies négatives soient dégagées par la plante de mes pieds et dissoutes dans le règne minéral, et ce, dans la lumière.

Feu bleu-blanc

Le feu bleu-blanc est l'énergie de la nouvelle force de vie. C'est l'une des énergies spirituelles les plus élevées, et il est reconnu sur tous les plans de la création. Le nom complet de cette force est *le feu bleu-blanc de la vie éternelle*. Et c'est exactement ce que fait cette énergie : elle vous relie au courant vital éternel de Dieu. Étonnante à voir, elle est perçue comme une lumière bleu saphir, avec des veines de lumière blanche en elle qui créent un effet électrisant. Le bleu est l'énergie de la guérison. Ce rayon puissant contient également d'autres énergies, et c'est pourquoi il est si fort. C'est véritablement un feu de l'esprit qui consume et donne la vie. Certaines écoles ont qualifié cette énergie de « feu créatif bleu-blanc de l'esprit » en raison de ses qualités vivifiantes.

Le feu bleu-blanc est l'une des énergies spirituelles les plus nécessaires de l'aura. Il est utile dans un très grand nombre de situations et de conditions. C'est l'énergie que vous employez après avoir travaillé avec la flamme rouge orangé pour remplacer tout ce qui a été dégagé avec le rayon purificateur. Ce feu améliore et renforce les centres énergétiques. Il peut même vous tirer de la dépression et vous donner un nouveau point de vue sur la vie.

En matière de santé, le feu bleu-blanc est *le* grand rayon de guérison. Il est essentiellement l'énergie vivifiante du corps. Comme il fait partie du système de soutien spirituel, c'est l'un des principaux modes de soutien du corps. Il garde celui-ci fort et en santé. On le voit traverser le système sanguin et les nerfs. Lorsque nous sommes malades, c'est le signe que cette force de vie spirituelle a été diminuée et qu'elle a besoin d'être remplacée. Si vous n'avez le temps d'utiliser qu'une seule énergie de guérison, choisissez le feu bleu-blanc.

Le feu bleu-blanc aide beaucoup à soulager la douleur physique. Un jour, j'ai eu à préparer une conférence alors que j'avais un insupportable mal de dents, et je n'avais pas le temps d'aller chez le dentiste. Au départ, je n'étais pas certaine de pouvoir donner cette conférence, puis j'ai pensé à attirer le feu bleu-blanc. J'ai donc rapidement fait descendre ce rayon de lumière, et il a soulagé ma souffrance jusqu'à ce que je puisse aller consulter un dentiste. Ainsi, j'ai pu donner ma conférence, et tout s'est bien déroulé.

En travaillant avec le feu bleu-blanc, l'essentiel consiste à demander « de charger et recharger le corps, de lui apporter une nouvelle force vitale ». Vous devriez sentir cette énergie circuler dans le sens des aiguilles d'une montre.

Prière méditative pour guérir le corps avec le feu bleu-blanc

Que le rayon de feu bleu-blanc de la vie éternelle se dirige vers mon corps physique et sur tous les plans de ma conscience, pour me charger et me recharger d'une nouvelle force vitale, et ce, dans le sens des aiguilles d'une montre. Je demande que cette force vitale électrisante guérisse et restaure toutes les fonctions et tous les systèmes de mon corps, me redonnant ainsi une santé parfaite.

La pure lumière blanche

De tous les rayons de puissance spirituelle, la pure lumière blanche est la plus reconnue et la mieux comprise. Elle fait partie de l'essence même de Dieu et a de nombreuses fonctions dans le plan spirituel de la vie. Elle est perçue sous la forme d'une lumière blanche et brillante, mais jamais crue, et donne une impression de vie.

La qualité première de cette énergie est sa pureté. La lumière blanche attire la pureté de Dieu. Cette pureté, d'une qualité très inspirante et spiritualisante, est nécessaire à la guérison. Si vous vivez une situation pénible, tel le fait d'avoir un cancer, vous aurez largement besoin de la lumière blanche pour vous remonter le moral, vous faire voir les choses davantage du point de vue de l'Esprit, et profiter de ses qualités de guérison. Dans l'aura, la lumière blanche peut égaliser, centrer et accorder votre conscience à la conscience divine. Elle apporte l'inspiration et la révélation.

Si vous fréquentez une personne qui est très malade, la lumière blanche est une bonne façon d'écarter l'énergie négative. C'est aussi l'énergie à laquelle recourir si vous, ou l'une de vos connaissances, affrontez un état proche de la mort. Elle englobe tant de choses ! Avec la flamme rouge orangé et le feu bleu-blanc, c'est l'une des meilleures énergies nécessaires à la santé physique.

L'un des aspects les plus particuliers de la lumière blanche, c'est d'être la principale énergie dont on se sert pour travailler directement sur la structure atomique du corps. Lorsqu'il est nécessaire d'effectuer un travail de réparation sur le corps même, que ce soit pour aider à guérir un bras cassé, ou soigner un organe blessé, la lumière blanche, qui travaille directement sur la charge électrique et l'esprit vital dans les atomes, peut vraiment transformer le corps physique. C'est dans la puissance de cette blanche lumière que se produisent les guérisons « miraculeuses ».

Prière méditative pour élever le corps par la pure lumière blanche

Que le rayon de pure lumière blanche se dirige vers mon corps physique et sur tous les plans de ma conscience, pour m'élever par la pureté de ta divine essence. Je demande que cette lumière, combinée à la substance spirituelle, atteigne la structure atomique de mon corps physique afin de guérir et de réparer les zones endommagées, transformant ainsi les atomes de mon corps en atomes blancs de l'Esprit.

L'énergie incarnate

L'incarnat est l'énergie de la vitalité. C'est un rouge chaud et vibrant, très énergisant. Cette énergie est très reliée au corps physique, mais le corps astral en a aussi besoin. Si vous êtes fatigué ou que, pour une raison quelconque, votre énergie est basse, voilà le rayon à invoquer. Quand une personne est très énergique, je vois cette énergie jaillir du bout de ses doigts. Je la vois également dans le système sanguin et l'aura des organes. L'incarnat a de bons pouvoirs de soutien. Injectez fortement cette énergie dans les organes, pour leur permettre de fonctionner à leur fréquence optimale. L'une des énergies rouges les plus vibrantes que j'aie vue était l'aura du légendaire cinéaste Cecil B. DeMille. Il avait toute la vitalité d'un homme beaucoup plus jeune. Pourtant, quand je l'ai connu, il était octogénaire ! Si vous êtes physiquement très actif et que vous dépensez beaucoup d'énergie physique, travaillez régulièrement avec ce rayon. Si vous avez été vidé de votre vitalité par la maladie, ce rayon vous aidera grandement à remonter votre énergie vitale.

Prière méditative destinée à charger le corps par le rayon incarnat

Que le rayon incarnat se dirige vers mon corps physique et à tous les niveaux de ma conscience, afin de remagnétiser, recharger et revitaliser toutes les facettes de mon corps et de ma conscience.

L'énergie rubis

L'énergie rubis est d'un rouge foncé, comme la pierre précieuse. Elle agit plus rapidement et plus intensément que le rouge incarnat. C'est une dose de vitamine spirituelle. Travaillez avec cette énergie lorsque vous avez rapidement besoin d'une forte dose d'énergie. Si vous prévoyez vous dépenser physiquement, ou si vous êtes vidé par la maladie, le rubis peut vous aider beaucoup. Il est très efficace dans le système sanguin. Je recommande aux gens de travailler avec le rouge rubis jusqu'en soirée seulement, puis de passer au rouge incarnat, car s'ils poursuivent tard le soir avec le rubis, il risquent de se tenir éveillés. Une amie, qui a utilisé le rouge rubis tard le soir, est restée éveillée toute la nuit, à coudre les vêtements de ses enfants ! C'est une énergie très vivante. Elle est également très efficace dans les centres spirituels, ou chakras, qu'elle garde forts et énergiques.

Prière méditative pour charger le corps avec le rayon rubis

Que le rayon rubis de vitalité se dirige vers mon corps physique et sur tous les plans de ma conscience, afin de charger rapidement toutes les parties de mon corps avec une puissance immense. Je demande que cette énergie circule particulièrement dans le système sanguin et recharge les zones du corps fortement épuisées.

Le rayon orange vif

L'énergie orange vif est différente de la flamme rouge orangé. L'orange vif, l'énergie de la motivation et de l'enthousiasme, est nécessaire aux occupations créatives. Avec les énergies rouges, c'est un rayon de force très revigorant. Il apporte l'entrain, mais se dissipe plus rapidement que les énergies rouges. On l'utilise beaucoup au centre de la rate, pour aider la substance spirituelle qui en découle. C'est aussi une énergie qui renforce et stimule, à utiliser avec les organes. Si vous avez de la difficulté à vous motiver à suivre les étapes requises pour manifester la santé, l'orange vif peut vous donner cette motivation. Lorsque vous avez beaucoup de travail, combinez le rouge incarnat avec l'orange vif ; ce sera très énergisant pour le corps et l'esprit. L'orange fait en sorte que l'énergie entre vraiment au bon endroit dans le corps.

Il y a aussi un aspect joyeux dans l'orange vif (comme dans le rouge rubis). Vous pouvez travailler avec l'orange vif et le rose foncé pour conserver un état d'esprit enthousiaste lorsque vous traversez une période difficile ou que vous sentez diminuer cet enthousiasme.

Prière méditative avec le rayon de motivation orange vif

Que le rayon orange vif de motivation et d'enthousiasme se dirige vers mon corps physique et sur tous les plans de ma conscience, pour m'élever et stimuler les organes, les fonctions et les systèmes de mon corps.

Le rayon rose foncé

Le rayon rose foncé est le rayon d'amour spirituel. Il est d'une magnifique teinte rose, et son énergie est douce, mais très puissante. C'est l'une des énergies de base de l'aura, et un indicateur fondamental de la situation de l'âme dans son évolution spirituelle. Cette énergie est essentielle en ce qui concerne les relations. Ce rayon de force apporte une abondance de compassion et de bienveillance.

Comme l'amour est le fondement de la guérison, ce rayon est indispensable à la santé. Lorsqu'une personne est en excellente santé physique et que son attitude à l'égard de la santé est aussi excellente, je vois cette énergie allumer les lignes de santé. Elle est magnifique à voir. Il y a aussi un rose foncé qui irradie à partir du centre émotionnel.

Quand nous sommes malades, nous pouvons être mélancoliques, découragés, en colère et fâchés, et le rose foncé peut adoucir toutes ces vibrations discordantes. Souvent, nous sommes malades à cause d'un manque d'amour dans notre vie. Quand je me rends dans des hôpitaux, je constate que bien des gens vivent ces situations par manque d'amour, que l'énergie dont ils semblent avoir le plus grand besoin est l'amour. L'amour et la compassion sont les clés qui permettent de devenir un bon guérisseur pour les autres.

Les cellules du corps s'abreuvent à même le rayon d'amour, lequel est fort utile lorsque nous en sommes au syndrome PMM et que nous avons projeté beaucoup d'énergie négative dans les cellules de notre corps. Le rose foncé aide les cellules à travailler ensemble avec plus d'harmonie, afin que le corps soit globalement plus harmonieux et inspiré. Cette énergie est primordiale dans les situations de troubles auto-immuns, où le corps mène essentiellement une attaque contre lui-même.

Comme le rose foncé apporte la joie spirituelle, lorsque vous êtes découragé ou que vous vous sentez malheureux en raison d'une souffrance physique, invoquez cette énergie pour recevoir plus de joie et voir votre situation par les yeux de l'esprit. Ce rayon vous aide lorsque des peines de cœur vous affectent physiquement. Comme c'est une énergie très importante pour maintenir une conscience de la guérison, en l'utilisant vous avez une image de la santé et du bien-être.

Prière méditative de guérison au moyen du rayon rose foncé

Que le rayon rose foncé de l'amour spirituel se dirige vers mon corps et sur tous les plans de ma conscience. Que cette lumière d'amour apporte l'amour et la compassion pour nourrir chaque cellule de mon corps physique et guérir toutes les blessures qui se présentent sous forme de souffrance physique. Que je me sente accueilli dans cette éternelle lumière de l'amour de Dieu.

Le rayon émeraude

Le rayon émeraude est l'énergie de l'équilibre et de l'harmonie. C'est aussi une énergie fondamentale du champ aurique, un rayon essentiel à l'harmonie entre l'esprit, le corps et l'âme. Aux prises avec le schéma PMM, nous sommes naturellement en déséquilibre. Dans ce cas, le rayon émeraude peut nous garder sur la route et ramener l'aura en équilibre. Aussi, si un état physique nous a perturbés mentalement et émotionnellement, nous aurons besoin de ce rayon.

Avec le rayon pourpre, le rayon émeraude est excellent lorsqu'on traverse une maladie prolongée et qu'on sent sa patience diminuer. C'est l'un des rayons les plus importants du Centre hermétique ; il sert à garder toutes les facettes de notre vie en mouvement harmonieux.

Le rayon émeraude fonctionne très bien dans le corps physique, où il équilibre tous les aspects. Demandez à cette énergie d'agir avec votre chimie corporelle. Remarquez à quel point, parfois, lorsque vous êtes malade, un état peut mener à un autre et vous entraîner peut-être dans une série de maladies. C'est nettement un signe que votre chimie corporelle est déréglée et a besoin de retrouver l'équilibre. Cette énergie est également excellente pour garder en équilibre les centres énergétiques et le corps même.

Prière méditative pour équilibrer le corps au moyen du rayon émeraude

Que le rayon émeraude de l'équilibre et de l'harmonie se dirige vers mon corps et ma conscience, afin d'égaliser les fonctions et les systèmes de mon corps, en touchant ma chimie corporelle et tous mes centres énergétiques, en rétablissant l'harmonie entre l'esprit, le corps et l'âme.

Le rayon pourpre

Le rayon pourpre apporte une profonde paix spirituelle. Il s'agit d'un pourpre foncé et riche qui a un immense effet calmant sur l'aura et le corps. La paix est tellement essentielle dans nos vies ! Sans paix, nous ne pouvons entendre les paroles du Divin. Ce rayon nous aide à nous dégager de la clameur du monde extérieur et de nos propres conflits intérieurs, afin de pouvoir nous détendre dans les bras de l'Esprit.

Quand je me rends dans des hôpitaux, je vois toujours le rayon pourpre à l'œuvre. Si quelqu'un est sous l'effet marqué des drogues à cause d'une maladie, cette énergie peut vraiment le ragaillardir. Une immense quantité de stress – mental, émotionnel et physique – est associée à la maladie, et c'est là que le pourpre intervient pour soulever l'âme. Cette énergie est particulièrement efficace pour calmer les centres énergétiques. Le centre du cœur a besoin de pourpre. En même temps que le rayon émeraude, le rayon pourpre peut aider à retrouver la patience en situation difficile. C'est aussi un rayon essentiel auquel recourir lorsqu'on a du chagrin. Si on a perdu quelqu'un à cause de la maladie ou pour toute autre raison, le rayon pourpre peut nous aider à évacuer cette peine. C'est une couleur hautement spirituelle. Quand je vois cette énergie à un degré marqué dans l'aura, je sais que cette personne est en accord avec sa conscience spirituelle.

Prière méditative pour guérir le corps au moyen du rayon pourpre

Que le rayon pourpre de la paix se dirige vers mes centres et mon aura, pour apporter une profonde paix spirituelle dans tous les aspects de ma conscience, en dégageant de ma vie tout stress, surtout mental et émotionnel, susceptible de m'affecter physiquement. Que cette lumière baigne mon corps physique, libérant les tensions et les pressions. Je me détends dans le calme de cette douce paix, afin de pouvoir entrer dans le silence de la paix, et la paix du silence.

La flamme violette

La flamme violette est une énergie destinée à soulager le stress dans le corps physique. Elle est d'une teinte plus pâle que le pourpre – presque lavande. On peut travailler avec le rayon violet en tant qu'énergie en soi. Ainsi, il apporte une paix et un équilibre très doux. Toutefois, il n'est pas aussi pénétrant que le rayon pourpre. Quand on demande cette lumière en tant que flamme violette, on fait entrer ce pouvoir sous la forme d'un fort rayon de guérison.

Lorsqu'on est malade, notre corps est assiégé. Il devient stressé, les organes aussi, même les cellules. Cette flamme de guérison agit directement sur le corps pour soulager le stress, où qu'il soit. Elle est surtout puissante pour soulager les nerfs (voir le chapitre 8). Elle est également excellente pour les organes stressés. Par exemple, dans un environnement stressant nos surrénales peuvent mettre les bouchées doubles pour nous donner de l'énergie, ce qui peut avoir un effet néfaste sur le corps si ce stress est prolongé. La flamme violette peut aider à calmer les surrénales ; elle fonctionne bien dans les cellules, pour y soulager la tension. Dans le monde rapide d'aujourd'hui, utilisez régulièrement cette énergie dès que vous remarquez du stress dans votre corps.

Prière méditative pour aider le corps avec la flamme violette

Que la flamme violette de paix qui guérit se dirige vers mon corps physique, afin de dégager de toute restriction et empêchement les courants de force vitale qui entrent et sortent de mon corps. Je demande à cette flamme de libérer tout le stress dans mes organes, cellules et nerfs, me soulageant ainsi et ramenant mon corps en équilibre parfait.

Le rayon doré

Le rayon doré est l'énergie de la sagesse. C'est l'énergie dynamique. Le rayon doré apporte plusieurs qualités spirituelles nécessaires à notre croissance spirituelle : le courage, la force intérieure, la volonté divine, la confiance en soi. Ce rayon est le plus protecteur qui soit. C'est une énergie essentielle à l'aura. Hélas, je ne vois pas suffisamment cette énergie dans l'aura des gens.

Dans votre travail de guérison, ce rayon donne de la force au corps. Il aide à élever l'esprit vital en chaque cellule. Lorsque le corps a été affaibli par la maladie, le rayon doré l'aide à remonter la pente ; il apporte le pouvoir supplémentaire requis au cours du processus de guérison. Le rayon doré est fort nécessaire à la force intérieure et divine, mentalement et émotionnellement, pour vous aider à traverser toute situation physique difficile. Il vous aide aussi à maintenir la conscience de la guérison, afin que vous pensiez en termes de santé lorsque le corps veut prétendre autrement. Il est indispensable pour neutraliser le schéma PMM. J'utiliserais le rayon doré, avec la lumière blanche et le rayon argenté, en cas de besoin d'inspiration, pour comprendre ce qui se produit lorsqu'on affronte un état déroutant.

Cette énergie, on peut également l'envoyer aux médecins, pour les aider à diagnostiquer correctement un problème de santé éventuel, et pour qu'ils soient guidés de façon à vous aider convenablement. Je me servirais également de ce rayon de puissance pour vous garder protégé, car lorsque vous ne vous sentez pas bien, vous pouvez être ouvert du point de vue métapsychique, et le fait de vous garder protégé peut vous sauvegarder des bombardements parapsychiques susceptibles de compliquer la maladie.

Prière méditative pour renforcer le corps avec le rayon doré

Que le rayon doré de lumière de la sagesse se dirige vers tous les aspects de mon corps et de ma conscience. Que cette lumière renforce et fortifie chaque cellule de mon corps physique. Je demande qu'elle renforce aussi mes centres spirituels, afin que je puisse jouir de mon droit de naissance : une santé parfaite sur tous les plans de mon être.

Le rayon argenté

Le rayon argenté est l'énergie de la divine intelligence, une énergie qu'il est absolument essentiel d'avoir dans le corps mental. Cette énergie vous garde alerte et perspicace. Avec le feu bleu-blanc, le corps a besoin d'un courant continu de rayon argenté. Les neurones utilisent beaucoup cette énergie pour déclencher une nouvelle compréhension, afin que le lien entre le cerveau et l'esprit soit fort et intact. Les neurones pouvant devenir paresseux, cette énergie leur donne un regain de vie. Elle fonctionne tout aussi bien dans toutes les cellules du corps. Le corps astral réagit magnifiquement au rayon argenté.

Je recourrerais à cette énergie dans votre corps mental, pour garder votre esprit vif et alerte en vue de manifester d'une manière ou d'une autre la santé que vous ne voyez pas présentement. Je demanderais aussi que cette lumière travaille sur vos lignes de santé, en même temps que la lumière blanche, afin de les garder fortes et fermes. Et comme pour le rayon doré, le fait d'envoyer ce rayon argenté aux médecins et aux guérisseurs avec lesquels vous travaillez peut les aider à prendre les bonnes décisions en votre nom. Le rayon argent doit faire partie de votre régime régulier de travail avec la lumière.

Prière méditative pour guérir le corps au moyen du rayon argenté

Que le rayon argenté d'intelligence divine se dirige vers mes neurones, mes lignes de santé, et toute cellule de mon corps physique, afin de stimuler et d'élever chaque aspect de mon être physique. Je demande que cette lumière stimule toute zone paresseuse dans mon aura et dans mon corps, afin que je sois éveillé et vivant dans mon esprit, mon corps et mon âme.

Le rayon jaune citron

Le rayon jaune citron apporte les pouvoirs de la concentration. C'est surtout une énergie mentale que je vois dans le Centre hermétique et d'autres parties de l'aura. Ce rayon est nécessaire dans la guérison pour stabiliser et focaliser les énergies. Quand on est malade, il est très facile de devenir confus sur le plan mental, et léthargique sur le plan physique. Le rayon jaune citron peut renforcer le corps mental et aider à dissiper la léthargie physique.

Prière méditative avec le rayon jaune citron

Que le rayon jaune citron se dirige vers ma conscience et mon corps, pour libérer la léthargie mentale et la lenteur physique, apporter de forts pouvoirs de concentration dans mon corps mental, et stimuler une activité nouvelle sur tous les plans de mon être physique.

Travailler avec les rayons d'énergie

Combien de fois faut-il méditer pour guérir un état de santé ? Naturellement, cela dépend de bien des facteurs. Quelle est la gravité de cet état ? Qu'est-ce qui a causé la souffrance ? Depuis combien de temps cet état dure-t-il ? Jusqu'à quel point êtes-vous prêt à vous défaire de toute attitude mentale ou émotionnelle ayant contribué à votre état physique au départ ? Avez-vous la force de maintenir une conscience de la guérison ?

Ce sont là des facteurs du processus de guérison.

Que vous soyez malade ou non, vous devez méditer chaque jour avec la lumière. La méditation régulière est indispensable à tout aspirant spirituel. Continuez de travailler avec la lumière jusqu'à ce que vous sentiez un changement dans votre conscience, et commenciez à voir des résultats. Lorsque vous aurez rompu tout schéma PMM en vous-même, vous devriez aller mieux. Vous devriez sentir un changement de point de vue et d'attitude. Cela a pour effet de rompre l'hypnose possiblement créée par la maladie. À partir de ce moment, la guérison peut se produire rapidement, une fois de plus selon la gravité de l'état. S'il s'agit d'une maladie qui a eu le temps de ravager le corps, il faudra beaucoup d'énergie spirituelle pour changer le cours des choses.

La lumière peut guérir tout état de santé que nous affrontons, mais nous ne sommes pas toujours un canal de la puissance requise pour réussir une guérison. Voilà pourquoi vous avez besoin d'user de tous les moyens mis à votre disposition, spirituels et autres, au cours du processus de guérison. Ernest Holmes l'a brillamment énoncé :

> *Comme notre connaissance spirituelle n'est pas suffisante pour nous permettre de mentalement ressouder des os, nous référons à un chirurgien ; comme nous ne pouvons marcher sur l'eau, nous voguons en bateau. Nous sommes à la merci des limites de notre compréhension. Le Principe est infini, mais nous devons démonter son pouvoir uniquement sur le plan de l'idée que nous nous en faisons.*

La figure 6-1 montre une personne avant et après la guérison avec la Lumière divine.

Un jour, mon fils m'a téléphoné pour me dire qu'un bon ami à lui était atteint d'une maladie très grave. La situation de cet ami était critique. Au départ, les médecins ne savaient pas de quoi il souffrait, mais les symptômes étaient semblables à ceux d'une pneumonie grave. Finalement, cela s'est avéré être une bronchiolite oblitérante. Cela avait commencé sous forme de toux, pour devenir vite beaucoup plus grave. Mon intuition me dit qu'il affrontait un karma physique, mais qu'il n'était pas destiné à mourir de ce problème.

Il passa quelque temps dans le coma, aux soins intensifs. J'ai dû accomplir beaucoup de travail de guérison à distance, car personne n'était admis à lui rendre visite. Alors que j'étais en contact avec son aura, il était clair que sa situation était critique. Ses lignes de santé pointaient vers le bas, et des petites taches de lumière noire autour de celles-ci montraient l'état dégénératif de la maladie. Il y avait une énergie sombre, d'un gris métallique, tout autour des poumons. Cette infection s'était vite répandue et faisait des ravages ailleurs dans son corps. Avant sa maladie, cet homme était en très bonne santé. À son avantage, il avait une famille affectueuse pour le soutenir, sans compter que son agent et ses clients étaient fort encourageants et désireux de l'aider par tous les moyens possibles.

Son corps astral était mal en point. Très gris et fortement désaligné. Il laissait voir des jaunes boueux. Son foie et ses reins étaient également affectés par ce qui se passait et ne semblaient pas bien aller. J'étais frappée par son manque total d'énergie vitale rouge dans son aura et autour d'un grand nombre de ses organes. Le rouge, si essentiel à la santé, était complètement absent. En soi, cela était le signe de graves problèmes. D'ailleurs, son aura entière était faible et épuisée. Il ne faisait aucun doute que cet homme était au seuil de la mort. Ses centres étaient également mal en point. Je voyais une énergie jaune moutarde léthargique dans son centre mental, de même que des nuages gris au-dessus de sa tête. Son centre de la gorge était bien (il faisait de la narration et utilisait beaucoup sa voix). Son Centre hermétique montrait un orange pâle, indiquant que son entrain normal était à son plus bas. (Il perdait parfois conscience.) Il y avait aussi du gris dans son Centre hermétique. Son centre émotionnel n'était pas du rose habituel ; il contenait du gris, signe d'épuisement total de vitalité émotionnelle.

Heureusement, je voyais une brillante lumière dorée autour de son corps mental. Cela me disait qu'il y avait de la conscience, une détermination à passer au travers et de l'optimisme, en dépit du sombre pronostic. Aussi, ses talents créatifs d'un bleu électrique étaient encore fortement présents et l'aidaient à garder le moral malgré cette rude épreuve.

L'une des premières énergies que je lui ai envoyées était la pure lumière blanche. Cette énergie est vitale lorsque quelqu'un est aussi près de la mort. Il la recevait depuis un certain temps ; elle lui donnait la force et l'inspiration, et l'aidait à réparer le corps. La flamme rouge orangé et le feu bleu-blanc allaient constamment vers lui pour dégager le gris et insuffler une force de guérison sur tous les plans de sa conscience. Cet homme avait également besoin d'une grande part d'énergies rouges – le rouge rubis et le rouge incarnat pour accumuler de la vitalité dans le corps et la conscience. Le rayon vert émeraude de l'équilibre et le rayon pourpre de la paix lui furent également envoyés sur une base régulière pour l'aider à traverser les hauts et les bas nombreux de sa maladie.

Même avec la lumière ce fut un long combat. Il demeura un an à l'hôpital, et le montant de ses factures s'éleva à 1,5 million de dollars. Son poids passa de 77 kilos à 30 kilos. À certains moments, il semblait aller mieux ; à d'autres, il avait des rechutes. Mais durant ce combat, à mesure que le temps s'écoulait, il devint de plus en plus conscient du fait que la lumière travaillait pour lui et l'aidait. Il sentait les prières et la guérison.

Finalement, le mouvement joua en sa faveur. Personne ne l'abandonna ; sa famille, ses médecins et ses amis restèrent avec lui tout ce temps. Lorsqu'il quitta l'hôpital, il était encore faible, mais son aura était beaucoup plus brillante. Ses lignes de santé étaient maintenant droites, et d'un blanc argenté. Ses poumons, qui avaient tant souffert, commençaient à refléter un éclat blanc de lumière indiquant qu'ils n'étaient pas encore complètement guéris, mais sur la voie de la santé, et dégagés de toutes les énergies grises et épuisantes. Le corps astral était en bien meilleure forme ; on y voyait une lumière blanche teintée d'émeraude et un feu bleu-blanc.

Il y avait encore du gris dans les organes. Le foie et les reins nécessitaient toujours du travail, mais en général, ils étaient désormais en bien meilleure forme. Les énergies rouges demeuraient manquantes, mais elles allaient s'accumuler avec le temps. Son aura était encore chancelante. Ce fut clairement l'expérience la plus traumatique et la plus troublante qu'il ait jamais vécue. Son centre mental allait beaucoup mieux à présent ; il avait un feu doré, argenté et bleu-blanc. L'essentiel vert émeraude se voyait maintenant dans le Centre hermétique, ce qui montrait que sa vie était à nouveau en équilibre. Une magnifique lumière blanche exprimait sa gratitude à Dieu et à tous ceux qui priaient pour lui. À bien des égards, il était devenu une meilleure personne après avoir survécu à cela, et son cœur était plus ouvert qu'avant. Le rose foncé de son centre émotionnel indiquait que son courant d'amour était de retour. Il y avait aussi une teinte rouge rosée tout autour de son aura, ce qui dénotait qu'il était dans un meilleur espace spirituel qu'avant le début de toute cette aventure.

La dernière fois que je l'ai vu, le gris avait complètement disparu et son aura était même plus brillante. Sa vie prenait aussi un très bel essor. Il avait été le porte-parole d'une chaîne d'alimentation, et la compagnie l'invitait à revenir, même s'il avait été absent pendant plus d'un an. En général, sa vie était de nouveau en équilibre.

Deuxième partie

MÉDITATIONS POUR LA SANTÉ

Chapitre sept

COMMENT UTILISER LES ÉNERGIES DE GUÉRISON

Méditer avec la Lumière divine, c'est se donner un allié indéfectible et durable pour cultiver et entretenir la santé. Dans ce chapitre, nous examinerons comment appliquer la Lumière divine à la guérison d'états physiques précis, et comment spiritualiser la conscience et l'aura. J'espère qu'en étudiant ces pages, vous vous mettrez à l'écoute du miraculeux déploiement spirituel qui se poursuit au cours de la guérison.

Cette section s'appuie sur des bases biologiques, mais je ne prétends pas être une experte médicale. En fait, je dis ceci aux gens : « Ne me demandez pas de poser un diagnostic. Je ne suis pas médecin, et vous n'irez pas me rendre visite en prison. » Je peux vous indiquer si un organe ne semble pas se porter bien du point de vue de l'aura, mais je vous conseille d'aller consulter un médecin et de faire examiner vos reins, votre foie, ou tout organe malade. Un jour, alors que je donnais une conférence sur la guérison, j'ai remarqué qu'un homme assis dans l'auditoire me regardait avec insistance. J'en ai l'habitude. Je vois souvent des personnes qui essaient de se figurer qui je suis. Cet homme-là me « zyeutait ». Je voyais autour de lui une énergie vert avocat, ce qui dénotait de la tromperie. Le brun cacao, également dans son aura, m'indiquait qu'il voulait ma peau. J'ai capté la pensée qu'il était fonctionnaire et qu'il attendait de voir si j'allais poser un diagnostic, pour m'arrêter ou me dénoncer aux autorités. Il n'a pas vu que j'avais saisi son intention et, bien sûr, il ne m'a pas attrapée, mais il m'a enseigné la prudence.

La guérison ne prend pas toujours la forme à laquelle on s'attend. Une femme a un jour téléphoné à mon bureau pour me demander de l'aide. Une maladie mystérieuse qui l'affectait depuis des années en était à un stade aigu, et les médecins ne pouvaient en déceler la nature. Extrêmement frustrée, cette femme avait un ton de voix un peu agressif. J'ai accepté de la rencontrer pour procéder à une guérison, mais le lendemain elle m'a laissé un message où il était clair qu'elle avait changé d'avis.

Un mois ou deux plus tard, elle a rappelé. Son ton de voix était complètement différent. Admise à un nouvel hôpital, elle avait reçu, pour la première fois, un diagnostic précis de son état : dystrophie musculaire. De toute évidence, dans son cas, le problème avait été plutôt latent jusqu'à sa trentaine, même si elle se rappelait maintenant avoir eu des symptômes toute sa vie. Le miracle, c'est qu'à ce moment, son attitude envers la santé et envers Dieu changea. Elle eut une vision dans laquelle elle recevait l'aide de la Lumière divine. Elle savait à présent que Dieu collaborait avec elle et, malgré sa souffrance, ne se sentait plus abandonnée.

Même si cette femme n'est pas encore pleinement guérie au sens physique, il s'est produit en elle une immense guérison. Elle est maintenant très active, pleine de foi en Dieu, et elle a placé sa conscience sur la voie de la santé.

J'explique un grand nombre des problèmes présentés ici par un schéma PMM. J'ai d'abord hésité, car je ne voulais pas attribuer une cause unique à chaque problème. Comme je l'ai répété dans tout ce livre, aussi primordial que soit le schéma PMM, des lois physiques et karmiques peuvent entrer en jeu, quelle que soit la maladie. Une même racine PMM peut prendre la forme de plus d'un type de maladie physique. Par exemple, la colère peut se manifester sous la forme d'un ulcère, mais peut aussi être un facteur de tuberculose, si cette colère est plus intense et soutenue. Néanmoins, ces racines PMM sont là pour vous aider, en fournissant des indices sur votre état intérieur. Si vous souffrez de l'un ou l'autre de ces états, voyez un peu plus loin si ces causes spirituelles possibles s'appliquent à vous. Dans chaque situation, les énergies de base que vous utiliserez seront la flamme rouge orangé pour la purification, le feu bleu-blanc pour la guérison et la force vitale, et la lumière blanche pour l'élévation de conscience et la reconstruction du corps. Suivez les consignes de méditation soulignées au chapitre 5. Dans votre travail avec la lumière de guérison, je recommande d'adopter une attitude patiente mais persistante. Parfois, lorsqu'un état a atteint le plan physique, plusieurs applications de lumière s'avèrent nécessaires pour renverser la vapeur.

Ce chapitre traite des maladies et souffrances physiques les plus courantes, mais je sais que cette liste est incomplète. Aussi, je ne tente aucunement d'être le dernier mot. Chaque article a pour but de donner une direction générale à vos méditations. Si vous ne trouvez pas ce que vous cherchez, utilisez les trois rayons de base et tout ce qui vous paraîtra utile. Les prières méditatives présentées ici devraient être des lignes directrices plutôt que des règles strictes. Vous pouvez les adapter à vos besoins précis.

Dans votre travail méditatif, rappelez-vous toujours de penser en termes de santé parfaite. Peu importe ce que vous vivez, refusez de vous représenter des états malsains. Voyez votre corps déjà fort et en santé. Plus votre conviction sera ferme, plus votre travail avec la lumière sera efficace. Par ailleurs, ne forcez rien.

Les prières méditatives sont des demandes. Formulez votre demande spirituelle et laissez agir la lumière. En fait, la conviction spirituelle s'accompagne de la paix. Il n'est pas nécessaire de forcer quoi que ce soit, car vous savez que Dieu est avec vous.

Une note sur les maladies graves ou mortelles. Même s'il est vrai qu'il n'y a aucune limite aux pouvoirs de la Lumière divine, il n'est pas réaliste de demander à quelqu'un d'apprendre à travailler soudainement avec la lumière, dans le but d'accomplir la plus exigeante des guérisons. Par exemple, il faut une force spirituelle extraordinaire pour renverser le cours de maladies dégénératives dans lesquelles l'ADN a été corrompu, et ce livre ne va pas jusqu'à enseigner à les guérir. Cependant, la lumière peut grandement empêcher ces états dégénératifs de progresser davantage. Il faut également une habileté spirituelle exceptionnelle pour renverser des états neurologiques lorsque les neurones affectés ont été gravement lésés. Dans ces situations, la lumière peut tout de même aider grandement, et j'encourage ceux qui sont confrontés à ces conditions à travailler avec diligence avec l'énergie spirituelle, mais ils doivent aussi chercher une aide médicale appropriée.

Voici la liste complète des états de santé, pour vous aider à naviguer dans ce chapitre :

Accident cérébrovasculaire et accident ischémique transitoire (annonciateur)

Racine spirituelle (PMM) :	Énergies à utiliser :	
Ne pas accomplir certaines choses de la vie.	Flamme rouge orangé	Feu bleu-blanc
	Pure lumière blanche	Rayon émeraude
	Rayon argenté	Rayon citron
	Rayon doré	

Les accidents cérébrovasculaires constituent la perte de fonctions cérébrales dues à une interruption de la circulation sanguine vers le cerveau. Quelque chose a empêché le sang d'atteindre ce dernier, le privant ainsi d'oxygène vital. Le cerveau est très sensible. Il ne peut fonctionner sans une constante circulation d'oxygène. Cette perte peut être temporaire, comme dans l'accident ischémique transitoire, ou plus grave, comme dans les accidents cérébrovasculaires, dans lesquels la part du cerveau privée d'oxygène est sérieusement atteinte, ou détruite. Les accidents cérébrovasculaires peuvent tuer des gens ou les laisser paralysés par suite d'une lésion cérébrale. Les causes les plus courantes sont un vaisseau sanguin éclaté dans le cerveau, l'athérosclérose, et les caillots.

La racine PMM des accidents cérébrovasculaires est le fait de ne pas accomplir certaines choses de la vie. Une personne peut être censée faire une chose, mais ne la fait pas, ou elle a des buts à sa portée qu'elle n'atteint pas. Comme nous l'avons vu, nous venons sur terre pour apprendre et grandir spirituellement. Des tâches nous sont attribuées parce que nous avons les talents et les capacités nécessaires pour les accomplir. Malheureusement, nous sommes trop souvent distraits par des choses non essentielles ou, découragés, nous n'assumons pas ces tâches. Voilà pourquoi il est important de cultiver un fort sentiment de valeur personnelle – d'avoir les ressources nécessaires pour réaliser notre but.

Un accident cérébrovasculaire requiert vraiment toutes les énergies de guérison. Utilisez d'abord les prières méditatives destinées à stimuler l'activité du cerveau et à en restaurer les fonctions. Puis, suivez les prières méditatives se rapportant aux problèmes sanguins.

Si l'accident est relié à l'athérosclérose, travaillez avec les prières méditatives propres à ce problème afin de prévenir toute attaque future. Si un accident cérébrovasculaire vous a laissé paralysé, vous aurez également besoin des prières reliées aux conditions neurologiques.

Ensuite, dressez un inventaire de vous-même. Voyez si vous avez laissé des choses inachevées. Le cas échéant, déployez tous les efforts requis pour terminer les tâches que vous avez démarrées ou avez voulu démarrer. Même si l'accident cérébrovasculaire vous a laissé diminué, soyez patient et faites de votre mieux pour rester actif. En outre, demandez à Dieu de vous aider à suivre votre destinée.

Acné

Racine spirituelle (PMM) :	Énergies à utiliser :	
Aucune.	Flamme rouge orangé	Pure lumière blanche
	Feu bleu-blanc	Rayon vert émeraude

L'acné se présente quand les pores de la peau deviennent obstrués, ce qui fait apparaître des boutons. L'acné est plus courante chez les adolescents, à cause des changements hormonaux qui poussent les glandes sébacées à produire un excès d'huile. L'huile, combinée aux bactéries et aux peaux mortes, forme alors un blocage et ne peut sortir des follicules par les pores. Cela génère des boutons et des abcès.

Du point de vue spirituel, je ne connais aucun schéma PMM qui soit relié à l'acné. Cela me semble être davantage un problème physique et chimique, et reflète souvent une réaction du corps à des changements hormonaux survenus à la puberté. Si vous êtes un adolescent et que vous souffrez d'acné, soyez patient envers vous-même. Rappelez-vous que bien des changements ont lieu en vous, sur les plans physique et spirituel. Comme on le sait, le corps atteint sa maturité sexuelle à la puberté. Mais il y a également des changements dans l'aura. Une grande part de notre aura commence à fonctionner vers l'âge de sept ans, mais nous ne recevons pas notre point du Moi supérieur avant l'âge de 12 ans. Cela coïncide avec le développement à l'adolescence. À partir de 12 ans, l'aura connaît une évolution encore plus subtile et éthérique. C'est à 16 ans que toutes les parties de l'aura, dans toute sa puissance divine, atteignent leur plein fonctionnement.

Prière méditative destinée à purifier les pores de la peau

Que la flamme rouge orangé de purification se dirige maintenant vers les pores de ma peau reliés aux follicules, pour en dégager tous les blocages et toutes les énergies négatives. Purifie les glandes sébacées, situées sous la peau, pour dégager tout obstacle et éliminer les boutons et les abcès.

Ensuite, attirez le feu bleu-blanc pour accumuler une nouvelle force vitale dans les pores de la peau.

Prière méditative destinée à guérir les pores de la peau

Que le rayon de feu bleu-blanc de la vie éternelle se dirige maintenant vers les pores de ma peau, pour les charger et les recharger d'une nouvelle force vitale. Guéris toutes les infections de ma peau et laisse cette touche de lumière dans mes hormones, pour guérir toutes les anomalies.

Ensuite, mettez la pure lumière blanche en contact avec la structure moléculaire de votre corps.

Prière méditative destinée à élever le corps avec la lumière blanche

Que le rayon de pure lumière blanche se dirige maintenant vers les pores de ma peau et mes glandes, pour les élever en ta divine essence. Je demande que la lumière blanche entre dans la structure moléculaire de mon corps, pour réparer les zones atteintes.

Ensuite, attirez le rayon émeraude de l'équilibre pour harmoniser le système endocrinien si des glandes sébacées hyperactives dans la peau ont produit un excès d'huile.

Prière méditative destinée à équilibrer le système endocrinien

Que le rayon émeraude de l'équilibre se dirige maintenant vers mon système endocrinien afin d'équilibrer les hormones et de stabiliser la sécrétion d'huile par les glandes, pour que ma peau respire convenablement.

Allergies

Racine spirituelle (PMM)	**Énergies à utiliser :**	
S'exprimer insuffisamment.	Flamme rouge orangé	Pure lumière blanche
	Feu bleu-blanc	Rayon incarnat
	Rayon rose foncé	

Les allergies peuvent provenir d'une réaction excessive du système immunitaire à diverses substances, qui vont du poil d'animaux à certains aliments, produits chimiques et certaines toxines. Une réaction allergique est susceptible de varier en intensité, passant de bénigne à extrêmement grave. Lorsqu'une personne a devant moi une réaction allergique, je vois souvent une énergie grise concentrée dans la région de la tête.

En termes d'aura, les schémas PMM des allergies sont reliés entre autres au fait d'étouffer l'expression personnelle, de ne pas s'exprimer vraiment, ou de le faire mal à propos. Les allergies sont habituellement reliées à une forte composante émotionnelle. L'expression de soi est essentielle au bien-être spirituel. Si vous réprimez vos sentiments véritables ou choisissez de les exprimer de manière inappropriée, vous pouvez vous causer des problèmes mentaux, émotionnels et physiques.

Les énergies de guérison à utiliser sont semblables à celles qui se rapportent aux troubles du système immunitaire, car certains allergènes tels les polluants inhalés peuvent être considérés comme des organismes envahisseurs et, à ce titre, doivent être traités dans votre travail sur la lumière. Cependant, comme de nombreuses allergies sont dues à une réaction excessive du système immunitaire ou à un déséquilibre chimique dans le corps, j'ai créé ces prières méditatives expressément pour cette situation.

Prière méditative destinée à purifier le corps des allergies

Que la flamme rouge orangé de la purification se dirige maintenant vers tous les aspects de mon corps et de mon système immunitaire, dégage les allergènes ou substances toxiques qui affectent négativement mon corps. Je demande que le rayon purificateur dégage de mes centres spirituels les énergies négatives qui contribuent à cet état.

Ensuite, travaillez avec le feu bleu-blanc pour guérir et rétablir votre corps et votre système immunitaire jusqu'à sa pleine puissance.

Prière méditative pour recharger le système immunitaire

Que le feu bleu-blanc de la vie éternelle se dirige vers moi maintenant de façon à ce qu'il charge et recharge mon système immunitaire d'une nouvelle force de vie électrisante. Je demande que cette énergie vitalisante équilibre la chimie de mon corps et rétablisse mes fonctions et mes systèmes corporels.

La lumière blanche aide toujours à élever la conscience en général.

Prière méditative pour élever le corps au moyen de la lumière blanche

Que la pure lumière blanche imprégnée de substance spirituelle se dirige maintenant vers tous les aspects de mon corps et de mon système immunitaire, dans ta pureté et ta divine essence. Que cette lumière atteigne la structure moléculaire de chaque globule blanc pour y réparer toute lésion ou faiblesse.

Le rayon argent est fort utile ici si le système immunitaire est confus ou ne sait pas comment lutter contre un microorganisme en particulier.

Prière méditative destinée à renforcer le système immunitaire par le rayon argenté

Que le rayon argenté de l'intelligence divine infusée de substance spirituelle se dirige vers tous les aspects de mon corps et de mon système immunitaire afin qu'ils répondent rapidement à ton intelligence sacrée et qu'ils indiquent à mes cellules comment gérer la situation particulière que mon corps affronte présentement.

Puis, laissez entrer le rayon incarnat, car le système immunitaire peut devenir fatigué et stressé à force de réagir aux allergènes.

Prière méditative destinée à revitaliser le système immunitaire

Que le rayon incarnat se dirige maintenant vers tous les aspects de mon corps et de mon système immunitaire afin de revitaliser ce dernier avec vigueur et énergie. Stimule les zones fatiguées de mon système immunitaire, de telle sorte qu'elles soient remagnétisées et rechargées dans la Lumière divine.

Puis, complétez ce travail par le rayon rose foncé pour guérir les zones surtout émotionnelles reliées à des réactions allergiques.

Prière méditative destinée à soulager la conscience

Que le rayon rose foncé de l'amour spirituel se dirige maintenant vers tous les aspects de mon corps et de mes centres spirituels afin de les bénir. Je demande que cette énergie ouvre une expression spirituelle d'amour dans tous les aspects de mon être, m'intégrant et m'harmonisant ainsi sur les plans physique, mental et émotionnel.

Amnésie

Racine spirituelle (PMM)	**Énergies à utiliser :**	
Essayer d'oublier.	Flamme rouge orangé	Rayon jaune citron
	Feu bleu-blanc	Rayon pourpre
	Lumière blanche	Rayon doré
	Rayon argenté	

L'amnésie est la perte ou la diminution de la mémoire. Une personne amnésique peut perdre le souvenir partiel ou total d'expériences récentes ou lointaines. Une lésion cérébrale en est une cause très courante.

D'ailleurs, le schéma PMM relié à l'amnésie exprime un fort désir d'oublier. Lorsqu'une personne affronte une expérience trop pénible ou tragique, cela peut créer dans son aura un immense sentiment de peine, de douleur ou de peur, et déclencher une réaction PMM.

La composante clé de l'amnésie ou de tout type de perte de mémoire est le subconscient. Dans l'aura, le centre mental est le noyau de notre pensée consciente. Dans le cadre de notre anatomie spirituelle, le subconscient est le siège de la mémoire. Tout ce que nous vivons est littéralement enregistré dans le subconscient, lequel fonctionne à la manière d'un disque dur. Lorsqu'un souvenir est repêché du subconscient, il remonte à l'esprit conscient, qui l'imprime dans le cerveau, et c'est ainsi que nous nous rappelons. Dans la perte de mémoire, il y a habituellement un hiatus entre le conscient et le subconscient, ainsi qu'une défaillance du cerveau. L'esprit conscient refuse les souvenirs qui veulent remonter du subconscient.

Procédez aux applications de lumière recommandées sous la rubrique « Problèmes cérébraux ». Surtout, demandez à la lumière d'aller vers la partie de votre cerveau reliée à la mémoire. De plus, travaillez avec le rayon argenté pour améliorer le lien entre votre conscient et votre subconscient, au moyen de la prière méditative suivante :

Prière méditative destinée à renforcer le conscient et le subconscient par la lumière de la rose argentée.

Que le rayon argenté de l'intelligence divine se dirige maintenant vers mon esprit conscient et mon subconscient, sous la forme d'une rose argentée de lumière, pour renforcer le lien et réparer toute zone affaiblie ou lésée. Je demande à cette intelligence vivante de m'aider à dégager des souvenirs réprimés ou des résistances à cette lumière afin d'ouvrir le courant vital qui jaillit de mon esprit conscient. Je demande aussi que cette lumière m'aide à gérer les souvenirs pénibles qui ont déclenché cette réaction, et à placer toutes les situations difficiles sur l'autel de Dieu, pour qu'elles soient dirigées par toi.

Angine streptococcique (infection de la gorge)

Racine spirituelle (PMM) :	**Énergies à utiliser :**	
L'envie.	Flamme rouge orangé	Feu bleu-blanc
	Pure lumière blanche	Rayon incarnat
	Rayon émeraude	Rayon doré

L'angine streptococcique est l'infection la plus courante causée par le streptocoque. Elle affecte la gorge et les amygdales. Chez les adultes, la racine PMM de l'angine est l'envie, une forme douce de jalousie. Tandis que la jalousie se présente dans l'aura sous la forme d'une énergie sombre et laide de couleur avocat, l'envie est d'un vert olive. Terne et sans vie, elle est l'une des énergies non éclairées.

Pour guérir l'angine, appliquez la lumière propre aux infections. Demandez que cette lumière vous débarrasse de l'envie. Comme pour la jalousie, la lumière émeraude est fort utile pour ramener la conscience à l'équilibre, car l'envie et la jalousie sont des énergies très dérangeantes et déséquilibrées dans l'aura. Nous connaissons tous les actes désagréables auxquels peut se livrer une personne sous l'influence de l'envie ou de la jalousie. J'ai inclus ci-dessous une prière méditative spéciale ayant trait à l'envie.

Prière méditative destinée à équilibrer la conscience

Que le rayon émeraude se dirige vers mes centres spirituels et mon corps afin de stabiliser tous les aspects de mon être. Chaque fois que je laisse l'envie s'emparer de moi, je demande à l'essence divine de ce rayon émeraude de me ramener au rythme spirituel de la vie et de redonner à mon aura l'harmonie de l'esprit, du corps et de l'âme.

Artériosclérose

Racine spirituelle (PMM) :	**Énergies à utiliser :**	
Entêtement, rigidité.	Flamme rouge orangé	Feu bleu-blanc
	Rayon émeraude	Pure lumière blanche
	Rayon rose foncé	

Dans l'artériosclérose, les parois des artères s'épaississent et perdent leur flexibilité. L'artériosclérose est très grave. Si elle se forme dans les artères qui vont au cerveau, elle peut provoquer un accident cérébrovasculaire ; si elle se forme dans les artères du cœur, elle peut mener à une crise cardiaque. La forme la plus courante de cet état est l'athérosclérose, dans laquelle affection la paroi intérieure est épaissie par des matières grasses. L'athérosclérose est l'une des causes principales de maladie dans les pays occidentaux.

Dans le schéma PMM relié à l'artériosclérose, il y a un accent particulier sur l'entêtement et la rigidité. Lorsque l'ego est figé et inflexible, cela peut se traduire par l'arthrite ou l'artériosclérose, selon la façon dont la rigidité s'exprime. Dans ce cas, l'aura manifeste un affaiblissement. Les couleurs vives deviennent des teintes pâles et diluées, et de l'énergie grise se crée.

Toutes les énergies de guérison mentionnées pour les problèmes sanguins et circulatoires conviennent à l'artériosclérose. Je suggère aussi de mettre l'accent sur la lumière blanche pour rendre vos artères plus flexibles, et de travailler avec le feu bleu-blanc et le rayon émeraude, pour équilibrer la chimie corporelle qui engendre cette formation artificielle. Visualisez fortement vos artères en état de propreté et de santé. Parce que cette maladie est si courante et potentiellement dangereuse, je répète ci-dessous les prières méditatives que je viens de mentionner, mais avec des variantes précisément conçues pour cet état.

Prière méditative destinée à purifier les artères

Que la flamme rouge orangé de la purification se dirige maintenant vers mon sang et mes artères pour en dégager tous les atomes noirs et gris, et envoie les toxines spirituelles de mon sang dans le règne minéral afin de les dissoudre dans la lumière. Je demande que cette flamme rouge orangé agisse dans la paroi intérieure de mes artères pour dissoudre la plaque et les dépôts qui interrompent la circulation normale de mon sang. Puisse cette flamme rouge orangé dégager de mes artères tout caillot sanguin déjà formé ou en formation, et dissoudre sans danger cette énergie négative dans le règne minéral.

Puis, attirez le feu bleu-blanc qui renouvelle la force vitale et la guérison. Demandez que cette énergie collabore avec la chimie de votre sang pour ramener celle-ci à l'équilibre.

Prière méditative destinée à guérir les artères par une nouvelle force vitale

Que le feu bleu-blanc de la vie éternelle se dirige vers mes artères, pour les charger et les recharger d'une nouvelle force vitale. Rejoins l'esprit vital en chacune des cellules de mes artères, pour guérir et restaurer toutes leurs fonctions, la circulation de mon sang et les parois des artères.

Lorsque vous en aurez terminé avec le feu bleu-blanc, absorbez beaucoup de lumière émeraude pour travailler votre chimie corporelle avec le feu bleu-blanc.

Prière méditative avec le rayon émeraude dans les artères

Que le rayon émeraude de l'équilibre et de l'harmonie se dirige maintenant vers mes artères afin d'équilibrer et d'harmoniser ma circulation sanguine. Puisse cette énergie collaborer avec le feu bleu-blanc pour équilibrer et harmoniser toute ma chimie corporelle et la bénir dans la Lumière divine.

Puis, attirez une forte dose de pure lumière blanche, en particulier pour retrouver l'élasticité de vos artères.

Prière méditative destinée à ramener la lumière blanche dans les artères

Que la pure lumière blanche infusée de substance spirituelle se dirige maintenant vers mes artères et mon système sanguin afin de guérir et de réparer toute zone lésée. Puisse cette lumière blanche se rendre dans la structure atomique de mon sang afin d'imprégner chaque cellule de l'empreinte divine de la santé parfaite. Je demande particulièrement que la lumière blanche aide à restaurer l'élasticité de mes artères.

Si vous avez fait preuve d'entêtement ou de rigidité, travaillez à adoucir votre caractère avec la lumière rose foncé.

Prière méditative destinée à remplir le sang du rayon d'amour

Que le rayon rose foncé de l'amour spirituel se dirige vers mes artères et mon système sanguin, et laisse-le irradier à travers tous les aspects de mon sang pour remplir ce dernier d'amour et de compassion. Laisse-moi sentir l'amour et la compassion de Dieu s'écouler librement dans mon corps, mes centres énergétiques, et toutes les parties de ma conscience.

Arthrite

Racine spirituelle (PMM) :	Énergies à utiliser :	
Rigidité mentale.	Flamme rouge orangé	Feu bleu-blanc
	Pure lumière blanche	Rayon émeraude
	Flamme violette	Rayon argenté
	Rayon doré	

L'arthrite est l'inflammation d'une articulation. Elle peut avoir plusieurs causes, y compris une blessure, le régime alimentaire, une infection, et une dégénérescence. L'une de ses formes les plus courantes est l'arthrite rhumatoïde, une maladie auto-immune dans laquelle le système immunitaire attaque le tissu qui double et coussine les articulations. Par conséquent, celles-ci deviennent enflées, rigides et déformées. Avec le temps, le cartilage, les os et les ligaments commencent à se détériorer.

La racine PMM de cette forme d'arthrite est la pensée rigide. Dans ce cas, la personne est très dure et inflexible dans son comportement et son attitude. Elle craint habituellement de penser autrement, et sa rigidité peut entraîner cette forme d'arthrite. La goutte, une forme pénible d'arthrite causée par des dépôts de cristaux d'urée de sodium, a aussi une racine PMM reliée à la rigidité. Il vaut mieux traiter rapidement cette condition, car lorsqu'elle détériore l'articulation, elle devient beaucoup plus difficile à guérir. Suivez la procédure décrite pour les problèmes auto-immuns en général. Demandez que la lumière se concentre aussi sur les articulations atteintes, pour soulager l'inflammation. Travaillez également avec vos centres spirituels afin d'avoir une pensée et des sentiments plus flexibles. Le rayon pourpre est très efficace ici. Incluez la prière méditative suivante :

Prière méditative destinée à calmer le corps et la conscience

Dirige le rayon pourpre de la paix vers tous les aspects de mon corps et de mon système immunitaire afin d'y établir la tranquillité et la sérénité. Je demande que cette lumière calme et règle l'agitation ou l'activité antagoniste dans mes articulations, pour que mon corps se détende dans cette paix profonde.

Arthrose

Racine spirituelle (PMM) :	**Énergies à utiliser :**	
Aucune.	Flamme rouge orangé	Feu bleu-blanc
	Pure lumière blanche	Rayon pourpre

L'arthrose est un problème d'articulation chronique caractérisé par la dégénération du cartilage des articulations et des os adjacents susceptible de provoquer une douleur et une rigidité des articulations. C'est l'une des formes les plus anciennes et les plus courantes de l'arthrite.

Plusieurs facteurs en sont à l'origine. Bien que l'âge soit un facteur de risque, la recherche a démontré que l'arthrose n'est pas une part inévitable du vieillissement. L'obésité peut mener à l'arthrose des genoux. De plus, les gens ayant des blessures aux articulations dues au sport, à une activité au travail ou à un accident courent un risque accru de développer de l'arthrose. La génétique peut aussi jouer un rôle, surtout chez les personnes nées avec un cartilage défectueux ou de légers défauts dans leurs articulations.

Du point de vue spirituel, l'arthrose ne semble pas avoir de racine PMM. Elle apparaît davantage comme un état physique ou karmique. Utilisez les prières méditatives ayant trait aux problèmes squelettiques et concentrez l'énergie sur vos articulations. Assurez-vous d'inclure le rayon pourpre pour les soulager.

Asthme

Racine spirituelle (PMM) :	**Énergies à utiliser :**	
Contrôle de la pensée.	Flamme rouge orangé	Feu bleu-blanc
	Pure lumière blanche	Rayon émeraude
	Rayon pourpre	Rayon bleu pastel

L'asthme est causé par un rétrécissement des voies respiratoires enflammées. Parfois, l'inflammation est due à des allergènes présents dans les voies respiratoires, mais dans bien des cas on ne sait pas ce qui active cette réaction excessive. Au cours d'une crise d'asthme, la personne a le souffle très court sous l'influence des spasmes de la couche musculaire des voies respiratoires.

Du point de vue spirituel, le schéma PMM relié à l'asthme est le contrôle de la pensée, dans lequel la personne tente de maîtriser des situations, ou s'attache à certaines lignes de pensée, restreignant ainsi le courant d'inspiration envoyé par le Plus Haut. Si vous avez de l'asthme, voyez si vous essayez parfois de contrôler des situations au lieu de laisser les choses aller à leur rythme naturel. Aussi, surveillez vos différentes inspirations. Êtes-vous ouvert à de nouvelles idées ? Essayez-vous de voir d'autres points de vue, ou êtes-vous dogmatique ?

En travaillant avec la lumière, suivez l'application propre au système respiratoire. Focalisez la lumière, particulièrement sur vos voies respiratoires, en lui demandant d'en détendre la paroi musculaire et de soulager le gonflement de votre muqueuse. Je recommande aussi de travailler avec le rayon bleu pastel afin d'ouvrir votre flux d'inspiration dans votre pensée.

Prière méditative destinée à inspirer l'esprit du rayon bleu pastel

Que le rayon bleu pastel de l'inspiration se dirige maintenant vers mon corps mental afin de m'ouvrir à de nouvelles idées et à une nouvelle inspiration, et de me libérer d'une pensée contrôlée ou limitée. J'accepte volontiers cette lumière céleste et je garde ma conscience ouverte à l'inspiration qu'elle apporte. Que cette lumière atteigne mes centres spirituels afin que tous les aspects de mon être s'accordent avec cette Lumière divine.

Blessures et accidents

Racine spirituelle (PMM) :	**Énergies à utiliser :**	
Aucune.	Flamme rouge orangé	Feu bleu-blanc
	Pure lumière blanche	

Aucun schéma PMM n'est relié aux blessures et aux accidents. Comme nous vivons dans un univers physique, nous sommes soumis à des lois physiques et des accidents surviendront. Quelle que soit la cause de la blessure ou de l'accident, la lumière est toujours utile. Quand une perturbation physique se produit, elle déséquilibre le courant d'énergie spirituelle du corps. Par exemple, un bras cassé a une énergie grise au point de rupture. Le travail avec la lumière permet de dissiper cette énergie grise et d'accélérer le processus de guérison. Vous devez tout de même, en plus, entretenir une conscience de guérison, car elle peut accomplir des merveilles pour votre corps, peu importe ce qui est survenu.

Dans les cas de blessures et d'accidents, travaillez avec les trois énergies essentielles. Je suggère d'ajouter la lumière incarnate pour maintenir votre d'énergie. Voilà un exemple d'utilisation de l'énergie spirituelle sous sa forme la plus fondamentale. C'est là aussi une excellente occasion de recourir à la guérison directe en plaçant votre main sur la zone blessée.

Prière méditative destinée à éliminer les atomes noirs et gris

Dirige la flamme rouge orangé de la purification vers mon [nommer ici la partie blessée du corps] pour évacuer tous les atomes noirs et gris vers le règne minéral et les dissoudre dans la lumière.

Ensuite, attirez le feu bleu-blanc pour guérir la zone blessée, ce qui est particulièrement nécessaire dans les cas de brûlures.

Prière méditative destinée à guérir le corps au moyen du feu bleu-blanc

Dirige le feu bleu-blanc de la vie éternelle vers mon [nommer ici la partie blessée du corps] pour charger et recharger mon corps d'une nouvelle force vitale. Que cette lumière atteigne l'esprit vital de mes cellules afin de leur donner une nouvelle force vitale et de guérir les zones blessées.

Puis, attirez la lumière blanche en vue de réparer la structure moléculaire des zones blessées.

Prière méditative destinée à recharger le corps avec la lumière blanche

Dirige la pure lumière blanche vers mon [nommer ici la partie blessée] pour recharger mon corps dans ton unité divine et sacrée. Je demande que cette lumière stimule la structure moléculaire de mon corps pour réparer les zones endommagées.

Vous pouvez ajouter toutes les énergies que vous jugerez nécessaires, selon le type de blessure. Le rayon incarnat est bon pour les blessures osseuses et cutanées. Le rayon violet convient mieux aux brûlures et aux lésions nerveuses.

Bronchite

Racine spirituelle (PMM) :	Énergies à utiliser :	
Ne pas vouloir s'accomplir.	Flamme rouge orangé	Feu bleu-blanc
	Pure lumière blanche	Rayon pourpre
	Rayon incarnat	

La bronchite est une inflammation des bronches. Les agents d'irritation et les infections en sont deux grandes causes. Les fumeurs y sont fort vulnérables.

Le schéma PMM relié à la bronchite est le fait de ne pas vouloir s'accomplir. Nous avons tous une destinée dans la vie, des choses que nous sommes censés accomplir. Normalement, nous avons la motivation nécessaire pour atteindre ces buts, mais parfois notre zèle chancelle. Lorsque disparaît notre désir d'accomplir ces buts, nos poumons peuvent être l'une des premières zones atteintes en termes de schéma PMM. En fait, même si nous n'avons pas la motivation nécessaire pour sortir de notre inertie et faire ce que nous devons, le but est encore là, qui nous attend. Voilà pourquoi nous devons prendre garde de ne pas laisser les diversions, les déceptions, ni même la tragédie, diminuer notre enthousiasme pour l'existence.

Pour le travail avec la lumière, je recommande de suivre d'abord les méditations recommandées pour les poumons et les voies respiratoires en général afin de guérir et d'aider à accumuler de la force dans les poumons. Si vous savez que votre bronchite est due à un irritant dans vos poumons, travaillez avec la lumière comme vous le feriez dans le cas d'allergies. Si vous savez que votre état est dû à une infection, faites également appel aux énergies destinées à diminuer les infections.

Voici une prière spéciale visant à augmenter votre motivation et votre enthousiasme.

> Que le rayon orange vif se dirige maintenant vers tous les plans de ma conscience, surtout mon Centre hermétique, afin d'apporter l'enthousiasme et la motivation sur tous les plans de mon être, surtout dans mes affaires personnelles. Ainsi, je serai rempli de confiance en moi et du désir d'accomplir ma destinée et mon but dans la vie. Je demande en outre de recevoir le rayon bleu roi de la détermination et du zèle afin de focaliser mes énergies et d'être déterminé dans la poursuite de mes buts et de mes désirs.

Figure 1-1 : L'aura magnétique (page 12)

Figure 1-2 : Les couches auriques, reliées aux sept chakras ou centres spirituels (page 13)

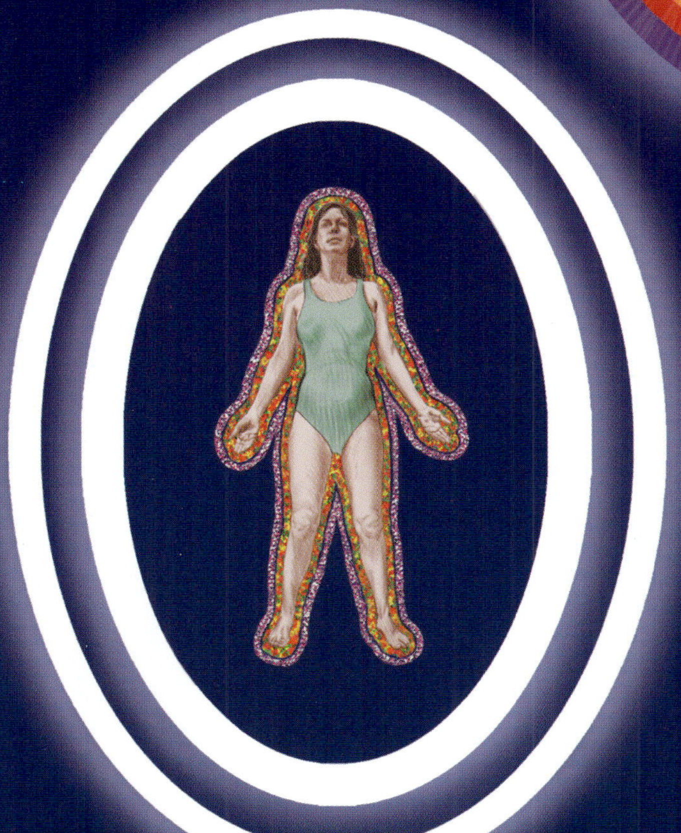

Figure 1-3 : Les gabarits de l'aura, ou corps éthérique, astral, mental et causal (page 14)

Figure 2-1 : Tableau des couleurs de l'aura (page 24)

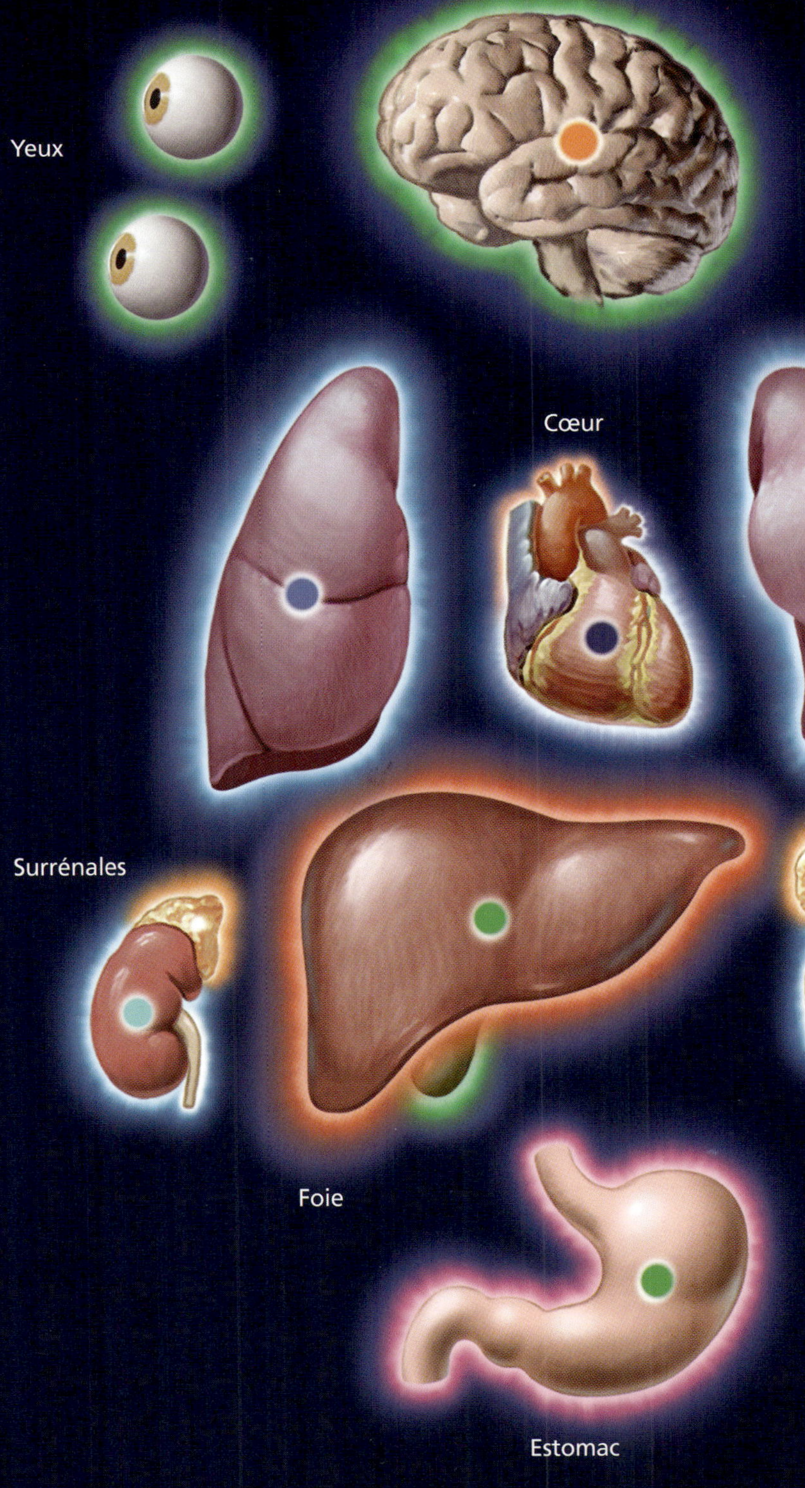

Figure 2-3 : Aura des organes en santé (page 31)

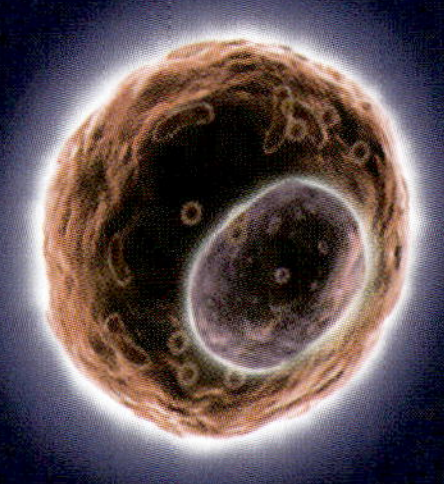

Figure 2-4 : Aura de la cellule (page 34)

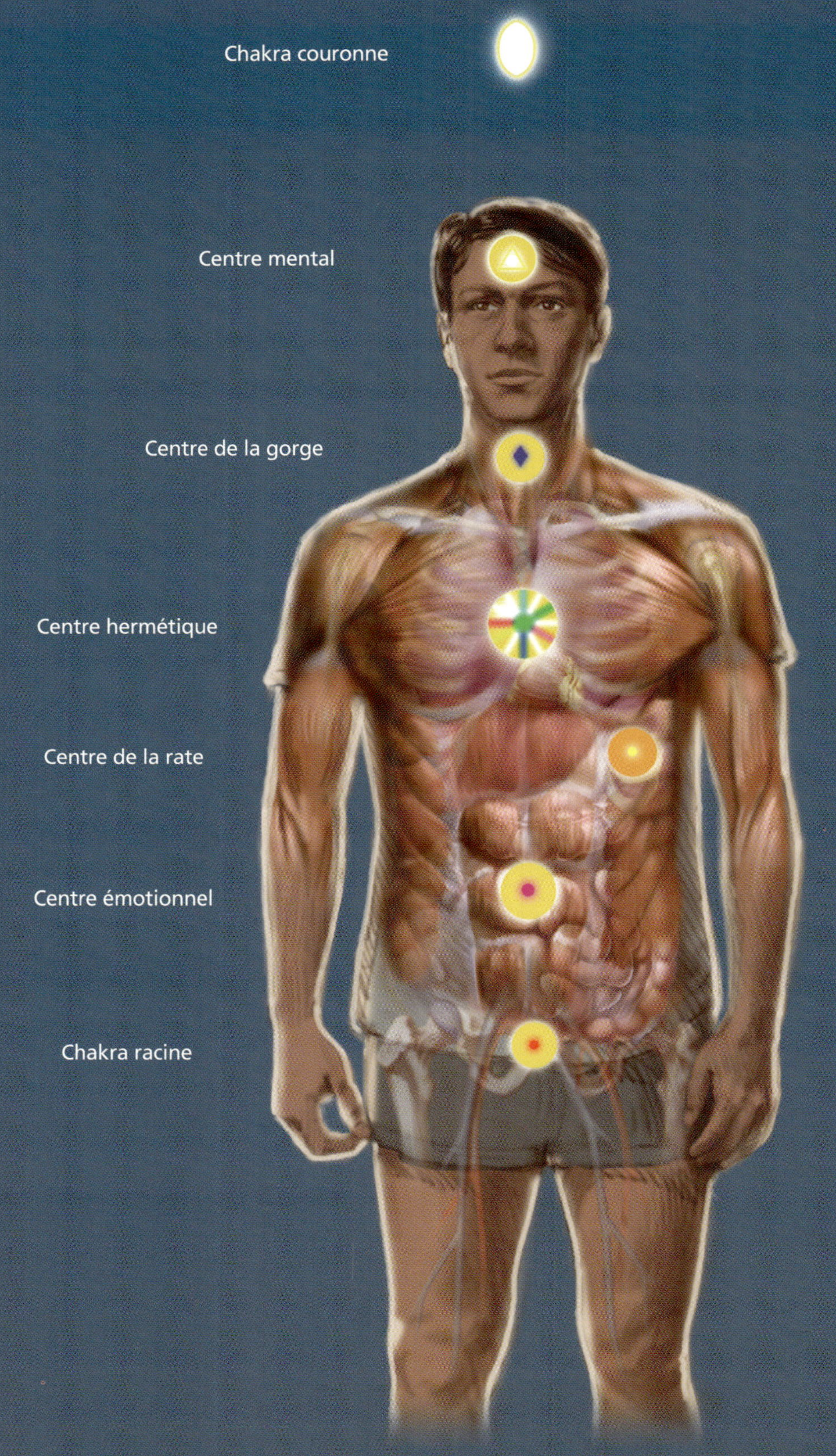

Figure 2-5 : Les centres d’énergie spirituelle (page 35)

Figure 2-6 : Aura spirituelle d'un guérisseur (page 41)

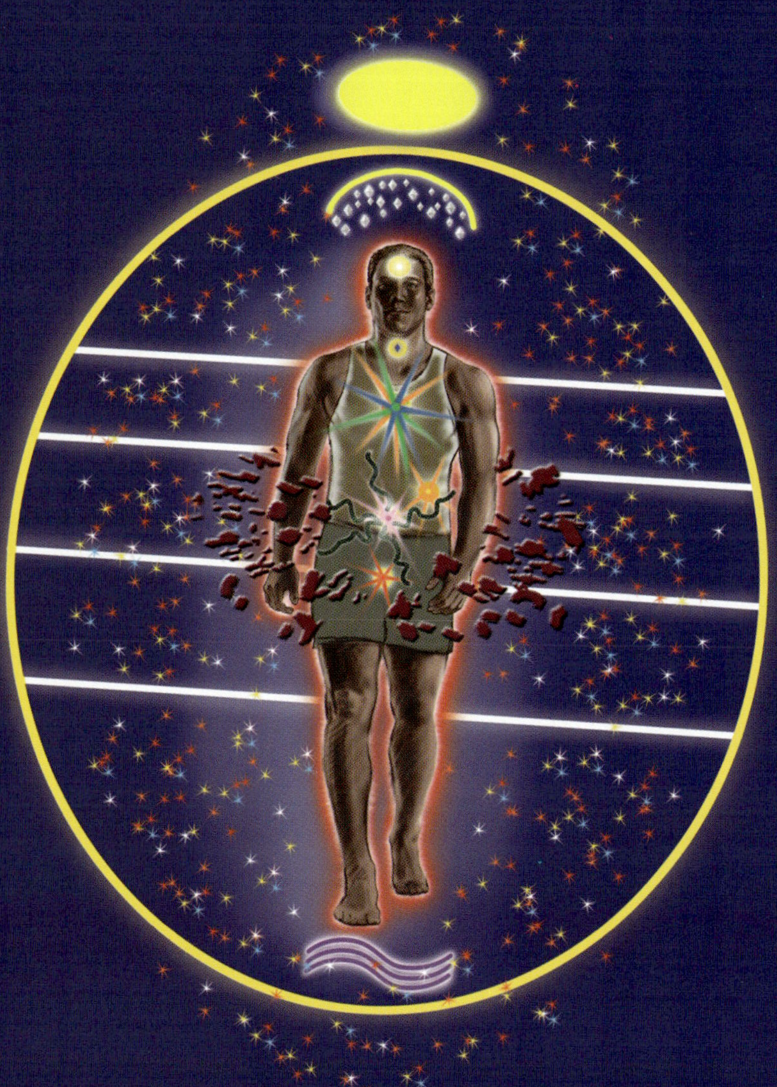

Figure 2-7 : Aura d'un athlète (page 42)

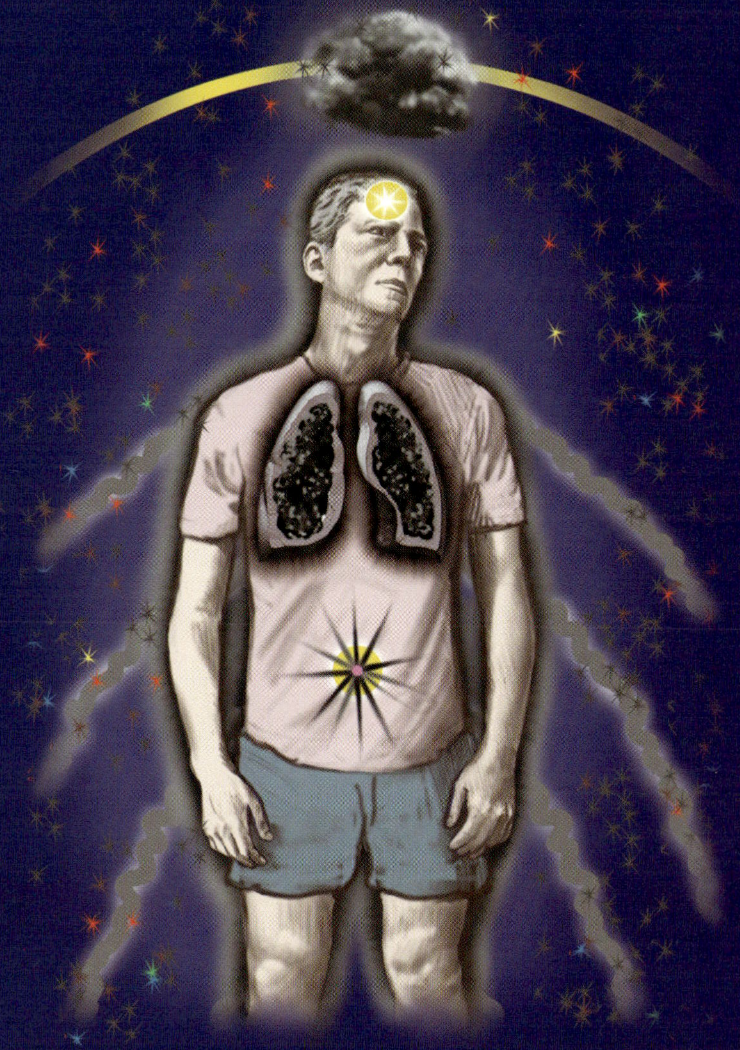

Figure 2-8 : Cancer du poumon – stade avancé (page 43)

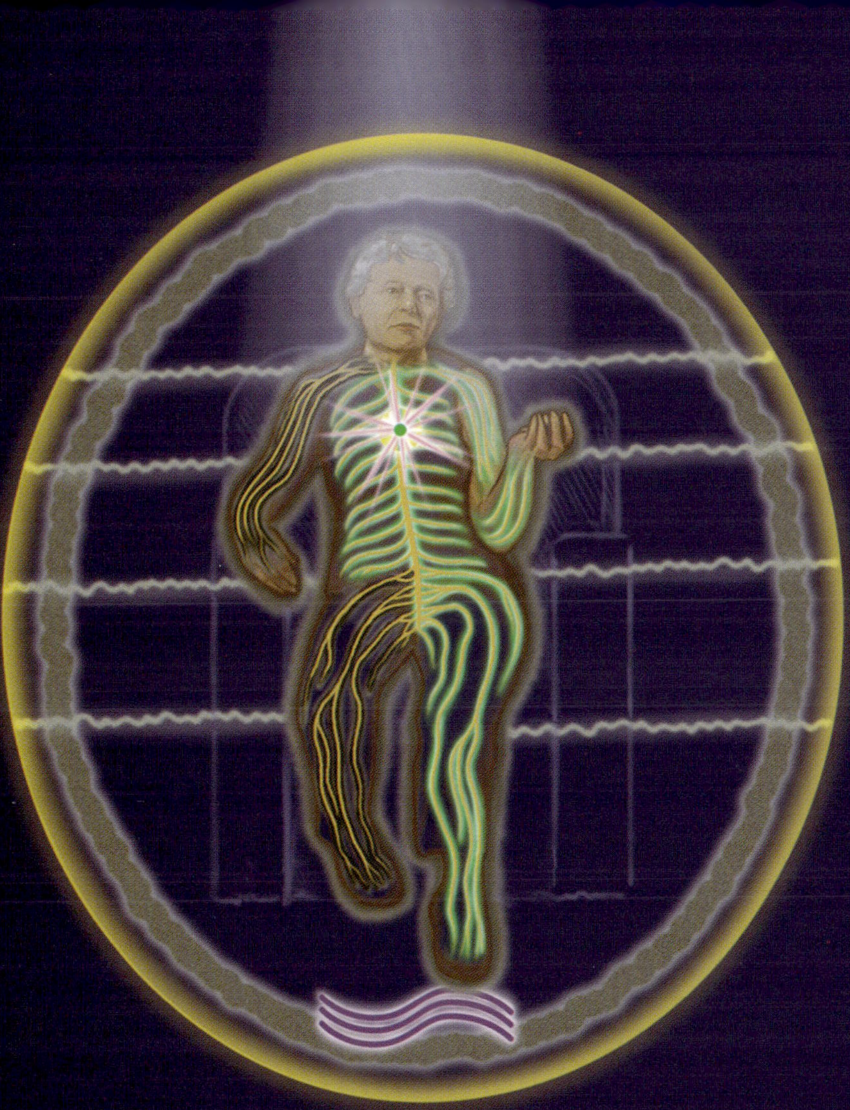

Figure 2-9 : Survivre à un accident cérébrovasculaire (page 44)

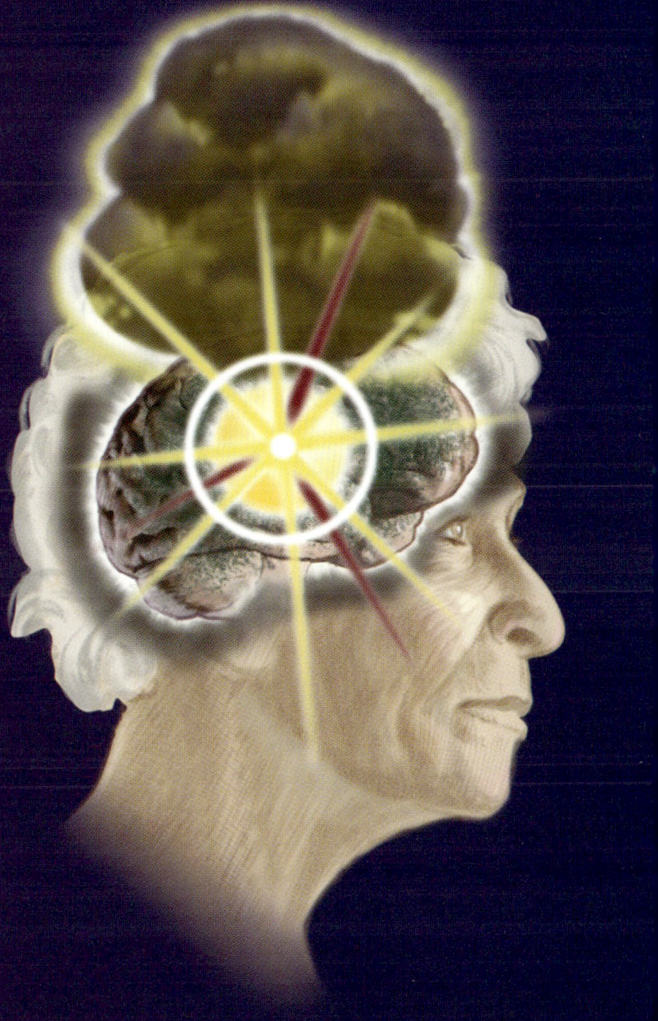

Figure 2-10 : Maladie d'Alzheimer – stade intermédiaire (page 45)

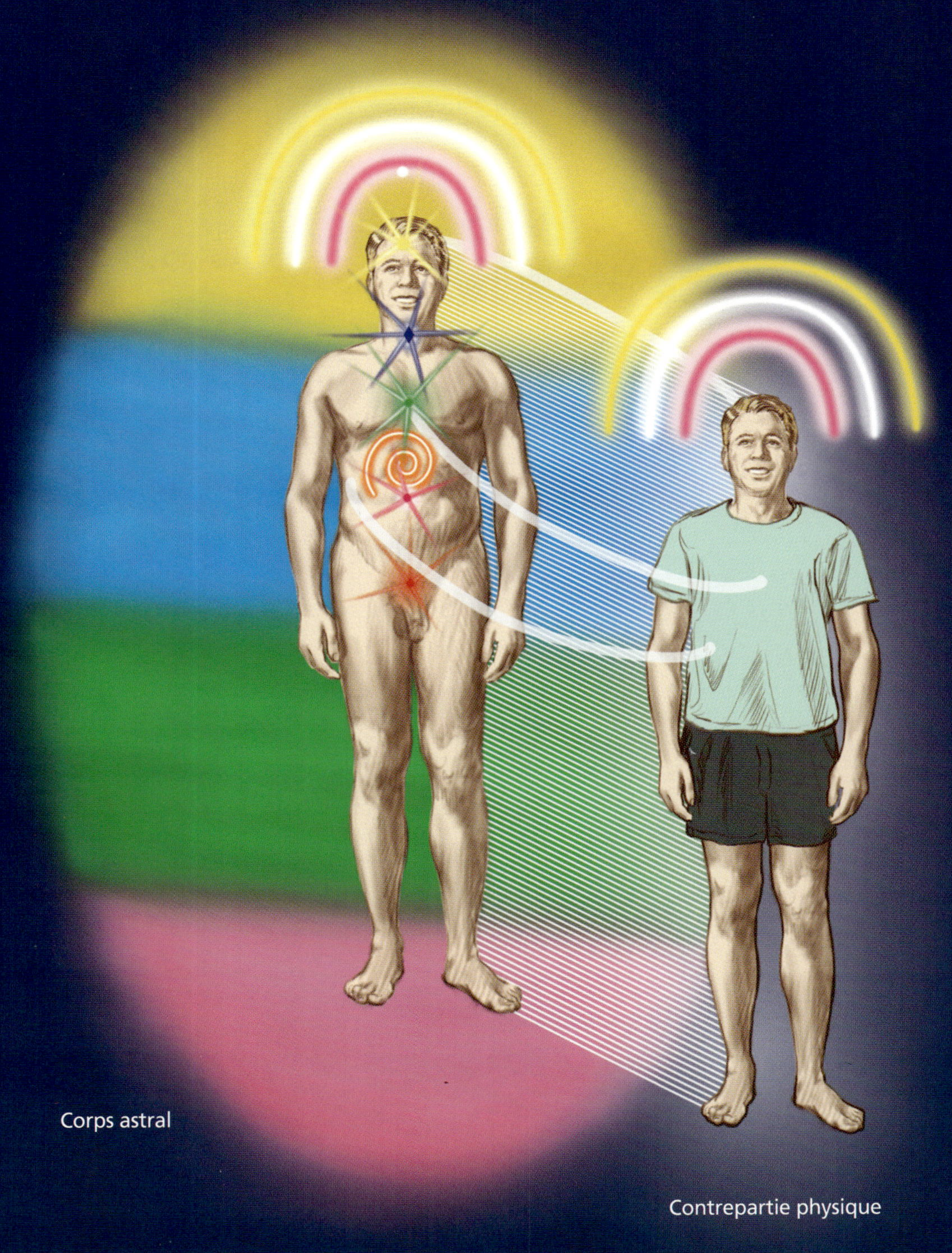

Figure 3-1 : Corps astral en santé (page 52)

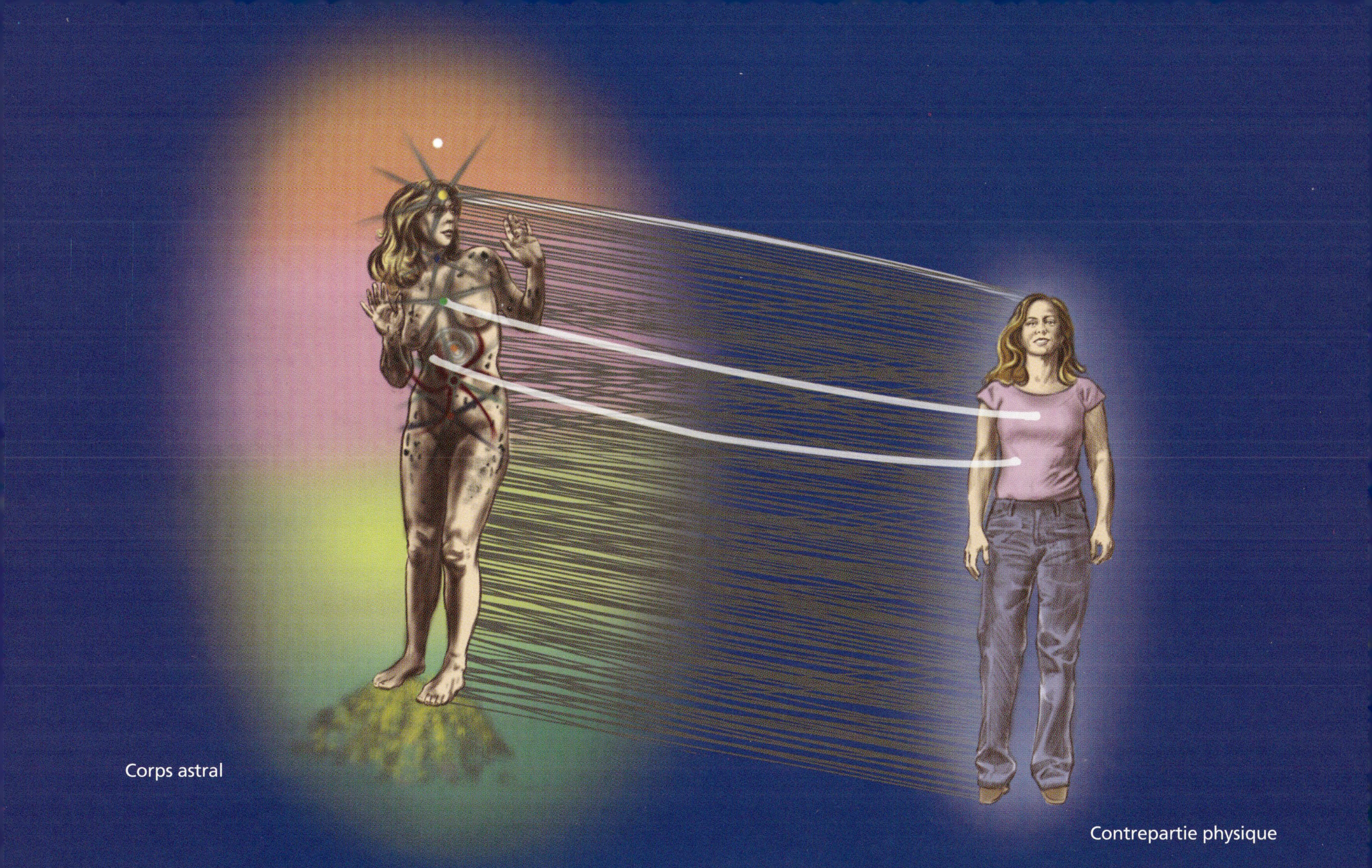

Figure 3-2 : Corps astral mal en point (page 53)

Figure 3-3 : Le corps mental éthérique (page 54)

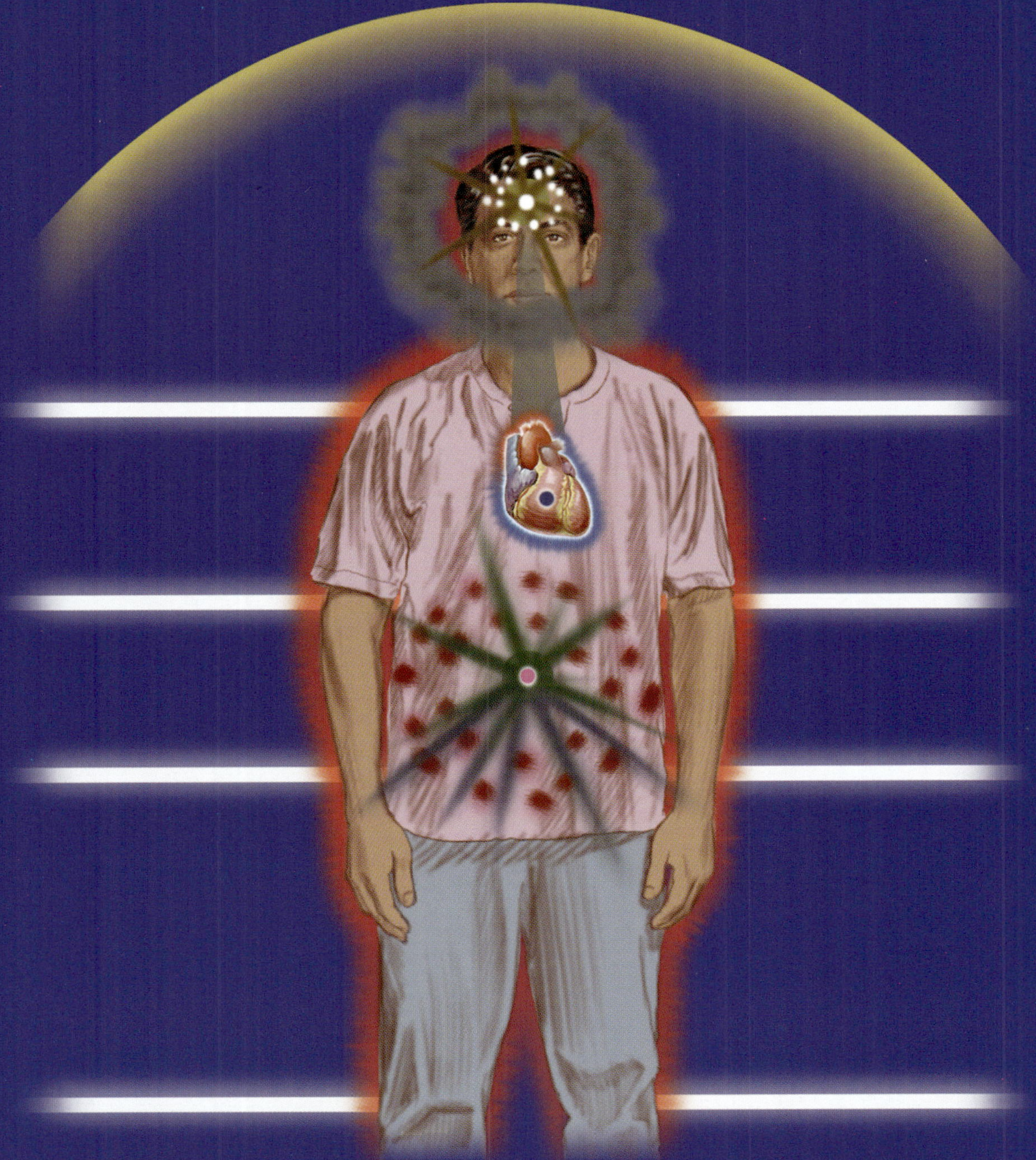

Figure 3-4 : Grande déception –
phase « péché » du schéma PMM (Péché-Maladie-Mort) (page 59)

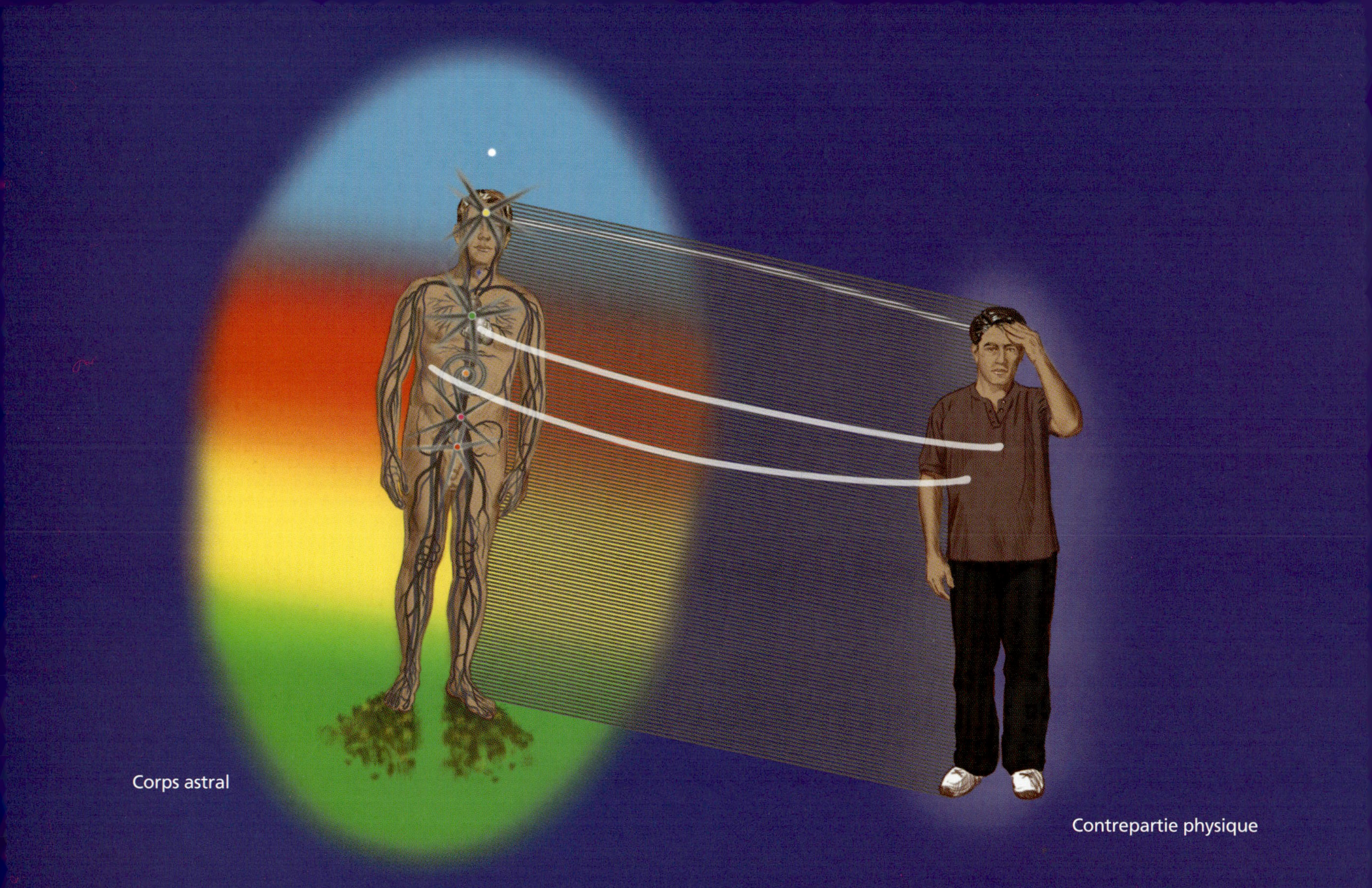

Figure 3-5 : Phase « maladie » du schéma PMM (Péché-Maladie-Mort) (page 60)

Figure 3-6 : Se rétablir d’une crise cardiaque –
phase « mort »du schéma PMM (Péché-Maladie-Mort) (page 61)

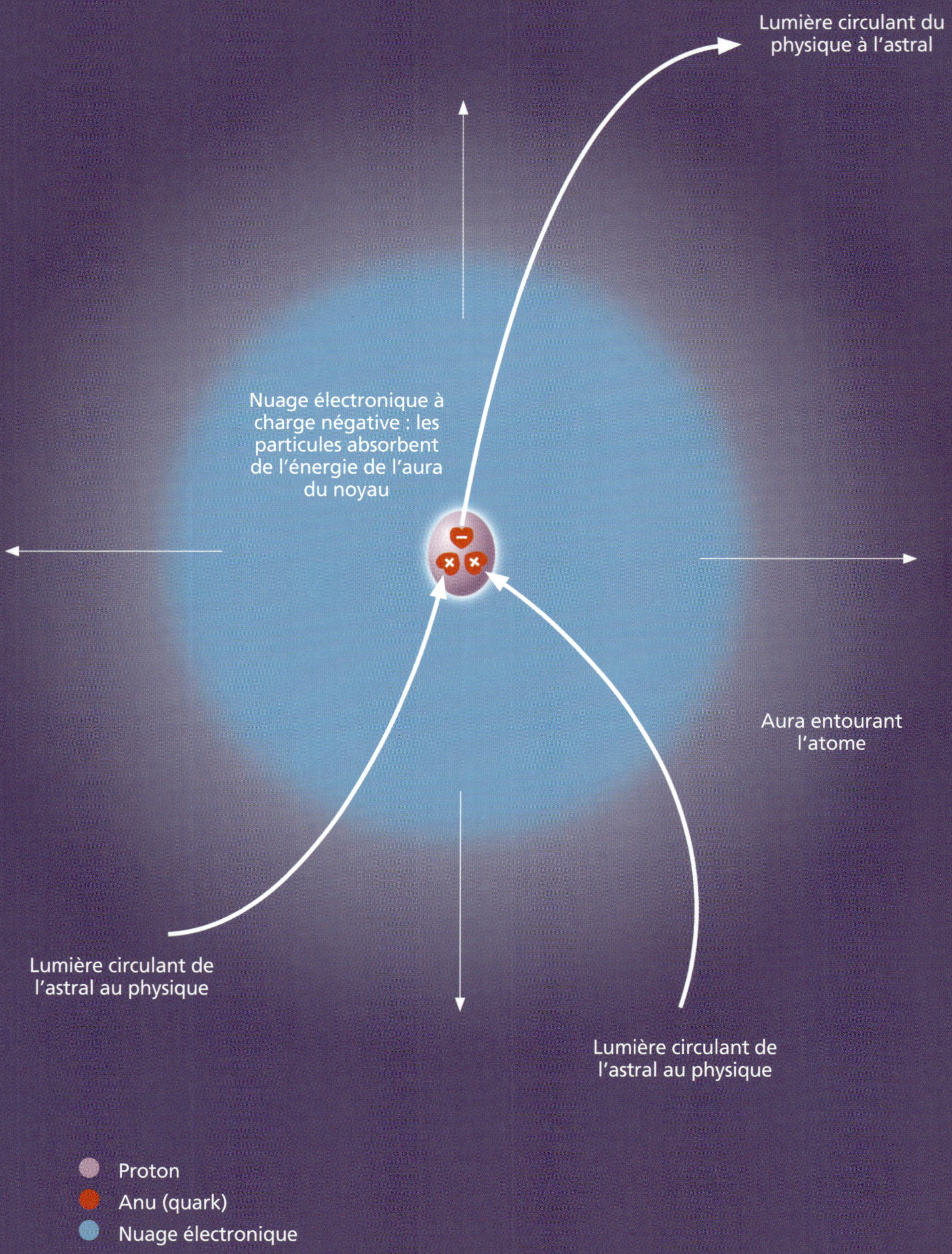

Figure 4-1 : Flux d'énergie spirituelle d'un atome d'hydrogène (page 75)

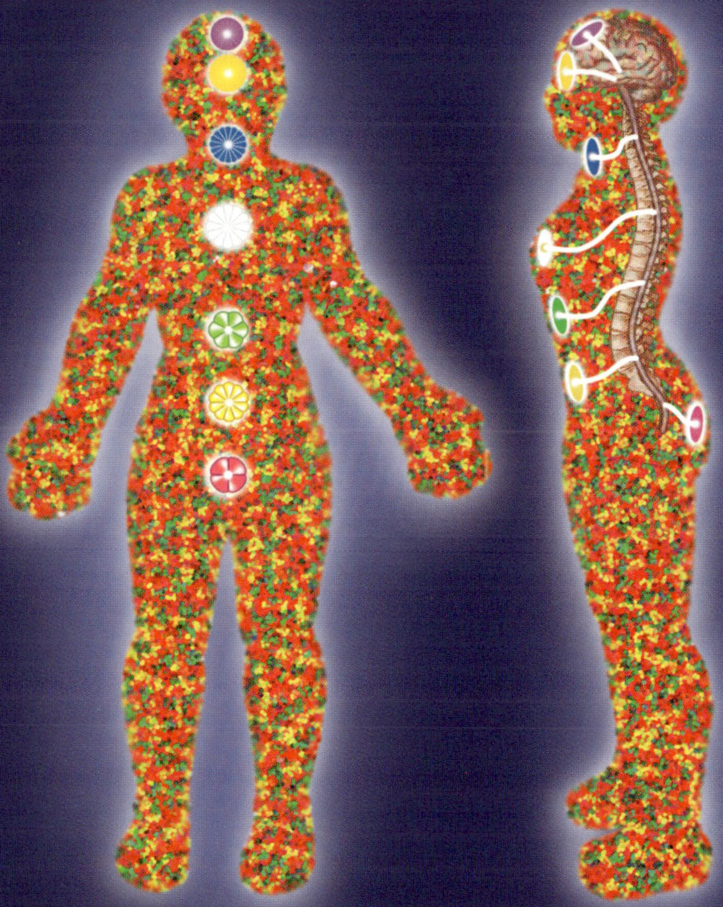

Figure 4-5 : Gabarit éthérique avec chakras éthériques – face et profil (page 81)

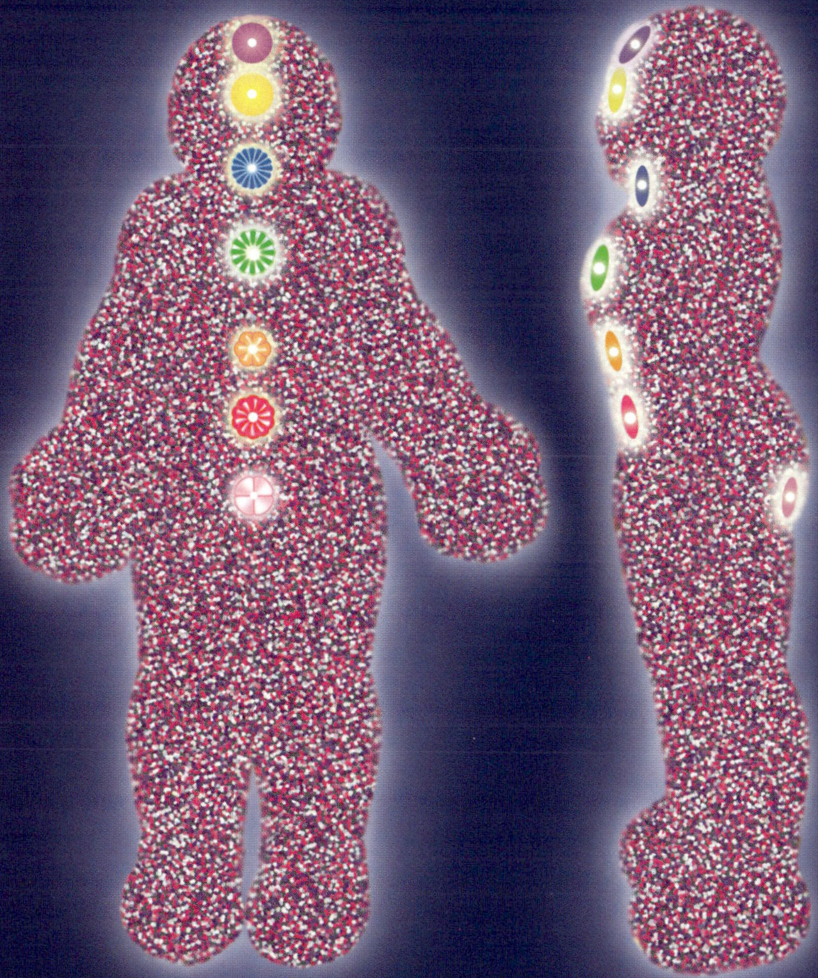

Figure 4-6 : Gabarit astral avec chakras astraux – face et profil (page 82)

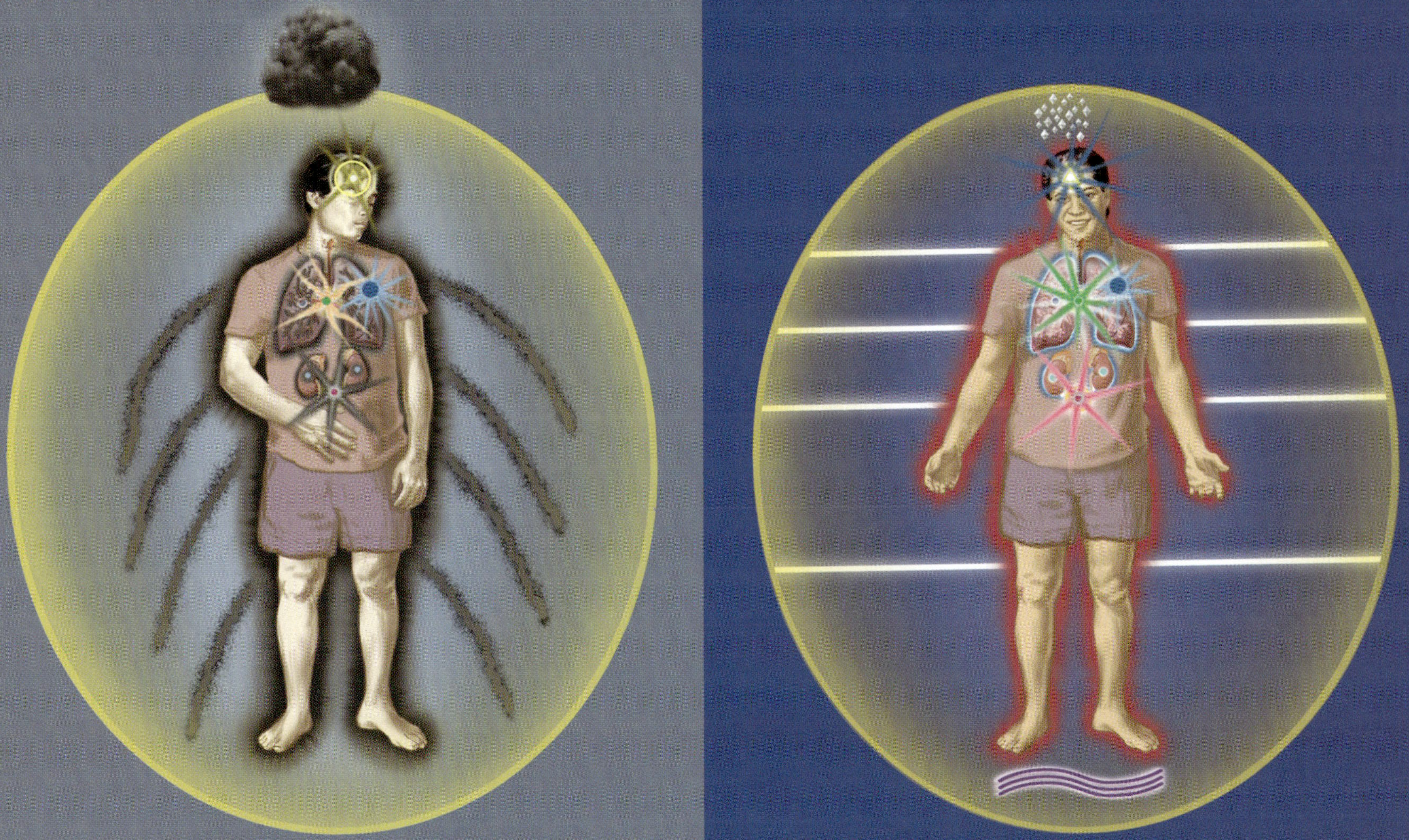

Avant le travail avec la lumière : grave infection respiratoire

Un an plus tard : après une combinaison de guérison spirituelle et physique

Figure 6-1 : Avant et après : guérir par la Lumière divine (page 114)

Cancer		
Racine spirituelle (PMM) :	**Énergies à utiliser :**	
Haine soutenue.	Flamme rouge orangé	Feu bleu-blanc
	Pure lumière blanche	Rayon pourpre
	Rose foncé	Rayon incarnat
	Rayon argenté	Rayon doré

Peu de mots évoquent autant de peur et de terreur que le cancer, l'une des principales causes de décès. Des milliards de dollars ont été dépensés pour y trouver un remède, mais malgré certains progrès la science médicale n'a pas encore enrayé cette maladie.

Un cancer est en fait une cellule qui a perdu le contrôle de son mécanisme de croissance normal et qui développe un schéma de croissance déréglé. Les cellules cancéreuses peuvent se développer dans n'importe quelle partie du corps. Normalement, le système immunitaire est capable de gérer ces cellules anormales, mais ce qui les rend meurtrières, c'est leur capacité de se multiplier rapidement et de former des tumeurs susceptibles d'envahir et de ravager le corps. Le changement de structure génétique de la cellule qui déclenche une réaction cancéreuse est dû à des agents carcinogènes. Ces agents peuvent être des virus, des produits chimiques, l'exposition à un rayonnement – dont la lumière solaire.

La racine PMM du cancer est une haine immense et soutenue. Le degré du cancer, que la tumeur soit bénigne ou maligne, dépend habituellement de l'intensité de l'émotion et de la pensée négative. Son emplacement peut être relié, mais pas toujours, à une faiblesse déjà présente dans le corps. Une personne en parfaite santé peut développer un cancer si ses pensées et ses émotions négatives sont suffisamment fortes. La haine soutenue est une cause fréquente de cancer reliée au schéma PMM. La haine est la vibration la plus basse de l'aura. Son énergie est d'un noir d'encre vide de toute impulsion spirituelle ou saine. Si vous êtes rempli de haine, que vous n'avez pas pardonné ou que vous entretenez un immense ressentiment, travaillez avec la lumière pour dégager ces vibrations, car elles font des ravages dans le corps.

En plus de fortes émotions et pensées destructrices comme la haine, des formes particulières de cancer ont leur propre racine dans le schéma PMM. J'en énumère quelques-unes ici.

Cancer du cerveau

Racine spirituelle (PMM) : Pensée malfaisante.

Le cancer du cerveau est l'un des pires. Souvent, ce type de cancer a une racine karmique. Pour que le schéma PMM s'installe dans le cerveau, une personne doit entretenir fortement une pensée destructrice pendant un certain temps. Si vous ruminez ou que vous vous redites sans cesse à quel point telle personne est immonde, par exemple, cela établit un scénario destructeur dans votre cerveau.

Cancer du sein

Racine spirituelle (PMM) : Toute émotion négative persistante, bien que le schéma PMM ne semble pas très important pour la formation du cancer du sein, que je sache. La nutrition semble être un facteur, tout comme les gènes, les toxines environnementales et le fait qu'une femme allaite ou non.

Cancer du côlon et du rectum

Racine spirituelle (PMM) : Aucun schéma PMM précis, que je sache, mais peut faire partie de schémas de haine combinés à une faiblesse corporelle.

Cancer du poumon

Racine spirituelle (PMM) : Manque d'effort.

Avec un cancer du poumon, la personne sait, ou veut, atteindre des buts dans la vie, mais reste extrêmement frustrée pour une raison quelconque, réelle ou perçue, et ne tente pas d'atteindre ses objectifs. Bien sûr, l'abus de tabac peut facilement s'ajouter à cet état pour former un cancer.

Lymphome

Racine spirituelle (PMM) : Aucune.

Cancer de la peau

Racine spirituelle (PMM) : Aucune.

Cancer des ovaires ou de la prostate

Racine spirituelle (PMM) : Incapacité de résoudre ou de finir des choses ; procrastination.

En plus de ces causes, le cancer comporte souvent un élément karmique. La lumière est extrêmement efficace pour aider à soulager des états cancéreux, mais vous devez être très diligent dans votre travail de guérison spirituelle. Les trois énergies de base en guérison – la flamme rouge orangé, le feu bleu-blanc, la lumière blanche – sont absolument essentielles à la guérison du cancer. Aussi, pour réussir, vous devrez procéder à des visualisations et entretenir une forte conscience de la santé.

En travaillant avec les diverses énergies, focalisez la lumière sur des zones précises qui, à votre avis, ont besoin de la Lumière divine. Le premier rayon que vous utiliserez est naturellement la flamme rouge orangé, car vous voulez rompre l'énergie négative autour d'une tumeur ou de cellules cancéreuses. À mesure que ces dernières se développent, leur aura passe de l'argenté au gris. Lorsqu'une tumeur se forme, elle est habituellement entourée d'une énergie très laide, une sorte de forme-pensée du cancer. Votre première tâche consiste à rompre cette énergie négative, car la tumeur physique se nourrit de cette forme-pensée.

Prière méditative destinée à purifier le corps des cellules malsaines et des toxines

Que la flamme rouge orangé de la purification se dirige vers toute tumeur ou cellule anormale afin de nettoyer mon corps de toute énergie ou forme-pensée destructrice, ou des atomes noirs et gris qui génèrent une dynamique négative. Je demande que la flamme rouge orangé dégage les agents cancérigènes qui contrarient mes cellules dans ce comportement contre nature. Évacue toutes ces vibrations négatives dans le règne minéral et dissous-les dans la lumière.

Ensuite, vous aurez besoin de beaucoup de feu bleu-blanc, car le cancer peut largement épuiser votre force vitale et votre pouvoir de guérison.

Prière méditative destinée à réapprovisionner le corps en force vitale nouvelle

Que le feu bleu-blanc de la vie éternelle se dirige vers toutes les parties de mon corps en me chargeant et me rechargeant d'une nouvelle force vitale. Je demande que le feu bleu-blanc nourrisse d'une nouvelle force vitale chaque cellule de mon corps en guérissant toutes les zones lésées. Que ce feu spirituel réapprovisionne et soulage les zones épuisées de mon corps ; qu'il me soulève et me renforce afin que je me sente renouvelé d'une vie et d'une vigueur nouvelles.

Ensuite, la lumière blanche sera nécessaire pour élever votre corps et votre conscience, et apporter un caractère sacré.

Prière méditative destinée à élever les cellules avec la lumière blanche

Que la pure lumière blanche imprégnée de substance spirituelle se dirige vers les zones affectées de mon corps afin d'élever mon être dans ta divine essence. Laisse-moi sentir le caractère sacré de ton divin pouvoir et éclairer toute zone obscure de ma conscience où j'ai détourné mon visage de Dieu.

Le rayon pourpre aide à soulager le stress.

Prière méditative destinée à apporter la paix à la conscience

Que le rayon pourpre de la paix se dirige vers mon corps et mes centres afin d'éliminer le stress et la pression partout dans mon être. Je demande le pouvoir spirituel de relaxer afin de mieux entendre mon Moi supérieur et d'écouter les conseils divins qui m'inspirent.

Le rayon rose foncé sert à générer une vibration plus aimante dans l'aura et à en éliminer les vibrations hostiles et antagonistes.

Prière méditative destinée à renforcer la circulation de l'amour

Que la lumière rose foncé de l'amour spirituel se dirige vers mon corps et ma conscience afin de créer dans mon aura une vibration plus aimante. Je demande pardon pour tout ce que j'ai fait qui a contribué à cet état, et je pardonne à tous ceux envers qui j'entretiens de la rancune.

Ensuite, attirez le rayon argenté, fort essentiel, afin de stimuler vos cellules et d'aider à dégager les signaux confus de votre corps. Il est merveilleux d'envoyer cette énergie à un médecin ou à des guérisseurs qui pourraient vous aider.

Prière méditative destinée à stimuler la conscience au moyen du rayon argenté

Que le rayon argenté de l'intelligence divine se dirige vers toutes les cellules de mon corps afin qu'elles puissent réagir à l'intelligence divine et engendrer la parfaite santé qui est leur nature divine. Puisse cette intelligence être dirigée vers les médecins et les autres personnes qui m'aident pour qu'eux aussi soient inspirés par l'intelligence divine.

Puis, terminez votre travail avec la lumière dorée pour aider à renforcer votre conscience.

Prière méditative destinée à renforcer la conscience

Que le rayon doré de la sagesse renforce tous les aspects de mon corps dans la Lumière divine et me donne le courage de manifester la santé parfaite. Stimule mes centres spirituels, surtout mon corps mental, afin que j'entretienne le schéma de santé parfait et que je reçoive la sagesse et la clarté nécessaires pour me donner toute confiance dans la prise de bonnes décisions concernant ma santé.

Cécité

Racine spirituelle (PMM)	**Énergies à utiliser :**	
Aucun schéma PMM,	Flamme rouge orangé	Feu bleu-blanc
mais une dette karmique.	Pure lumière blanche	Rayon émeraude

La cécité peut être causée par diverses blessures, maladies et accidents. Ici, je n'ai trouvé aucun schéma PMM, mais une dette karmique. Bien des cas de cécité résultent directement d'un karma physique, et ce peut être le cas lorsqu'une personne est aveugle de naissance ou a perdu la vue plus tard dans sa vie. Suivez les méditations destinées aux problèmes oculaires. Quelle que soit la cause de cette cécité, il est important que la lumière se rende aux yeux.

Cheveux

Qualité spirituelle reliée aux cheveux :	**Énergies à utiliser :**	
Antennes pour l'inspiration.	Flamme rouge orangé	Pure lumière blanche
	Feu bleu-blanc	Rayon bleu pastel

L'une des principales composantes du cheveu est la kératine, une protéine également présente dans les ongles. Même si les cheveux sont beaux à l'œil et au toucher, c'est essentiellement de la matière morte qui se dégage du corps. On trouve des poils sur bien des parties du corps, à l'intérieur comme à l'extérieur. La chevelure a une qualité spirituelle : elle sert d'antenne à l'inspiration. Une lueur aurique de lumière, qui entoure la chevelure, émane des follicules. Cette lueur aide à la réceptivité des idées qui jaillissent vers le corps mental. La calvitie n'a pas de véritable racine dans le schéma PMM. Le stress, la génétique et le régime alimentaire peuvent entraîner une perte de cheveux. Si vous avez des problèmes de cheveux, je recommande de travailler avec les énergies inspirantes afin de maintenir élevée votre force créative.

Prière méditative destinée à ouvrir la réceptivité à l'inspiration

Que le rayon bleu pastel de l'inspiration se dirige vers tous mes plans de conscience, surtout mon corps mental, afin d'ouvrir celui-ci au courant créatif de l'inspiration divine. Si je suis entêté ou que je manque de réceptivité au courant en provenance du Plus Haut, je demande que cette lumière stimule ma conscience spirituelle.

Cirrhose

Racine spirituelle (PMM) :	**Énergies à utiliser :**	
Aucun PMM ;	Flamme rouge orangé	Feu bleu-blanc
secondaire à d'autres maladies.	Pure lumière blanche	Rayon émeraude
	Rayon rubis	

La cirrhose du foie est une maladie dans laquelle le tissu normal du foie est détruit et remplacé par un tissu fibreux non fonctionnel. Plusieurs troubles du foie entraînent une cirrhose, mais l'une des causes les plus courantes est l'abus d'alcool. Parmi d'autres facteurs, mentionnons les troubles auto-immuns, le diabète et l'hépatite.

Parce que la cirrhose est le résultat d'autres troubles du foie, elle n'est pas reliée à un schéma PMM dans l'aura. Je recommande de suivre les applications de lumière destinées aux troubles du foie pour aider à réparer les zones lésées. Aussi, focalisez la lumière sur la maladie primordiale du foie.

Crise cardiaque		
Racine spirituelle (PMM) :	**Énergies à utiliser :**	
Grave déception.	Flamme rouge orangé	Feu bleu-blanc
	Pure lumière blanche	Rayon émeraude
	Rayon rose foncé	Rayon pourpre
	Baume de guérison de Gilead	

Une crise cardiaque se produit lorsque l'approvisionnement du cœur en sang est gravement et soudainement restreint ou interrompu, ce qui provoque une lésion ou la mort du muscle cardiaque par manque d'oxygène. Un caillot sanguin est la cause la plus courante de crise cardiaque. La gravité du manque de sang dans le cœur détermine les conséquences de la crise : lésion cardiaque ou mort.

La racine de nombreuses crises cardiaques dans le schéma PMM est une grave déception. Comme nous l'avons vu dans l'exemple donné au chapitre 3, lorsqu'une âme désire très fortement une chose qui lui est retirée, un tel abattement peut en découler que l'énergie spirituelle du cœur en est affaiblie, d'où la possibilité d'une crise cardiaque. Voilà pourquoi les enseignements spirituels du monde entier reconnaissent qu'il vaut mieux ne pas accorder trop d'amour et d'attention aux aspects temporels de la vie. L'idéal consiste à aimer inconditionnellement et sans attachement. Telle est l'essence de l'amour spirituel. Si quelqu'un prend trop à cœur une personne ou un emploi, par exemple, il peut devenir dépendant et se préparer à une déception si les choses ne fonctionnent pas comme il le veut. Quand on est déçu, on perd souvent tout désir d'exprimer l'amour, car on a perdu l'objet de notre affection. Cela crée dans l'aura une énergie très grise, surtout dans la région du cœur et de la tête.

Si vous affrontez une grave déception, vous devez immédiatement trouver des canaux d'expression de l'amour, en plus de travailler avec la lumière. Redoublez d'effort pour ressentir et exprimer l'amour. Gardez votre courant d'amour ouvert et recherchez davantage votre ultime source d'amour, Dieu.

Si vous avez souffert d'une crise cardiaque ou que vous en avez les symptômes, bien sûr vous devez d'abord aller consulter un médecin le plus tôt possible si ce n'est déjà fait. N'essayez pas de vous traiter seul. Si la situation a atteint un stade susceptible de mener à une crise cardiaque, allez chercher toute l'aide possible.

Comme travail avec la lumière, utilisez les énergies évoquées pour les problèmes cardiaques en général. Demandez que la lumière travaille surtout dans « les artères coronariennes afin de dégager toute obstruction ou tout empiètement, et de guérir cette zone ». (Les artères coronariennes sont les petits vaisseaux sanguins à la surface du cœur qui alimentent ce dernier en oxygène.)

De plus, à cause de la gravité de la situation, je recommande de recourir à une énergie très particulière qui agit directement sur le cœur. Ce pouvoir spirituel porte le nom de baume de guérison de Gilead, une résine renfermant une énergie très sacrée et très spécialisée, le plus souvent utilisée pour aider les gens aux prises avec un problème cardiaque. Je vois cette énergie sous la forme d'une lumière rose bleuâtre, mais elle apparaît avec une force de guérison très forte difficile à décrire. Chacun de nous a son propre flux de baume de guérison, scellé dans son Centre hermétique, jusqu'à ce qu'il soit activé par son Moi supérieur. On s'en sert lorsque les affaires de cœur ont tellement envahi le cœur et le centre du cœur, que celui-ci a besoin de ce rayon de guérison par l'amour. Dans le cas d'une crise cardiaque ou de quelque autre problème relié au cœur, je recommande fortement d'user de ce rayon.

Prière méditative destinée à guérir le cœur au moyen du baume de guérison de Gilead

Si c'est ta volonté, active le baume de guérison de Gilead à l'intérieur de mon Centre hermétique afin de guérir en profondeur toute tension et tout traumatisme installés dans mon cœur. Je demande que cette énergie guérisse les affaires de cœur dans lesquelles j'ai absorbé trop de vibrations extérieures, et par lesquelles je me sens blessé. Je demande aussi une ouverture du cœur, si j'ai retenu ou mal employé ma propre expression d'amour.

Défaillance cardiaque

Racine spirituelle (PMM) :	Énergies à utiliser :	
Ne pas aimer suffisamment.	Flamme rouge orangé	Feu bleu-blanc
	Pure lumière blanche	Rayon émeraude
	Rayon rose foncé	Baume de guérison de Gilead

La défaillance cardiaque signifie que le sang pompé par le cœur est insuffisant et ne peut suivre le rythme de sa charge de travail. C'est souvent le résultat d'une autre maladie du corps qui touche le cœur. L'incidence de défaillance cardiaque augmente malheureusement avec le temps. Même si, généralement, elle n'est pas fatale au départ, bien des gens qui la subissent en meurent finalement.

La racine PMM de la défaillance cardiaque se trouve dans le fait de ne pas montrer suffisamment d'amour. On n'utilise tout simplement pas l'énergie du cœur comme elle est censée l'être. On a peut-être de l'amour, mais pour une raison quelconque on le retient, ce qui a un effet sur la circulation du sang dans le corps. Pour compenser, le cœur doit alors travailler davantage et peut augmenter de taille pour tenter de garder la circulation sanguine à un niveau adéquat. Cependant, si cet état n'est pas corrigé, il finit par mener à un grave problème cardiaque, sinon à la mort.

Suivez les énergies décrites pour les états cardiaques, mais focalisez surtout sur le rayon d'amour. Si vous faites l'expérience d'une défaillance cardiaque, vous devez observer de très près votre circulation d'amour. Vous retenez-vous, pour une raison quelconque, d'exprimer de l'amour ? Êtes-vous mesquin ou cruel envers les gens ? Y a-t-il en vous une dureté du cœur, un manque de compassion ? Peut-être avez-vous du ressentiment contre une personne ou vis-à-vis d'une chose et retenez-vous de l'amour pour cette raison. Ou bien, après avoir été blessé par amour, peut-être pensez-vous que vous n'aimerez plus jamais. Quelle que soit la raison, relancez votre amour. Exprimez-le aux gens et dans les choses que vous faites. Et travaillez beaucoup avec le rose foncé de l'amour spirituel, jusqu'à ce que vous sentiez en vous une force d'amour continue. Dans cette situation, accordez également de l'attention à toute autre cause susceptible de nuire à la circulation du sang dans le cœur (voir « Problèmes sanguins et circulatoires).

Démence

Racine spirituelle (PMM) :	**Énergies à utiliser :**	
Égotisme.	Flamme rouge orangé	Feu bleu-blanc
	Lumière blanche	Rayon argenté
	Rayon jaune citron	Rayon pourpre
	Rayon rose foncé	Rayon incarnat
	Rayon doré	

La démence est une diminution du fonctionnement qui peut affecter toute région du cerveau, y compris la pensée et la mémoire. Bien que la démence puisse se développer à tout âge, surtout après une blessure grave, elle se présente généralement plus tard dans la vie et progresse lentement, menant à ce qu'on appelait jadis la « seconde enfance ». Les deux causes les plus courantes sont les petits accidents cérébrovasculaires successifs et la maladie d'Alzheimer, dans laquelle un tissu anormal se forme dans le cerveau, créant des enchevêtrements qui perturbent le signal entre les neurones, et finit par détruire ces derniers et réduire l'efficacité du reste.

On associe souvent la démence à la perte de mémoire. Il est certain que la mémoire est amoindrie, mais la démence va beaucoup plus loin. C'est un état cognitif dans lequel une partie du cerveau a été lésée ou détruite et ne peut tout simplement plus fonctionner. J'avais une cousine éloignée qui, un soir, revint un peu tard d'un rendez-vous. Elle était alors adolescente. Son père fut tellement furieux qu'il la frappa à plusieurs reprises ; elle subit alors une lésion cérébrale et fut atteinte de démence. La pauvre dut être institutionnalisée. Je me rappelle lui avoir rendu visite et lui avoir offert un sandwich. Elle rejeta le sandwich et essaya de manger le papier d'emballage.

Un fort élément karmique est habituellement relié à la démence, mais un schéma PMM peut nettement être présent, comme l'égotisme, dans lequel les gens se croient meilleurs que leurs pairs, d'une façon ou d'une autre. La maladie d'Alzheimer, la forme la plus grave de démence, indique aussi une forme plus grave du schéma PMM. Cette maladie est plus courante aujourd'hui, mais j'ai remarqué que les gens chez qui elle est diagnostiquée n'ont pas vraiment tous cette maladie. En effet, du point de vue physique, un problème chimique pourrait être causé par des conditions environnementales. Par ailleurs, selon le Plus Haut, nous trouverons un remède.

Comme pour toute maladie cérébrale, la démence n'affecte pas le centre mental au même degré, et j'insiste sur ce point. C'est la connexion entre le cerveau et l'esprit qui est touchée. Naturellement, il y a de la confusion et de la frustration dans le corps mental, mais c'est surtout parce que ceux qui sont atteints de démence ne peuvent comprendre pourquoi ils sont incapables d'exprimer convenablement leurs pensées.

Vous avez vraiment besoin de tous les rayons pour lutter contre la démence, car il y a tant à faire dans ce cas. Bien sûr, avec Dieu rien n'est impossible, mais le plus difficile est peut-être de demander à la lumière de régénérer des neurones lésés. Puisque le cerveau et les cellules nerveuses ne se divisent pas et ne se multiplient pas comme les autres, les neurones ne peuvent être remplacés s'ils ont été détruits. Il est certain que la lumière peut travailler sur le plan moléculaire du corps, en aidant le corps à retrouver la santé naturelle ; cependant, le renouvellement des neurones exige d'immenses capacités de guérison. Voilà pourquoi il vaut mieux commencer tôt à travailler avec les rayons, avant que cette maladie n'ait fait trop de ravages.

Travaillez avec tous les rayons recommandés pour les problèmes cérébraux, en ajoutant le rayon incarnat, afin de conserver la force vitale de vos neurones et de soulager la fatigue mentale. Si la démence est due à des accidents cérébrovasculaires, ajoutez la lumière recommandée dans ce cas.

Dépression

Racine spirituelle (PMM) :	**Énergies à utiliser :**	
Ne pas regarder la vie en face.	Flamme rouge orangé	Feu bleu-blanc
	Pure lumière blanche	Rayon rose foncé
	Rayon doré	

La dépression est généralement considérée comme un état mental et émotionnel, mais elle peut à coup sûr faire des ravages sur le corps ou résulter d'un déséquilibre physique. Dans l'aura, la dépression laisse une marque forte et évidente.

La dépression peut résulter du fait d'accepter trop de conditions extérieures, ce qui met une pression inutile sur le psychisme. En cas de dépression, le Centre hermétique est fort certainement affecté. Le principe spirituel nous enseigne que ce qui montre notre maturité spirituelle, ce n'est pas tant ce qui nous arrive que notre manière de le prendre. La couleur de la dépression est presque toujours le gris. Si cet état mental tourne au désespoir, il revêt alors une couleur d'un anthracite foncé, ou même d'un noir cendré si la personne a atteint les profondeurs du désespoir et est devenue suicidaire.

Avec la dépression, le schéma PMM peut entrer en jeu lorsque l'état affecte le corps physique. Dans ce cas, la racine PMM consiste à ne pas regarder la vie en face. Encore une fois, nous sommes censés participer à la vie et croître spirituellement. Lorsque quelque chose de pénible ou de difficile à supporter survient dans notre vie, nous préférons parfois l'éviter au lieu de l'affronter. En vérité, Dieu ne nous donne pas de défi auquel nous ne pouvons faire face, mais nous aggravons trop souvent ce défi.

Pour aborder la vie de front malgré la dépression, il faut du courage. Les applications de lumière décrites ici comprennent du travail qui apportera le courage ; elles focalisent sur la dépression dans son rapport au schéma PMM, mais fonctionnent bien quelle que soit la cause.

Prière méditative destinée à dégager la dépression

Que la flamme rouge orangé se dirige vers tous les niveaux de ma conscience afin de me purifier de la dépression, surtout là où elle a des répercussions sur mon corps physique. Je demande à cette lumière sacrée de dissoudre tous les nuages de l'inquiétude, de l'anxiété et de la dépression, et de balayer tous les atomes noirs et gris dans le règne minéral pour les dissoudre dans la lumière. Je demande aussi de focaliser cette force divine dans mon Centre hermétique en vue de dégager toute vibration négative que j'ai trop prise à cœur.

Puis, attirez de nouveau le feu bleu-blanc pour qu'il élève votre conscience. C'est sans contredit le rayon le plus efficace pour soulager la dépression. Je me rappelle la fois où j'ai été déprimée pendant presque deux semaines. À un moment donné, je me suis aperçue que je ne faisais pas appel à la lumière. J'ai donc amené le feu bleu-blanc et presque aussitôt j'ai ressenti un grand soulagement. Après cette expérience, j'ai développé un nouveau sentiment de respect envers la lumière.

Prière méditative destinée à élever la conscience

Que le feu bleu-blanc de la vie éternelle se dirige vers tous les plans de mon être pour me charger et me recharger d'une nouvelle force de vie. Je te demande d'envoyer le rayon bleu-blanc à mon Centre hermétique afin de dégager de mon cœur tout ce qu'il reste de dépression ou de lourdeur. Et laisse-moi me sentir renouvelé dans la Lumière divine. Je demande aussi que cette énergie atteigne mon corps physique pour le guérir et le rétablir dans ta santé et ta vigueur parfaites.

Ensuite, demandez à la lumière blanche d'aider à dégager ces zones tenaces qui veulent demeurer dans la tristesse et la dépression.

Prière méditative destinée à renouveler la conscience par la lumière blanche

Que la pure lumière blanche se dirige vers mes centres spirituels pour les élever en ta divine essence et dégager les zones tenaces qui résistent à la Lumière divine. Puisse cette lumière bénir mon corps afin qu'il abandonne cet état de conscience négatif source de ravages sur le plan physique.

Puis, je recommande d'attirer le rayon rose foncé en vue de créer un sentiment de joie. S'il y a aussi le stress du choc, vous pouvez également recourir au rayon pourpre.

Prière méditative destinée à apporter la joie par le rayon d'amour

Que le rayon rose foncé de l'amour spirituel se dirige vers mon centre spirituel et mon corps afin de m'élever et de susciter un état spirituel de joie véritable. Puissé-je sentir et accepter l'étreinte céleste de cette lumière aimante et compatissante.

Ensuite, complétez votre travail avec le rayon doré afin de renforcer votre conscience et d'avoir le courage d'affronter la vie.

Prière méditative destinée à renforcer la conscience

Que le rayon doré de la sagesse se dirige vers tous les plans de mon être afin de me remplir de ta force et de ton courage pour affronter la vie en face et maîtriser mes leçons spirituelles. Chaque fois que mon corps est faible par suite de la dépression, ou si la dépression résulte d'une souffrance physique, je demande à être fortifié dans la lumière et le renouvellement de la substance spirituelle.

Diabète

Racine spirituelle (PMM) :	**Énergies à utiliser :**	
Ne pas surmonter certaines choses.	Flamme rouge orangé	Feu bleu-blanc
	Pure lumière blanche	Rayon émeraude
	Rayon pourpre	Rayon doré

Le diabète est un état dans lequel le corps ne dégage pas, ou n'utilise pas, l'insuline comme il le devrait, ce qui entraîne des taux de sucre sanguin anormalement élevés. Dans le diabète de type 1, le pancréas ne produit presque pas d'insuline et la personne devient dépendante d'injections d'insuline. Dans le diabète de type 2, le pancréas produit trop peu d'insuline, ou le corps, pour quelque raison, développe une résistance à l'insuline, ce qui donne lieu à des taux de sucre élevés. Ce type 2 est de loin le plus courant.

Le régime alimentaire et le poids sont sans aucun doute des facteurs qui contribuent à un début de diabète. Vous êtes peut-être frustré et anxieux, et par conséquent vous mangez trop, ce qui peut conduire à cet état. Du point de vue spirituel, le schéma PMM relié au diabète est un désir de surmonter certaines choses tout en sentant que vous ne pouvez y parvenir. L'énergie de l'aura est grise. Vous avez peut-être l'impression qu'il y a trop d'adversité et que le monde est venu à bout de vous. Il peut être facile de se sentir dépassé par des soucis financiers ou personnels, mais une fois de plus, on doit apprendre à avoir confiance en Dieu. Chaque fois qu'on se laisse envahir par la peur ou l'anxiété, on s'écarte de la source divine. Et une partie du but, dans le fait de retrouver la santé après un diagnostic de diabète, consiste à avoir confiance en Dieu malgré les obstacles et la frustration que nous n'avons pas l'impression de maîtriser.

En travaillant avec la lumière, assurez-vous que celle-ci atteigne votre pancréas, votre sang, votre fonction cellulaire d'absorption du glucose, et votre fonction rénale d'élimination du sucre. Je recommande aussi de travailler sur votre centre émotionnel, car la frustration et l'anxiété peuvent être reliées au diabète.

Prière méditative destinée à dégager le diabète

Que la flamme rouge orangé se dirige vers mon pancréas, ma circulation sanguine et mes cellules afin de me libérer de toutes les énergies destructrices qui interfèrent avec la circulation normale et le transfert de glucose vers mes cellules. Que cette lumière touche fortement mon centre émotionnel pour le nettoyer des frustrations et de l'anxiété, afin que tout échange malsain d'énergie relié à mon centre émotionnel et à mon pancréas soit évacué dans le règne minéral et dissous dans la lumière.

Ensuite, attirez le feu bleu-blanc en vue de renforcer et de travailler la circulation chimique dans votre corps, comme les sécrétions du pancréas, dans le but de normaliser vos taux d'insuline et de glucose.

Prière méditative destinée à guérir des états diabétiques

Que le feu bleu-blanc de la vie éternelle se dirige vers tous les plans de mon être afin de me charger et de me recharger d'une nouvelle force vitale. Je demande que cette lumière atteigne particulièrement mon pancréas pour le guérir et en rétablir la parfaite santé. Puisse cette lumière atteindre directement mon système sanguin, afin de guérir la chimie corporelle de mon sang, et mes cellules, pour qu'elles soient réceptives au glucose dont elles ont besoin pour fonctionner de manière optimale.

Puis, demandez à la lumière blanche de vous aider à élever votre conscience et à réparer les zones lésées de votre corps.

Prière méditative destinée à renouveler la conscience

Que la pure lumière blanche imprégnée de substance spirituelle se dirige vers mon corps et mes centres spirituels en vue de les élever dans ta pureté divine. Je demande que cette lumière soit dirigée vers les molécules de mon corps afin de réparer toute zone affectée reliée à un état diabétique, surtout dans mes vaisseaux sanguins, mon pancréas, mes yeux et mes reins.

Ensuite, vous aurez besoin de la lumière émeraude visant à équilibrer toutes les fonctions et tous les systèmes de votre corps, surtout si le diabète résulte d'une résistance à l'insuline.

Prière méditative destinée à harmoniser les taux d'insuline et de glucose dans le corps

Que le rayon émeraude de l'équilibre et de l'harmonie se dirige vers tous mes plans de conscience de façon à les stabiliser. Que ce rayon de pouvoir équilibré s'imprègne de substance spirituelle et atteigne ma chimie corporelle afin d'harmoniser mes taux d'insuline et de glucose pour que mon sucre sanguin soit aisément assimilé par les cellules de mon corps.

Puis, je recommande d'attirer la lumière rose foncé afin de créer un sentiment de compassion. Comme les gens atteints de diabète sont souvent durs envers eux-mêmes, ou ont un manque d'amour de soi, cette énergie peut les aider.

Prière méditative destinée à susciter de l'amour dans le corps

Que le rayon rose foncé de l'amour spirituel se dirige vers mes centres spirituels et mon corps afin de m'élever et de produire un état spirituel de joie et de compassion. Je demande que cette lumière aide à établir mon sentiment de valeur et de dignité, et à reconnaître que je suis une part essentielle de la création de Dieu.

Ensuite, complétez votre travail par le rayon doré pour renforcer votre conscience et votre confiance en Dieu en ayant la certitude que les choses se régleront.

Prière méditative destinée à renforcer la conscience

Que le rayon doré de la lumière de sagesse se dirige vers tous les niveaux de mon être afin de me remplir de ta force et de ton courage, pour vaincre et maîtriser tout défi que la vie me présente. Je demande d'être rempli de confiance et de foi en Dieu.

Diphtérie

Racine spirituelle (PMM) :	Énergies à utiliser :	
Cruauté.	Flamme rouge orangé	Feu bleu-blanc
	Pure lumière blanche	Rayon incarnat
	Rayon émeraude	Rayon doré
	Rayon rose foncé	

La diphtérie est une maladie bactérienne, contagieuse et potentiellement mortelle qui affecte la gorge, les voies respiratoires, le cœur et le système nerveux central. À une époque, c'était l'une des causes premières de décès chez les enfants. Heureusement, maintenant que des vaccins sont disponibles, on dénombre très peu de cas dans la plupart des pays développés. Mais les bactéries sont encore là, répandues en Russie et d'autres pays de l'ex-Union soviétique.

Chez les adultes, la racine PMM de la diphtérie est la cruauté. C'est l'une des pires vibrations qu'on puisse voir dans l'aura. Elle se présente sous la forme d'une énergie très sombre d'un brun cacao sale. Le corps émotionnel de la personne atteinte est habituellement troublé, et cette dernière peut être très méchante, mesquine et égocentrique. Il n'est pas étonnant qu'une énergie aussi malsaine puisse créer une maladie mortelle dans l'aura.

En travaillant avec la lumière, utilisez les méditations qui se rapportent aux infections. Mettez un accent particulier sur le dégagement de la pseudomembrane formée par la bactérie dans la gorge et de toute toxine dégagée par ce type de bactérie susceptible de se répandre dans votre cœur et vos nerfs. De plus, récitez la prière méditative qui suit pour éliminer la cruauté de votre conscience au moyen du rayon rose foncé.

> Que le rose foncé de l'amour spirituel se dirige vers tous mes centres spirituels, surtout mon centre émotionnel, afin d'éliminer de ma conscience toute cruauté ou méchanceté. Évacue ces affreuses vibrations dans le règne minéral et dissous-les dans la lumière. Je demande pardon à tous ceux envers qui j'ai manqué de gentillesse et je demande aussi que cette lumière d'amour m'ouvre à la compassion pour les autres afin que je sois gentil et généreux avec eux.

Douleur thoracique (angine de poitrine)

Racine spirituelle (PMM) :	**Énergies à utiliser :**	
Déception.	Flamme rouge orangé	Feu bleu-blanc
	Pure lumière blanche	Rayon émeraude
	Rayon rose foncé	Rayon pourpre foncé

La douleur thoracique est un état temporaire causé par un manque d'oxygène dans le muscle cardiaque. La racine PMM est la déception, mais la déception n'est pas aussi grave qu'avec le cœur. Suivez les recommandations données pour les crises cardiaques.

Emphysème

Racine spirituelle (PMM) :	**Énergies à utiliser :**	
Manque chronique du désir d'accomplir.	Flamme rouge orangé	Feu bleu-blanc
	Rayon incarnat	

L'emphysème, une maladie pulmonaire obstructive chronique, est la quatrième cause de décès aux États-Unis. Le tabac en est la cause majeure, mais la pollution de l'air, d'autres facteurs environnementaux, ainsi que la génétique peuvent également contribuer à la maladie.

Dans les cas d'emphysème, les alvéoles – de minuscules sacs d'air – des poumons deviennent distendues et éclatent, ce qui engendre une difficulté respiratoire. Dans cette condition, les poumons perdent leur élasticité (comme un élastique usé) ; ainsi, des zones des poumons s'agrandissent et donnent son nom à la maladie. (*Emphysème* vient d'un mot grec signifiant « inflation ».) Par conséquent, trop peu d'oxygène se rend dans le sang et il est alors difficile de se débarrasser du dioxyde de carbone. Les gens atteints d'emphysème doivent expulser de force l'air de leurs poumons, ce qui fait pression sur leurs voies respiratoires et finit par les faire s'affaisser et se déchirer.

Du point de vue spirituel, la racine PMM de l'emphysème est un désir chronique de ne pas accomplir, comme dans le cas de la bronchite, mais dans ce cas-ci, la maladie est présente depuis un certain temps. Les gens qui expriment ce schéma PMM ont développé un comportement de victime et freinent leur potentiel. Ils ont peut-être un emploi qui ne remplit pas leur vie, mais leur procure une forme de contentement de soi quant à leur raison d'être. En tant qu'élèves en spiritualité, nous devons nous rappeler que la vie est une école et qu'il nous faut garder les choses vivantes en trouvant toujours des moyens de nous mettre au défi et de rester en croissance.

Utilisez les prières méditatives propres aux problèmes respiratoires et assurez-vous que la lumière et la substance spirituelle se rendent dans les alvéoles de vos poumons pour permettre à celles-ci de redevenir plus élastiques. Incluez aussi la prière méditative liée à l'enthousiasme (voir la rubrique Bronchite).

Épilepsie

Racine spirituelle (PMM) :	**Énergies à utiliser :**	
Autodestruction.	Flamme rouge orangé	Feu bleu-blanc
	Lumière blanche	Rayon jaune citron
	Rayon pourpre	Rayon doré
	Rayon argenté	

L'épilepsie est un problème cérébral caractérisé par des crises soudaines et récurrentes causées par des décharges électriques anormales dans le cerveau. La racine de l'épilepsie reliée au schéma PMM chez les adultes est l'autodestruction. Il s'agit d'un état mental et émotionnel exprimant un manque d'estime de soi. L'énergie de l'aura apparaît alors sous la forme d'une lumière d'un gris foncé. Toutes les énergies recommandées dans le cas de problèmes cérébraux s'appliquent ici. Focalisez la lumière sur le courant électrique de votre cerveau. Je suggère aussi de beaucoup travailler avec la lumière dorée afin d'augmenter l'estime de soi et d'aider à rétablir un sentiment de dignité.

Fibromyalgie

Racine spirituelle (PMM) :	Énergies à utiliser :	
Pensée ou sentiment destructeurs.	Flamme rouge orangé	Rayon jaune citron
	Feu bleu-blanc	Rayon pourpre
	Pure lumière blanche	Rayon incarnat
	Rayon argenté	

La fibromyalgie regroupe divers problèmes de douleur chronique caractérisés par des douleurs musculosquelettiques, de la douleur et de la rigidité, une sensibilité des tissus mous, de la fatigue et des problèmes de sommeil. La cause en est encore inconnue, et cet état n'est pas facile à diagnostiquer avec justesse. Parmi les causes possibles, mentionnons les accidents, les infections virales et bactériennes, et les maladies auto-immunes. La fibromyalgie partage bien des symptômes avec le syndrome de fatigue chronique. Même si elle est difficile à reconnaître, elle semble maintenant plus souvent diagnostiquée que par le passé.

Du point de vue de l'aura, je ne vois aucun type unique de schéma PMM à l'origine de cet état. Il peut très certainement y en avoir un relié à la fibromyalgie, mais il semble que plus d'un schéma PMM soit en cause.

Si vous affrontez cet état insaisissable et difficile, je suggère de travailler avec la lumière comme vous le feriez pour le syndrome de fatigue chronique, mais en focalisant la lumière sur les tissus mous de votre corps. Vous pourriez combiner ce travail de lumière avec les prières méditatives propres aux problèmes musculaires, neurologiques et endocriniens, et même aux infections. Surveillez soigneusement vos schémas mentaux et émotionnels afin de voir s'il y a là quelque chose qui contribue à cet état. Y a-t-il des frustrations, de la colère ou du ressentiment ? Faites aussi une méditation particulière pour demander au Plus Haut de vous révéler ce qu'il est possible de faire pour guérir cet état (voir le chapitre 8, « Exercices destinés à soulager et à renforcer le corps »).

Prière méditative destinée à éclairer l'esprit

Que le rayon doré de la lumière de sagesse se dirige vers mon mental afin d'éclairer mon esprit et de m'amener à comprendre mon état et les moyens de guérison qui s'offrent à moi. Que cette lumière dégage toute résistance à tes conseils, que je sois réceptif à l'inspiration donnée, et que j'agisse de manière décisive sur les conseils de cette lumière. Je le demande en ton nom sacré.

Fièvre écarlate

Racine spirituelle (PMM) :	Énergies à utiliser :	
Jalousie.	Flamme rouge orangé	Feu bleu-blanc
	Pure lumière blanche	Rayon incarnat
	Rayon émeraude	Rayon doré

La fièvre écarlate est causée par le streptocoque, une bactérie susceptible de provoquer plusieurs maladies, dont l'angine et la pneumonie. Dans le cas de la fièvre écarlate, les bactéries dégagent des toxines qui causent une rougeur accompagnée d'une forte fièvre (d'où le nom).

Chez les adultes, la racine PMM de la fièvre écarlate est une jalousie dévorante. La jalousie apparaît dans l'aura sous la forme d'une énergie avocat, laide et foncée. Si les gens pouvaient voir cette énergie lorsqu'ils se laissent emporter par la jalousie, ils y songeraient à deux fois avant de succomber à une émotion aussi malsaine. C'est véritablement un monstre aux yeux verts capable de dévorer votre être si vous le lui permettez.

Pour affronter cet état, appliquez la lumière propre aux infections. Demandez surtout qu'elle vous débarrasse de la jalousie chaque fois que celle-ci réside dans votre conscience. La lumière émeraude est fort utile dans ce cas, et j'inclus ci-dessous une prière méditative spéciale visant à aider.

Prière méditative destinée à équilibrer la conscience au moyen du rayon émeraude

Dirige le rayon émeraude vers mes centres spirituels et mon corps afin d'égaliser tous les aspects de mon être. Chaque fois que je laisse la jalousie me déstabiliser, je demande à l'essence divine de ce rayon émeraude de me ramener au rythme spirituel de la vie et d'établir l'harmonie entre l'esprit, le corps et l'âme.

Hypercholestérolémie

Racine spirituelle (PMM) :	**Énergies à utiliser :**	
Aucune.	Flamme rouge orangé	Feu bleu-blanc
	Pure lumière blanche	

Le cholestérol est une substance cristalline et blanche que l'on retrouve parmi les lipides (les gras) du système sanguin et dans les cellules. C'est une part naturelle et essentielle d'un corps sain. Il sert à la formation de membranes cellulaires et à la production de certaines hormones, entre autres fonctions. Cependant, un excès de cholestérol dans le sang peut mener à toutes sortes de troubles cardiovasculaires, y compris l'athérosclérose et la crise cardiaque.

Je n'ai découvert aucun schéma PMM relié à l'hypercholestérolémie. Encore une fois, cette affection peut être une conséquence d'autres schémas PMM comme le diabète. La défaillance rénale et les maladies du foie peuvent constituer des facteurs prépondérants. Naturellement, l'un de ces facteurs est le régime alimentaire ; la génétique joue aussi un rôle. Si vous souffrez d'un excès de cholestérol, travaillez avec la lumière comme pour tout trouble sanguin. Si vous avez d'autres problèmes – du diabète, ou une maladie du foie ou des reins –, suivez également les recommandations les concernant.

Hypertension

Racine spirituelle (PMM) :	**Énergies à utiliser :**	
Aucune. Stress physique.	Flamme rouge orangé	Feu bleu-blanc
	Pure lumière blanche	Rayon rouge incarnat
	Rayon pourpre	

L'hypertension se produit lorsque la tension artérielle est anormalement élevée. Il est essentiel de garder une tension artérielle appropriée. Si cette tension est trop élevée, elle peut rompre un vaisseau sanguin, ce qui peut mener à un accident cardiovasculaire. Si, au contraire, elle est trop basse, les cellules ne reçoivent pas assez d'oxygène. À ma connaissance, l'hypertension n'a pas de racine véritable dans le schéma PMM. L'ego est certainement en cause. Lorsque les gens sont en colère, ils rougissent, ce qui affecte le sang et peut certainement mener à l'hypertension, mais c'est davantage une question de comportement, et cela n'implique pas le processus du transfert d'énergie négative vers et à partir du corps astral. L'hypertension repose surtout sur le stress physique.

Si vous êtes atteint d'hypertension, commencez par la flamme rouge orangé afin de dégager toute énergie négative reliée à cet état.

Prière méditative destinée à purifier de l'énergie négative reliée à la tension artérielle

Que la flamme rouge orangé de la purification se dirige vers mon sang et tous les aspects de ma circulation sanguine en évacuant les atomes noirs et gris et les toxines spirituelles reliées à l'hypertension. Je demande que toute tension ou toute vibration de l'ego qui affecte la tension artérielle soit nettoyée dans cette lumière purificatrice.

Ensuite, attirez le feu bleu-blanc pour une nouvelle force vitale et une nouvelle guérison.

Prière méditative destinée à réapprovisionner la circulation sanguine

Que le feu bleu-blanc de la vie éternelle se dirige de façon à ce qu'il charge et recharge ma circulation sanguine d'une nouvelle force de vie. Dégage-la de toute vibration inférieure, puis guéris et ramène la tension artérielle à son fonctionnement optimal.

Lorsque vous en aurez terminé avec le feu bleu-blanc, attirez la pure lumière blanche pour élever vibratoirement la structure sanguine et atomique.

Prière méditative destinée à stabiliser la circulation sanguine

Que la pure lumière blanche se dirige vers mon système sanguin afin de guérir ou de réparer toute zone lésée. Que cette lumière blanche améliore mes artères et ma circulation sanguine chaque fois qu'elles sont désynchronisées. Je demande de sentir la pureté de cette lumière travailler tous les aspects de mon corps et de ma conscience.

Puis, attirez le rayon incarnat afin de recharger votre sang s'il est trop lent pour quelque raison que ce soit.

Prière méditative destinée à recharger le sang

Que le rayon incarnat de la vitalité se dirige vers ma circulation sanguine et mes artères pour recharger et revitaliser mon sang dans cette divine énergie sacrée. Je demande que tout mon système cardiovasculaire soit stimulé par l'énergie afin qu'elle lui apporte entrain et vigueur.

Enfin, attirez le rayon pourpre de la paix pour éliminer tout stress qui pourrait avoir contribué à votre hypertension.

Prière méditative destinée à soulager le stress

Que le rayon pourpre de la paix se dirige vers tout mon système cardiovasculaire pour soulager tout stress et toute pression physique qui inhibe la circulation naturelle dans mes artères. Je demande que ce rayon de paix atteigne tous mes centres spirituels afin de dégager le stress mental et émotionnel partout dans ma conscience.

Hypoglycémie

Racine spirituelle (PMM) :	Énergies à utiliser :	
Essayer de trop faire.	Flamme rouge orangé	Feu bleu-blanc
	Pure lumière blanche	Rayon émeraude
	Rayon pourpre	Rayon doré

Dans l'hypoglycémie, le taux de sucre (glucose) du sang est trop bas. Tandis que dans le diabète, le pancréas produit peut-être trop peu d'insuline, dans le cas de l'hypoglycémie, il pourrait en produire trop, ce qui entraîne des taux de sucre trop bas. L'hypoglycémie peut être reliée au régime alimentaire ainsi qu'au stress, ou provoquée par des médicaments.

Le schéma PMM relié à l'hypoglycémie consiste à vouloir trop faire. Lorsque le corps est surutilisé, il devient surchargé. Les énergies auriques reliées à cet état peuvent varier selon la motivation. Si la personne est trop ambitieuse, son aura a une énergie orange foncé. Si elle est dominatrice, son aura a une énergie de couleur chocolat. Si la motivation provient de la peur ou de l'anxiété, il y a du gris. Un bourreau de travail court le risque d'être atteint d'hypoglycémie. Dans votre enthousiasme à poursuivre vos buts et vos rêves, faire preuve de zèle et de dévouement est correct, mais non au détriment de votre santé et du bien-être de votre entourage. Vous devez garder un équilibre dans toutes vos activités ; écoutez les signaux de votre corps. Ne laissez pas l'anxiété imposer à votre conscience une pression pouvant dérégler votre chimie corporelle.

Je vous suggère d'utiliser les mêmes énergies que dans le cas du diabète, puisque vous avez affaire aux mêmes régions du corps, et de demander à la lumière d'équilibrer la chimie corporelle pour pondérer l'insuline et le glucose. Vous pouvez également travailler avec les prières méditatives propres au système endocrinien, puisque le pancréas est atteint. Assurez-vous de demander aussi à la lumière de fonctionner dans vos centres spirituels afin de dégager toute pression ou tout stress que vous imposez à votre conscience et à votre corps, et d'équilibrer vos activités pour que les choses suivent un rythme plus proche de la spiritualité.

Infections

Racine spirituelle (PMM) :	**Énergies à utiliser :**	
Diverses.	Flamme rouge orangé	Feu bleu-blanc
	Pure lumière blanche	Rayon incarnat
	Rayon émeraude	Rayon doré

La plupart des infections sont causées par des microorganismes qui envahissent le corps et se multiplient. Ils adhèrent aux cellules et peuvent se multiplier et submerger le système immunitaire, ou produire des toxines ou des enzymes qui affectent le corps. Les microorganismes font partie de la vie. Ils habitent notre corps et se trouvent aussi dans la nourriture, l'eau et l'air. Normalement, ces organismes ne nous nuisent pas et ne sont pas des sources d'infection. Seul un infime pourcentage de microbes présente un danger pour nous.

Du point de vue spirituel, nous créons souvent dans notre corps un milieu qui perturbe l'équilibre de ces microorganismes et permet à des virus destructeurs de l'envahir, de se multiplier et de s'en emparer. Dans des conditions normales, nous pouvons tous être exposés à un virus ou à une bactérie et ne pas devenir infectés si nous ne laissons pas notre conscience créer le milieu qui permet une telle invasion. Pour que les schémas PMM s'installent, il a fallu que nous baissions la garde, spirituellement, affaiblissant ainsi les défenses naturelles du corps et permettant à l'organisme envahisseur de se développer.

Certains états précis, mentaux et émotionnels, contribuent à des infections précises, mais il n'y a pas encore de schéma PMM unique pour les infections en général. Il existe toutefois un groupe de maladies infectieuses – l'hépatite, la typhoïde, la méningite, le choléra, la malaria, la rougeole et la fièvre jaune – qui sont simplement d'ordre physique et n'ont aucune racine PMM. Nombre de ces maladies résultent de mauvaises conditions de vie, mais même dans ce cas la lumière est extrêmement utile.

Travaillez d'abord avec la flamme rouge orangé. Elle détruit l'énergie négative qui a créé le milieu permettant à l'envahisseur de s'installer. Ce rayon ne tue pas le virus hostile ni la bactérie, mais peut éliminer l'énergie négative dont se nourrit le microorganisme agresseur, et l'amener à quitter son hôte. Ainsi, le corps peut naturellement se débarrasser de l'indésirable. La flamme rouge orangé est aussi excellente pour éliminer les toxines possiblement créées par ces organismes, ce qui facilite grandement le processus de guérison.

Prière méditative destinée à purifier le corps

Que la flamme rouge orangé de purification se dirige vers mon corps, le dégageant ainsi des vibrations destructrices qui ont laissé place à l'infection. Je demande à la flamme rouge orangé de me dégager des toxines spirituelles qui s'ajoutent à toute souffrance et de nettoyer mon corps de toute vibration destructrice qui submerge mon système immunitaire. Évacue tous ces atomes noirs et gris dans le règne minéral et dissous-les dans la lumière.

Ensuite, attirez le feu bleu-blanc pour renouveler la force de vie de votre corps. Demandez que cette lumière guérisse les régions affectées de votre corps et aide à y générer une nouvelle vibration saine. Que cette énergie recharge également votre système immunitaire et lui enseigne à mieux contrer ce problème (c'est presque là une vaccination spirituelle).

Prière méditative destinée à guérir le corps

Que le feu bleu-blanc de la vie éternelle se dirige vers tous les aspects de mon corps pour charger et recharger celui-ci d'une nouvelle force vitale, créant ainsi un milieu sain dans tous les aspects de ma structure physique. Je te demande de charger et de recharger également mon système immunitaire d'une nouvelle force vitale afin de l'aider à lutter contre tout organisme qui l'anéantit ou l'affaiblit.

Prenez votre temps avec le feu bleu-blanc et sentez-le vraiment remplir votre corps. Lorsque vous aurez fini, faites entrer la lumière blanche pour le renforcer grandement et réparer les cellules endommagées.

Prière méditative destinée à renforcer le corps au moyen de la lumière blanche

Que la pure lumière blanche se dirige vers tous les aspects de mon corps afin d'élever celui-ci dans ta divine essence. Je demande que la lumière blanche répare la structure moléculaire du corps.

Ensuite, faites entrer la lumière incarnate, car les infections peuvent dévitaliser le corps.

Prière méditative destinée à recharger le corps

Que le rayon incarnat se dirige vers tous les aspects de mon corps afin de les remagnétiser et de les recharger. Je lui demande de pleinement recharger les fonctions cellulaires dévitalisées.

Prière méditative destinée à équilibrer les fonctions corporelles

Que le rayon émeraude se dirige vers mon corps afin de redonner à ce dernier son état naturel d'équilibre et d'harmonie. Dégage mon corps de toute dissonance et tout déséquilibre ayant créé la souffrance physique, et laisse-moi revenir à une parfaite harmonie de l'esprit, du corps et de l'âme.

Puis, terminez par le rayon doré afin de renforcer votre corps, de même que vos centres mental et émotionnel, et de penser et sentir en termes de santé et de bien-être.

Prière méditative destinée à renforcer le corps

Que le rayon doré de la lumière de sagesse se dirige vers mon corps afin de le renforcer par ta sagesse et ta puissance divine. Dirige-le surtout vers mon système immunitaire pour qu'il fonctionne de façon optimale. Je demande que mes centres mentaux et émotionnels soient renforcés dans cette lumière dorée. Ainsi, ils pourront demeurer concentrés sur ma santé parfaite et accomplir leur tâche d'entretien de ma santé.

Influenza (grippe)		
Racine spirituelle (PMM) :	**Énergies à utiliser :**	
Manque d'attention à l'égard des affaires courantes.	Flamme rouge orangé	Feu bleu-blanc
	Pure lumière blanche	Rayon incarnat
	Rayon émeraude	Rayon doré

La grippe est une infection virale aiguë et contagieuse qui affecte le système respiratoire. À une époque, l'influenza – autre nom de la grippe – fut un grave problème de santé publique, et il y eut de nombreuses épidémies. Aujourd'hui, même si la grippe est moins menaçante pour la santé publique, bien des gens l'attrapent.

Le schéma PMM relié à la grippe est celui du rhume – ne pas accorder d'attention aux affaires courantes –, mais son état est plus grave. Si vous avez la grippe, je vous suggère nettement d'examiner ce qui se passe dans votre vie. Y a-t-il une question dont vous ne vous occupez pas ? Suivez les applications de lumière propres à un rhume, mais accordez une plus grande attention à votre système respiratoire.

Jaunisse		
Racine spirituelle (PMM) :	**Énergies à utiliser :**	
Aucune.	Flamme rouge orangé	Feu bleu-blanc
	Pure lumière blanche	Rayon émeraude
	Rayon rubis	

La jaunisse est un trouble du foie dans lequel des taux sanguins élevés de pigment biliaire – ou bilirubine – entraînent une décoloration jaunâtre de la peau et des yeux. L'hépatite en est une cause majeure. À ma connaissance, aucun schéma PMM n'est associé à la jaunisse, laquelle semble découler d'autres états du corps. Suivez les prières méditatives relatives aux problèmes du foie. Incluez également les prières pour les troubles du sang, en vous assurant d'effectuer un nettoyage complet de votre sang et une accumulation de force vitale nouvelle afin de le renforcer.

Leucémie

Racine spirituelle (PMM) :	Énergies à utiliser :	
Orgueil.	Flamme rouge orangé	Feu bleu-blanc
	Rayon incarnat	Pure lumière blanche
	Rayon émeraude	Flamme violette
	Rayon rose foncé	

La leucémie est le cancer des globules blancs. Elle débute dans la moelle osseuse, où des cellules souches forment les globules blancs. Puis elle apparaît lorsque ces cellules souches, qui se changent en globules blancs, se développent anormalement et deviennent cancéreuses. Laissées à elles-mêmes, ces cellules malignes finissent par remplacer les cellules saines dans les os et peuvent envahir d'autres organes, y compris le foie et la rate, ainsi que les ganglions lymphatiques.

Le schéma PMM relié à la leucémie chez les adultes est l'orgueil écrasant, compliqué par une faiblesse dans le sang. L'orgueil est une émotion délicate que chacun peut se sentir justifié d'exprimer, mais il faut prendre garde de ne pas le laisser s'emparer de soi. Dans l'aura, l'énergie d'un orgueil écrasant est de couleur orange foncé. Une énergie avocat peut aussi ressortir. Et si la personne est également dominatrice, une énergie cacao apparaît.

Utilisez la prière méditative propre au cancer. Concentrez la lumière sur votre moelle osseuse, surtout les cellules souches corrompues qui créent cet état. Si ce cancer a produit des métastases dans d'autres parties du corps, dirigez aussi la lumière à ces endroits. De plus, travaillez avec le rose foncé pour ouvrir votre compassion et vous dégager de l'orgueil.

Prière méditative destinée à renforcer la compassion

Dirige le rayon rose foncé de l'amour spirituel vers tous les aspects de mon corps et de ma conscience afin d'ouvrir en moi un courant d'amour et de compassion envers autrui. Libère-moi d'un orgueil écrasant qui m'incite à me placer au-dessus des autres. Puissé-je me sentir humble en présence de cette Lumière divine et reconnaître que c'est Dieu en moi qui manifeste mes succès.

Mains, bras et épaules		
Qualité spirituelle des mains, bras et épaules :	**Énergies à utiliser :**	
Actions.	Flamme rouge orangé	Pure lumière blanche
	Feu bleu-blanc	

Les mains, les bras et les épaules sont ici regroupés parce qu'ils partagent des qualités spirituelles semblables et bénéficient tous des mêmes rayons d'énergie. Les mains représentent nos actions. Nos bras et nos jambes sont l'extension physique de nos pensées et de nos choix d'action. Lorsque le Christ enseignait de rester sur la voie spirituelle, il parlait de « mettre la main à la charrue ». Les bras constituent le prolongement de nos pensées et le soutien de nos mains. Les coudes seraient donc le point médian ou d'équilibre dans nos actes, soit la modération. Et les épaules, qui, du point de vue musculaire, ont chacune l'une des articulations les plus compliquées du corps, représentent notre capacité d'endosser nos actes. Atlas portait le monde sur ses épaules, et nous parlons souvent d'endosser notre responsabilité.

Si vous avez des problèmes aux mains, voyez comment vous mettez vos idées en action. Manquez-vous à votre devoir ? Si vous avez des problèmes aux épaules, en faites-vous trop, essayant de porter le monde sur vos épaules ? Les problèmes aux coudes peuvent indiquer que vous n'êtes pas impartial dans vos gestes.

Maladie de Parkinson		
Racine spirituelle (PMM) :	**Énergies à utiliser :**	
Critique.	Flamme rouge orangé	Feu bleu-blanc
	Lumière blanche	Rayon argenté
	Rayon citron	Rayon pourpre
	Rayon doré	

La maladie de Parkinson est un trouble dégénératif de l'encéphale. À la base du cerveau se trouve un ensemble de cellules nerveuses appelé noyau gris central. Ces cellules aident à assouplir les mouvements corporels en produisant la dopamine, un neurotransmetteur. Dans la maladie de Parkinson, les cellules du noyau gris central dégénèrent, réduisant ainsi la production de dopamine.

Par conséquent, le mouvement physique devient faible et rigide, et le visage montre peu d'expression.

Le schéma PMM relié à la maladie de Parkinson est la critique. Une critique dure peut engendrer des étincelles d'énergies noires dans l'aura si elle est malicieuse. Elle peut également donner lieu à un rayon d'un brun cacao s'il y a un sentiment de cruauté ou de plaisir dans le fait d'être hautement critique envers les autres. Le karma est une cause majeure de la maladie de Parkinson.

Travaillez avec les énergies utilisées dans le cas de troubles du cerveau et focalisez la lumière sur le noyau gris central pour aider les cellules à guérir et à stimuler la production de dopamine. Envoyez aussi de la lumière sur vos nerfs et vos muscles si le problème s'est aggravé. Puis, observez votre attitude à l'égard d'autrui. Si vous êtes enclin à critiquer, méditez avec le rose foncé pour élever votre compassion pour les autres. Apprenez à être encourageant et attentionné. Cherchez ce qu'il y a de mieux chez les gens, et négligez leurs défauts. Comme pour d'autres types d'états dégénératifs, la clé consiste à amener la lumière à travailler pour vous afin de prévenir toute dégénération supplémentaire.

Maladies auto-immunes

Racine spirituelle (PMM) :	**Énergies à utiliser :**	
Essayer de s'en prendre	Flamme rouge orangé	Feu bleu-blanc
à soi-même.	Pure lumière blanche	Rayon émeraude
	Flamme violette	Rayon rose foncé
	Rayon argenté	Rayon doré

Dans les états auto-immuns, le système immunitaire attaque le tissu même du corps. Dans ces cas, le système immunitaire se méprend, ou fait défaut d'une manière quelconque, traite le tissu même du corps comme un virus infectieux, et crée des anticorps en vue de combattre ce tissu. Le corps lutte essentiellement contre lui-même. La recherche démontre qu'une composante génétique, potentiellement héréditaire, peut également être en cause.

Des racines PMM individuelles correspondent à divers problèmes auto-immuns, mais en général ces derniers peuvent venir du fait qu'on essaie de s'en prendre à soi-même, qu'on est en colère contre soi, qu'on manque d'indulgence ou d'estime envers soi, qu'on se punit, ou qu'on entretient de la culpabilité.

On peut utiliser plusieurs types d'énergie pour le travail de guérison relié aux problèmes auto-immuns, car on a affaire ici à plusieurs choses en même temps : la racine PMM, la réaction du système immunitaire, et la zone atteinte. La lumière est particulièrement efficace dans le cas des problèmes auto-immuns, surtout si on les décèle suffisamment tôt. Commencez par la flamme rouge orangé pour interrompre la dynamique destructrice qui génère le problème au départ.

Prière méditative destinée à purifier le corps et le système immunitaire

Que la flamme rouge orangé de la purification se dirige maintenant vers tous les aspects de mon corps et de mon système immunitaire. Que ce rayon purificateur interrompe toute dynamique négative engendrée dans mon corps physique. Je demande que la flamme rouge orangé dégage toute colère dirigée contre moi qui contribue à tout état négatif dans mon corps. Prends tous les atomes noirs et gris, et dissous-les dans le règne minéral, grâce à la lumière.

Ensuite, travaillez à guérir votre système immunitaire avec le feu bleu-blanc.

Prière méditative pour guérir le système immunitaire avec une nouvelle force vitale

Que le feu bleu-blanc de la vie éternelle se dirige maintenant vers mon corps de façon à le charger et à le recharger d'une nouvelle force vitale. Je demande que cette énergie vitalisante atteigne mon système immunitaire en vue de guérir les signaux confus et les instructions mal éclairées. Que cette énergie se rende également dans la zone affectée de mon corps afin de redonner au tissu corporel son état de santé naturel.

La lumière blanche est nécessaire pour aider votre corps à retrouver la bonne voie.

Prière méditative destinée à élever le corps avec la lumière blanche

Que la pure lumière blanche se dirige vers mon système immunitaire de façon à le charger et à le renforcer dans ta pureté et ta divine essence. Je demande que cette lumière aide à renverser tout état négatif généré dans mon corps, et ramène celui-ci à son courant et à son rythme divins.

Ensuite, invoquez le rayon émeraude afin d'équilibrer votre chimie corporelle et d'aider à harmoniser les fonctions du corps.

Prière méditative destinée à équilibrer le corps

Que le rayon émeraude se dirige maintenant vers mon corps afin d'équilibrer et d'harmoniser toutes ses fonctions et ses systèmes, surtout mon système immunitaire et sa relation à mon corps. Je demande que le rayon émeraude ramène mon corps à son propre rythme spirituel et à son ordre divin.

Ensuite, utilisez la flamme violette afin de calmer votre système immunitaire hyperréactif.

Prière méditative destinée à calmer le système immunitaire par la flamme violette

Que la flamme violette de la paix guérissante se dirige maintenant vers tous les aspects de mon corps et de mon système immunitaire. Je demande à cette lumière de dégager toute pression afin que mon système immunitaire puisse retrouver son équilibre.

Ensuite, travaillez avec le rayon d'amour pour attirer une vibration d'amour et guérir les colères ou les ressentiments qui engendrent un milieu antagoniste dans votre corps.

Prière méditative destinée à établir le rayon d'amour dans le corps

Que le rose foncé de l'amour spirituel se dirige maintenant vers chaque aspect de mon corps physique afin de le guérir par l'amour divin et d'établir l'unité de ton amour spirituel en chaque cellule de mon corps et en tous mes centres spirituels. Je me pardonne complètement tout ce que j'ai pu faire pour me nuire en parole, en pensée ou en action.

Le rayon argenté est très utile pour réorienter l'action de votre système immunitaire et aider ce dernier à comprendre ce qu'il doit faire.

Prière méditative destinée à stimuler le corps par le rayon argenté

Que le rayon argenté de la divine intelligence se dirige maintenant vers mon système immunitaire afin de le stimuler et de le rediriger vers des activités plus productives.

Puis, terminez par le rayon doré.

Prière méditative destinée à établir dans le corps physique le rayon doré de la lumière de la sagesse

Que le rayon doré de la lumière de la sagesse se dirige maintenant vers mon corps afin de l'éclairer par l'intelligence spirituelle. Je demande à la force dynamique de cette lumière d'intégrer une nouvelle confiance spirituelle et une nouvelle force intérieure.

Maladies sexuellement transmissibles

Racine spirituelle (PMM) :	**Énergies à utiliser :**	
Accorder trop d'attention	Flamme rouge orangé	Feu bleu-blanc
à la sexualité.	Pure lumière blanche	Rayon incarnat
	Rayon émeraude	Rayon doré

Les maladies sexuellement transmissibles comptent parmi les formes les plus courantes de maladies infectieuses dans le monde actuel, notamment l'herpès, le pou du pubis (morpion), la syphilis, la blennorragie et le sida. Le schéma PMM relié à ces maladies est justement le fait d'accorder trop d'attention à la sexualité. Le sexe est une dimension naturelle de la vie, mais lorsqu'il nous obsède ou qu'on use mal de cette force puissante, il déséquilibre le corps. Le désir apparaît dans l'aura sous la forme d'une énergie rouge vicié et se voit dans les régions sexuelles et le chakra racine. Si la personne pratique une forme de sexualité perverse ou dégénérée, l'énergie spirituelle peut également circuler vers le bas, indiquant une scission. L'une des façons les plus rapides de s'écarter de la voie spirituelle est le mésusage de cette dimension sacrée de soi.

Travaillez avec les énergies comme vous le feriez pour les infections, mais dirigez la lumière vers vos zones génitales et toutes les régions affectées. Travaillez également avec la lumière blanche dans votre chakra racine afin de dégager toute énergie malsaine reliée à l'expression sexuelle.

Prière méditative destinée à stimuler le chakra racine par la lumière blanche

Dirige la pure lumière blanche vers mon chakra racine afin de réparer ce centre spirituel et de le dégager, par ce pouvoir sacré, de l'énergie concupiscente et malsaine. Je te demande d'élever mon énergie spirituelle pour que je travaille en collaboration divine avec cette force créatrice qui est à l'œuvre en moi.

Maux de tête

Racine spirituelle (PMM) :	**Énergies à utiliser :**	
Déséquilibre.	Flamme rouge orangé	Rayon émeraude
	Feu bleu-blanc	Rayon pourpre
	Lumière blanche	Rayon argenté

Les maux de tête peuvent avoir diverses causes, y compris l'hypertension, des problèmes d'yeux et de sinus, et des problèmes plus sérieux, comme ceux reliés au cerveau.

Les maux de tête les plus courants qui ne découlent pas de maladies sont la migraine et le mal de tête dû à la tension nerveuse. La racine PMM pour un grand nombre de ces maux de tête est la dissonance entre l'esprit, le corps et l'âme. La personne est en quelque sorte en déséquilibre spirituel, ce qui déroute la zone mentale. Dans bien des cas, les maux de tête courants figurent parmi les formes les plus simples du schéma PMM. Les premières fois que j'ai appliqué sur moi-même des énergies de guérison, c'était pour des maux de tête, et j'ai été étonnée de voir à quel point la lumière soulageait ma souffrance.

La Lumière divine est extrêmement utile pour soulager également les migraines. La différence de schéma PMM entre la migraine et le mal de tête relié à la tension nerveuse est le degré de dissonance. Demandez à la lumière d'aller particulièrement vers les vaisseaux sanguins qui alimentent votre cerveau afin qu'ils se détendent et s'ouvrent à la circulation du sang. Si vos maux de tête persistent, voyez un professionnel de la santé, car cela pourrait indiquer d'autres problèmes.

Prière méditative destinée à purifier la région de la tête

Que la flamme rouge orangé de la purification se dirige vers la région de ma tête afin de dégager toute pression, ou énergie destructrice, qui restreint mes courants vitaux. Que cette lumière purifie chaque neurone, les vaisseaux sanguins qui se rendent à mon cerveau, et la cavité de mes sinus. Qu'elle purifie aussi mon centre mental et émotionnel, le dégageant de toute énergie négative nuisant à mon équilibre spirituel.

Ensuite, attirez le feu bleu-blanc.

Prière méditative destinée à guérir la zone de la tête

Que le feu bleu-blanc imprégné de substance spirituelle se dirige vers la zone de ma tête pour charger et recharger d'une nouvelle force de vie mon cerveau et toutes les zones affectées. Que cette lumière soulage toutes les zones tendues, écartant les pressions et rétablissant toutes les fonctions et la circulation sanguine vers mon cerveau. Je demande aussi que cette lumière se rende dans mes centres mentaux et émotionnels afin de les charger et de les recharger d'une nouvelle force de vie.

Puis, faites entrer la pure lumière blanche.

Prière méditative destinée à stimuler le cerveau

Que la pure lumière blanche imprégnée de substance spirituelle se dirige vers mon cerveau et dans ma tête afin d'atteindre ma structure moléculaire et de stimuler tout mon cerveau et mes processus de pensée par ta divine essence.

Puis, le rayon émeraude est fort utile pour apporter l'équilibre à votre conscience.

Prière méditative avec le rayon émeraude en vue d'harmoniser l'esprit, le corps et l'âme

Que le rayon émeraude se dirige vers mon centre mental de manière à l'équilibrer ainsi que la zone de ma tête, et à harmoniser dans l'esprit, le corps et l'âme toutes les facettes de mon aura et de ma conscience. Je demande que cette lumière équilibre aussi la chimie de mon corps afin que je sois physiquement en accord avec le rythme spirituel de la vie. Je te demande également de me prévenir de tout ce que je fais qui crée ce problème.

Le rayon pourpre fonctionne très bien avec la lumière émeraude pour calmer votre cerveau et votre esprit.

Prière méditative destinée à apporter la paix au cerveau et à l'esprit

Que le rayon pourpre de la paix se dirige vers mes neurones afin de calmer mon cerveau et mon esprit. Je demande que ce rayon de paix calme toute zone nerveuse ou stressée pour que je puisse relaxer dans le silence de la paix et la paix du silence.

Puis, terminez votre travail par le rayon argenté en vue de stimuler vos neurones.

Prière méditative destinée à stimuler les neurones

Que le rayon argenté de l'intelligence se dirige vers mes neurones afin de les stimuler par cette lumière sacrée et qu'ils fonctionnent ensuite à pleine puissance. Que cette lumière stimule également mon centre mental afin que j'exprime davantage l'intelligence divine.

Mononucléose/Virus d'Epstein-Barr

Racine spirituelle :		
Aucune.	Flamme rouge orangé	Feu bleu-blanc
	Pure lumière blanche	Rayon incarnat
	Rayon émeraude	Rayon doré

La mononucléose (ou mono) est une infection due au virus d'Epstein-Barr, lui-même causé par le virus de l'herpès simplex. Elle est très courante chez les adolescents, qui la font circuler par l'échange de baisers et d'autres formes de contact intime avec une personne infectée. La mono affecte les globules blancs. Parmi les signes de cette infection, mentionnons la fatigue, la fièvre, le mal de gorge, le mal de tête, l'enflure des ganglions du cou et la perte d'appétit.

Je ne décèle aucun schéma PMM relié à la mono, qui semble être un problème purement physique. En travaillant avec la lumière, utilisez les prières méditatives ayant trait aux infections. Vous pouvez également travailler avec les prières propres aux troubles des systèmes immunitaire et sanguin, puisque les globules blancs sont affectés. Travaillez intensément aussi avec le rayon incarnat, puisque cet état crée de la fatigue.

Ostéoporose

Racine spirituelle (PMM) :	**Énergies à utiliser :**	
La colère, habituellement accompagnée d'une faiblesse du corps.	Flamme rouge orangé	Feu bleu-blanc
	Pure lumière blanche	Rayon émeraude
	Rayon rubis	Rayon doré

L'ostéoporose est un problème courant caractérisé par une diminution de la densité osseuse, laquelle affaiblit les os et les rend alors vulnérables aux fractures ou aux difformités.

Les os ont besoin de minéraux tels le calcium et le phosphore pour devenir durs et denses. Ils ont également besoin de certaines hormones afin d'équilibrer leur contenu en minéraux. Si le corps ne peut réguler ce contenu en minéraux, les os finiront par s'affaiblir.

Le type le plus courant est l'ostéoporose postménopausique, au cours de laquelle le taux d'œstrogène des femmes diminue après la ménopause, ce qui rend plus difficile l'assimilation du calcium par les os. Le fait d'ajouter du calcium au régime alimentaire est d'un grand apport. Il y a aussi l'ostéoporose sénile, qui affecte généralement les gens de plus de 70 ans. À cet âge, la dégradation normale des os devient plus lente que la formation de nouveaux os, ce qui engendre une perte de la densité osseuse.

Le schéma PMM associé à l'ostéoporose est la colère. Habituellement, dans ce cas, le corps est déjà affaibli, ce qui le rend plus vulnérable à ce schéma. Comme nous l'avons vu, la colère apparaît dans l'aura sous la forme d'une énergie rouge vicié et, avec la haine, c'est l'une des causes premières du schéma PMM. En travaillant avec la lumière, vous devez focaliser les énergies dans vos os et vos hormones, afin de favoriser l'assimilation des minéraux par votre corps.

Prière méditative destinée à purifier les os

Dirige la flamme rouge orangé vers mes os afin de les purifier de tout obstacle à l'assimilation des minéraux. Que ce rayon purificateur se rende aussi au système endocrinien pour y dégager tous les atomes noirs et gris. Évacue toutes ces vibrations négatives vers le règne minéral et dissous-les dans la lumière.

Ensuite, attirez le feu bleu-blanc afin d'accumuler une nouvelle force vitale dans vos os et de favoriser l'assimilation des minéraux.

Prière méditative destinée à guérir les os

Dirige le feu bleu-blanc de la vie éternelle vers mes os pour les charger et les recharger d'une nouvelle force vitale. Que cette lumière aide mes os à assimiler la quantité de minéraux nécessaire pour renforcer mes os. Que cette lumière guérisse toutes les zones de mes os lésées à cause d'une faiblesse. Je demande aussi que cette lumière charge et recharge mes centres spirituels afin que je me sente renaître dans cette force de vie éternelle.

Prière méditative destinée à recharger et à réparer les os

Dirige la pure lumière blanche imprégnée de substance spirituelle vers tous les aspects de mes os pour atteindre leur structure moléculaire, aider à réparer les zones lésées et éliminer de mon corps et de ma conscience tout vestige de vibrations négatives.

Puis, vous aurez besoin du rayon émeraude en vue d'équilibrer les divers aspects d'une formation osseuse appropriée.

Prière méditative destinée à équilibrer la formation des os

Dirige le rayon émeraude vers mes os afin d'équilibrer et d'harmoniser tous les aspects de ma structure squelettique. Que cette force divine équilibre aussi tous mes plans de conscience afin que ma pensée et mes sentiments soient en harmonie avec le rythme divin.

Ensuite, attirez le rayon rubis pour augmenter la vitalité des os et stimuler une nouvelle croissance osseuse.

Prière méditative destinée à recharger les os

Dirige le rayon rubis d'énergie vers mes os et ma structure osseuse afin de les remplir d'une vitalité et d'une force nouvelles. Je demande que chaque cellule de mes os reçoive une pleine dose du vivant rayon rubis.

Puis, terminez par le rayon doré afin de renforcer vos os.

Prière méditative destinée à renforcer les os

Dirige le rayon doré de la lumière de sagesse dans mes os et ma structure squelettique pour les renforcer dans la Lumière divine. Que ce rayon dynamique active mes centres spirituels afin d'introduire du courage et de la confiance dans toutes les parties de mon être.

Paralysie

Racine spirituelle (PMM) :	Énergies à utiliser :	
Déficience sur le plan de l'expression de l'amour.	Flamme rouge orangé	Feu bleu-blanc
	Pure lumière blanche	Rayon rose foncé
	Flamme violette	Rayon incarnat

La paralysie est la perte de mouvement volontaire due à une lésion musculaire ou nerveuse. La perte de sensation dans des parties du corps peut également être considérée comme un aspect de la paralysie, laquelle peut découler d'autres problèmes, comme un accident cérébrovasculaire.

Le schéma général PMM relié à l'engourdissement ou à la paralysie est une circulation d'amour faible ou diluée. C'est en quelque sorte le contraire de la haine ou des sentiments émotionnels intenses. L'amour est pourtant essentiel à la santé physique. En retenant l'expression de l'amour, non seulement dérobe-t-on l'amour aux autres, mais aussi à soi-même. Et il y a habituellement une raison à cela. Peut-être qu'on a été blessé en amour, qu'on éprouve du ressentiment, ou qu'on est devenu insensible. Peu importe tout cela, l'amour doit faire partie de notre régime quotidien.

Travaillez avec les prières méditatives se rapportant aux troubles neurologiques et mettez un accent particulier sur le rayon d'amour dans la prière qui suit.

Prière méditative destinée à augmenter la circulation de l'amour

Dirige le rayon rose foncé de l'amour spirituel vers mon centre du cœur pour le charger et le recharger au plus haut point, en fonction de ce que je peux recevoir. Je demande que cette lumière ouvre ma circulation d'amour afin que je sois expressif et tendre, et bienveillant envers moi-même et les autres.

Paralysie cérébrale

Racine spirituelle (PMM) :	**Énergies à utiliser :**	
Le karma.	Flamme rouge orangé	Feu bleu-blanc
	Pure lumière blanche	Rayon argenté
	Rayon jaune citron	Rayon pourpre
	Rayon doré	

La paralysie cérébrale est habituellement causée par une lésion cérébrale avant ou au moment de la naissance. Elle se caractérise par un mauvais contrôle des muscles. La racine spirituelle de cet état est presque toujours le karma. Cependant, la lumière peut fournir une grande aide. Je recommande de suivre l'application de lumière pour les états cérébraux et de demander que la lumière aide à réparer les zones endommagées de votre cerveau. Vous pouvez aussi diriger la lumière vers vos muscles et vos nerfs, surtout s'il y a de la paralysie.

Paralysie faciale périphérique de Bell

Racine spirituelle (PMM) :	Énergies à utiliser :	
Colère violente.	Flamme rouge orangé	Feu bleu-blanc
	Pure lumière blanche	Rose foncé
	Flamme violette	Rayon incarnat

Cette paralysie soudaine des nerfs faciaux d'un côté du visage provoque une faiblesse des muscles faciaux. Elle peut être due à un virus, mais la cause réelle reste inconnue.

Le schéma PMM relié à ce genre de paralysie est la colère noire. La colère est l'une des énergies négatives de base de ce schéma. Dans l'aura, cette colère est laide. Elle apparaît comme un rouge vicié et peut provoquer des étincelles semblables à des pétards.

Une seule forte crise de colère demeure deux semaines dans l'aura ! Si vous êtes sujet à des sautes d'humeur, observez votre corps émotionnel et travaillez avec la lumière. Travaillez comme vous le feriez pour la paralysie, mais surtout dans le centre émotionnel, avec la flamme rouge orangé pour éliminer la colère, le feu bleu-blanc pour accumuler une nouvelle force vitale, et la lumière émeraude pour générer plus d'harmonie.

Pieds, genoux et jambes

Qualité spirituelle :	Énergies à utiliser :	
Force terrestre	Flamme rouge orangé	Pure lumière blanche
	Feu bleu-blanc	

J'ai regroupé les pieds, les genoux et les jambes, car ils partagent une qualité spirituelle et tirent tous des bienfaits des mêmes rayons énergétiques. Du point de vue spirituel, les pieds représentent notre force terrestre, notre capacité de nous servir des énergies spirituelles de la Terre. Lorsque nous disons qu'une personne est enracinée ou terrienne, nous entendons par là qu'elle se charge bien de cet aspect de l'existence. En tant que pèlerins spirituels, nous devons comprendre que notre expérience de la vie physique n'est pas séparée de la vie spirituelle. Le spirituel et le matériel font partie d'un tout. Oui, il est vrai que le physique est la vibration spirituelle la plus lente, mais cela ne rend pas celle-ci moins valable (ni moins spirituelle). Cela signifie tout simplement qu'il faudra plus de temps et d'effort pour produire des résultats dans le monde physique. Ce peut être à notre avantage, en nous donnant plus de jeu pour commettre des erreurs – et plus de temps pour les corriger. Nous disposons donc de plus de temps pour apprendre à harnacher les énergies spirituelles de la Terre afin de pouvoir un jour accueillir les vibrations les plus euphoriques des mondes célestes. Nous commettons souvent l'erreur de négliger les besoins matériels au cours de notre ascension spirituelle.

Selon cette interprétation spirituelle, nos jambes sont les antennes de cette expression terrestre. Les genoux, au milieu, peuvent servir de suspension spirituelle ; ce sont les plus grandes articulations du corps et ils peuvent absorber beaucoup de stress, tant spirituellement que physiquement. C'est l'une des raisons pour lesquelles les blessures aux genoux sont parfois si difficiles à guérir. Helena Blavatsky disait que les genoux expriment de la gratitude et que leurs problèmes indiquent une difficulté à exprimer celle-ci (s'agenouiller sur un genou plié). Les hanches sont le lieu de rencontre où la force de la Terre entre dans la conscience.

Si vous avez des problèmes aux pieds, aux genoux ou aux jambes, essayez de voir si vous gérez mal votre force terrestre. Par exemple, accordez-vous de l'attention à vos besoins physiques terrestres ? Êtes-vous trop soucieux de vos finances ?

Pneumonie

Racine spirituelle (PMM) :	**Énergies à utiliser :**	
Manque d'énergie d'amour.	Énergies à utiliser :	Flamme rouge orangé
	Feu bleu-blanc	Pure lumière blanche
	Rayon incarnat	Rayon émeraude
	Rayon rose foncé	Rayon doré

La pneumonie est une infection aiguë ou chronique des poumons qui affecte les petits sacs d'air et les tissus qui les entourent. Aux États-Unis, c'est l'une des dix premières causes de décès. La pneumonie peut être déclenchée par plusieurs choses. La plus courante est sans doute le streptocoque, la bactérie qui provoque aussi l'angine.

La racine PMM de la pneumonie est un manque de vibration d'amour. Les gens atteints de cette infection peuvent manquer de lumière rose foncé, laquelle est capable de neutraliser d'autres énergies négatives et de garder l'équilibre entre la conscience et le corps. En cas de paralysie, l'amour peut être là sans être exprimé, mais dans le cas de la pneumonie, la circulation d'amour est faible au départ. Vous ne devez jamais laisser faiblir votre circulation d'amour, car c'est l'une des énergies essentielles de l'aura. Sans amour, que vous reste-t-il ? Et il est si facile d'en générer ! Exprimez tout simplement de l'amour dans la mesure du possible, et celui-ci grandira. Aussi, travaillez activement avec le rayon rose foncé pour développer votre circulation d'amour. Votre croissance spirituelle n'ira pas loin si votre amour n'est pas fort. (Il est intéressant de noter que la pneumonie est l'infection mortelle la plus courante transmise dans les hôpitaux, et j'y ai vu bien des malades qui, en fait, souffraient d'un manque d'amour !)

Travaillez avec la lumière comme vous le feriez pour n'importe quel type d'infection. Pour recevoir une double dose de lumière, travaillez également avec les énergies utilisées pour les troubles respiratoires, mais en y incluant une forte dose du rayon rose foncé afin de développer la circulation d'amour dans votre aura.

Poisons, toxines, réactions négatives à des médicaments

Racine spirituelle (PMM) :	Énergies à utiliser :	
Aucune.	Flamme rouge orangé	Feu bleu-blanc
	Pure lumière blanche	

Les poisons sont des substances qui entraînent des dommages lorsqu'elles entrent en contact avec le corps. Une substance chimique peut inhiber une autre substance ou réaction. La plupart des poisons finissent par être éliminés par le foie, et dégagés par l'urine. Mais comme nous le savons, certaines substances peuvent envahir le corps et mener à la mort. Certains médicaments ont aussi parfois des effets secondaires toxiques ou allergiques.

Bien sûr, aucun schéma PMM n'est relié aux poisons. Si vous avez été empoisonné, cherchez immédiatement de l'aide. Agissez rapidement. Téléphonez dans un centre antipoison, signalez le 911, ou appelez les autorités locales. La lumière peut aider à traiter les lésions ou les séquelles.

Prière méditative destinée à purifier le corps des substances toxiques

Dirige vers mon corps la flamme rouge orangé de la purification afin de me nettoyer de toutes les substances toxiques, qu'elles soient physiques ou spirituelles. Évacue tous les atomes noirs et gris vers le règne minéral, et dissous-les dans la lumière.

Ensuite, vous aurez besoin du feu bleu-blanc afin d'aider particulièrement à équilibrer votre chimie corporelle.

Prière méditative destinée à guérir le corps

Dirige le feu bleu-blanc de la vie éternelle vers mon corps pour le charger et le recharger d'une nouvelle force vitale. Je demande que cette lumière se rende dans la chimie de mon corps afin de guérir et de restaurer toute zone lésée ou déséquilibrée. Que chaque cellule soit rajeunie dans cette lumière sacrée.

Lorsque vous aurez fini, attirez la lumière blanche en vue de vous recharger et de réparer la structure moléculaire de votre corps.

Prière méditative destinée à recharger le corps avec la lumière blanche

Dirige la pure lumière blanche vers tous les aspects de mon corps physique en m'élevant dans ta divine unité. Je demande que cette lumière atteigne la structure moléculaire de mon corps afin de réparer toutes les zones atteintes.

Problèmes auditifs

Qualité spirituelle reliée aux oreilles :	Énergies à utiliser :
La compréhension.	Flamme rouge orangé

Bien sûr, les oreilles permettent le sens de l'ouïe. Les vibrations sonores passent par l'oreille externe et résonnent sur le tympan, situé dans l'oreille moyenne. L'oreille interne traduit ensuite ces vibrations sonores en impulsions nerveuses, lesquelles sont envoyées au cerveau. L'oreille interne est étroitement reliée à notre sens de l'équilibre. Comme les oreilles sont reliées au nez et à la gorge, inclure ces parties du corps lorsqu'on travaille avec l'énergie spirituelle s'avère une bonne idée.

À la hauteur des oreilles, l'aura présente une énergie fort intéressante. Il s'agit de fins rayons rouges semblables à des fils qui sortent de quelques centimètres des deux oreilles. Ces rayons ne forment pas l'aura des oreilles. Ils servent plutôt d'antennes à ces organes sensoriels. Si vous vous engagez dans un débat verbal tendu, ou passez beaucoup de temps au téléphone dans une conversation désagréable, pour pouvez perturber ces rayons en forme d'antennes.

La qualité spirituelle ayant trait aux oreilles est la compréhension, celle de la vérité de Dieu. Les problèmes auditifs peuvent être le signe que, quelque part, nous sommes peut-être sourds à la vérité. Les gens qui ont de tels problèmes, y compris la surdité, sont souvent fortement entêtés.

Prière méditative destinée à purifier les oreilles

Que la flamme rouge orangé se dirige vers mes oreilles afin de les purifier des énergies négatives et des atomes noirs et gris en évacuant tout cela dans le règne minéral, par l'entremise de la lumière. Que cette lumière purifie également mon nez et ma gorge. Je demande aussi qu'elle élimine toute obstination ou tout entêtement susceptible de contribuer à une perte ou à une diminution de l'ouïe.

Puis, attirez le feu bleu-blanc pour renouveler et guérir toutes les parties de l'oreille et de l'ouïe.

Prière méditative destinée à guérir les oreilles

Que le feu bleu-blanc de la vie éternelle se dirige vers toutes les parties de mes oreilles afin de les charger et de les recharger d'une nouvelle force de vie. Partout où la circulation spirituelle a été affaiblie, puisse cette lumière redonner une santé parfaite à mes oreilles et à mon ouïe.

Ensuite, demandez à la lumière blanche d'aider à réparer les zones lésées de vos oreilles.

Prière méditative destinée à renforcer l'oreille et l'ouïe

Que la pure lumière blanche imprégnée de substance spirituelle se dirige vers mes oreilles et mon ouïe afin de les renforcer et de les stimuler dans ta divine pureté. Je demande que cette lumière soit dirigée vers les molécules de mes oreilles pour réparer les zones affectées.

Ensuite, vous aurez besoin de la lumière émeraude pour équilibrer vos oreilles internes et faire en sorte que tout fonctionne ensemble.

Prière méditative destinée à équilibrer les oreilles internes

Que le rayon émeraude de l'équilibre et de l'harmonie, imprégné de substance spirituelle, se dirige vers mes oreilles internes afin de les aider à se stabiliser et à équilibrer la coordination de mes oreilles et de mon corps. Puisse la lumière harmoniser mes oreilles droite et gauche.

Puis, je recommande de travailler avec le rayon incarnat en vue de renforcer les antennes [fins rayons rouges] de vos oreilles.

Prière méditative destinée à recharger les oreilles

Que le rayon incarnat de la vitalité se dirige vers mes oreilles pour les recharger par la Lumière divine. Je demande que cette lumière aide à renforcer les rayons spirituels qui sortent de chaque oreille afin qu'ils soient chargés à fond par cette lumière sacrée.

Problèmes cérébraux

Qualité spirituelle du cerveau :	**Énergies à utiliser :**	
Station de réception de la pensée.	Flamme rouge orangé	Feu bleu-blanc
	Pure lumière blanche	Rayon argenté
	Rayon jaune citron	Rayon pourpre
	Rayon doré	

L'encéphale est sans contredit le plus complexe et le plus mystérieux de tous les organes. Poste de commande du corps et partie intégrante du système nerveux central, c'est le centre principal de la pensée et de la communication, de la régulation des fonctions corporelles, de la réception et de l'interprétation des impulsions sensorielles. Ayant autant d'activités, le cerveau a besoin d'un afflux sanguin très régulier. Le cinquième du sang pompé par le cœur pénètre dans le cerveau. Si ce dernier est privé de cette circulation régulière, ne serait-ce que dix secondes, une personne peut perdre conscience.

Le contenu de la boîte crânienne, l'encéphale, compte plus de 12 milliards de neurones, mais pèse moins d'un kilo et demi. Il est composé de trois parties principales : le tronc cérébral, le cervelet et le cerveau. Le tronc cérébral gère certaines des fonctions corporelles les plus essentielles et les plus fondamentales, dont le rythme cardiaque, la respiration, la posture et la déglutition. Le cervelet aide à coordonner les mouvements du corps. Quant au cerveau, il contrôle toutes les fonctions supérieures. Le cerveau est la partie la plus considérable de l'encéphale et, avec sa texture repliée, la plus reconnaissable. (Si on dépliait le cortex cérébral, il couvrirait un mètre carré et demi !) Au cours des dernières années, nous avons appris bien des choses sur le cerveau, mais les questions les plus intrigantes restent sans réponses : Comment le cerveau pense-t-il vraiment ? Et comment la conscience passe-t-elle par lui ?

Les réponses se trouvent déjà dans l'étude de la métapsychique. Du point de vue de l'aura, le cerveau est la station de réception de la pensée. Si miraculeux et si mystérieux qu'il soit, il n'est *pas* le point d'origine de la pensée. Le cerveau est plutôt *l'instrument par lequel l'esprit circule.* Ce qui pense vraiment, c'est notre centre (ou chakra) mental. Ce centre spirituel, c'est le siège véritable de la pensée consciente. Dans mes cours, j'insiste particulièrement sur ce centre, car c'est par notre pensée que tout changement s'amorce, surtout en santé. Comme nous l'avons vu au moyen du schéma PMM, un grand nombre de nos maux débutent par une pensée erronée. Pour créer la santé que nous désirons, nous devons changer d'attitude à propos de la santé, et cela commence par le centre mental.

L'interaction entre le centre mental et le cerveau constitue l'une des relations les plus complexes entre nos aspects physique et spirituel. Le noyau du centre mental est situé au milieu de la tête, vers le corps calleux et le trigone du cerveau.

Le centre mental transmet des pensées et des images aux différentes parties du cerveau reliées à de telles pensées ou images. C'est seulement lorsque les pensées transmises atteignent le cerveau que nous devenons conscients de celles-ci. À moins d'être doués d'une voyance extrême, nous n'avons pas conscience de cette séquence d'activités. Nous ne devenons conscients de la pensée que lorsqu'elle est rendue au cerveau. C'est sans doute pourquoi nous attribuons à ce dernier le fait de générer la pensée. Le centre mental aussi reçoit de l'information sensorielle qui a été fournie au cerveau par les yeux, les oreilles, le nez, la bouche, et ainsi de suite. Cette information est traitée par le centre mental et renvoyée au cerveau en un courant d'activité instantané et continu.

Lorsque le cerveau est diminué par des états comme la démence, la communication entre le cerveau et l'esprit en est réduite. Le corps mental peut alors fonctionner parfaitement bien, mais la pensée n'est pas saisie avec exactitude par le cerveau. Un pianiste peut jouer la musique la plus exquise, mais si certaines des touches du clavier ne fonctionnent pas convenablement, la musique paraîtra incomplète. Lorsque je regarde l'aura de gens atteints de troubles cérébraux, je vois habituellement l'énergie grise de la maladie autour du cerveau, mais pas autour du centre mental. Je vois aussi le contraire : un cerveau sain, en bon état, mais un centre mental perturbé !

En réalité, toutes les fonctions du cerveau, même automatiques, sont dirigées par le conscient et le subconscient du corps mental. En soi, le cerveau ne fait rien d'essentiel.

Il est extrêmement important de tout faire pour garder le centre mental et le cerveau au sommet de leur forme. À mesure que nous éclairons l'esprit, nous utilisons davantage de notre énergie mentale, et cela a une corrélation directe avec le cerveau. Nous commençons à utiliser de plus en plus de notre énergie cérébrale. On a dit qu'une personne ordinaire n'en utilise que dix pour cent, et c'est juste, je l'ai vérifié. Non pas que cette personne soit idiote ou léthargique, mais elle n'a pas encore éveillé toute l'énergie spirituelle du centre mental et, par conséquent, le plein pouvoir de son cerveau. Lorsque l'esprit est éveillé, nous activons et éveillons un nombre de plus en plus grand de parties du cerveau. En connaissant l'éveil, nous recourons donc à la pleine capacité du cerveau.

En regardant le schéma PMM, on peut se demander pourquoi chaque schéma n'entraîne pas un trouble cérébral d'un certain type, puisque le péché commence par le corps mental. Bien sûr, si c'était le cas, chaque schéma aurait un effet antagoniste sur le cerveau et nous ne fonctionnerions pas très bien. Dieu a pourvu notre corps mental et notre cerveau d'un mécanisme de défense naturel pour les protéger. Ce système de défense, c'est le corps même ! Les autres organes absorbent une grande part de l'énergie négative pour que le cerveau continue de fonctionner. Comme l'affirme Manley P. Hall, « le cerveau, en tant que structure corporelle et siège de l'intelligence, se reflète dans les organes du corps ». C'est pourquoi divers schémas PMM se reflètent de diverses façons dans le corps. Toutefois, malgré ce mécanisme de défense naturel, certains schémas PMM affectent directement le cerveau et, bien sûr, ce sont les zones dont nous parlons ici.

Ce qui compte, c'est la circulation régulière d'énergies éclairées vers le corps mental et le cerveau. Les énergies prédominantes du corps mental sont les rayons argenté, jaune citron et doré. Les glandes pituitaire et pinéale sont aussi très utiles pour envoyer de l'énergie à votre centre mental, et vous pouvez notamment leur envoyer de la lumière en travaillant sur votre cerveau. Les neurones ont surtout besoin de lumière dorée pour garder leur force. Comme nous avons le même ensemble de neurones qu'à notre naissance, nous devons faire de notre mieux pour les garder en santé.

Alors, si vous avez vécu avec un esprit perturbé ou confus, vous aurez à travailler séparément sur le centre mental afin d'éliminer toute pensée erronée. Souvent, quand je regarde le corps mental d'une personne, deux images semblent se chevaucher, comme s'il y en avait deux en une ou qu'une image était de trop. Et bien sûr, comme cela envoie des signaux confus au cerveau, vous devez dégager cet encombrement pour avoir un cerveau en santé.

Prière méditative destinée à purifier le cerveau

Que la flamme rouge orangé de la purification se dirige maintenant vers mon cerveau en dégageant de celui-ci tous le atomes noirs et gris qui dévitalisent ma fonction cérébrale ou interfèrent avec celle-ci. Que cette lumière atteigne aussi mon centre mental en le nettoyant de toute vibration destructrice qui interfère avec les processus cérébraux. Évacue toute énergie négative dans le règne minéral et dissous-la dans la lumière.

Ensuite, attirez le feu bleu-blanc.

Prière méditative en vue de recharger le cerveau

Que le feu bleu-blanc de la vie éternelle se dirige maintenant vers mon cerveau et projette-le dans chaque cellule cérébrale en chargeant et rechargeant mon cerveau d'une nouvelle force vitale. Je demande que le feu bleu-blanc guérisse les zones lésées et restaure toutes les fonctions de mon cerveau. Puisse cette force vitale électrisante charger et recharger toute l'activité électrique et chimique de mon cerveau afin que les synapses effectuent leurs connexions optimales.

Ensuite, attirez la lumière blanche.

Prière méditative destinée à élever le cerveau avec la lumière blanche

Que la pure lumière blanche et ta divine essence, se dirigent maintenant vers mon cerveau. Je demande que cette lumière aide à garder forte et intacte l'empreinte des pensées sur mon cerveau à partir de mon corps mental.

Puis, appelez le rayon argenté fort essentiel à votre cerveau et à vos neurones. C'est peut-être l'énergie la plus essentielle au cerveau.

Prière méditative destinée à stimuler le cerveau et les neurones

Que le rayon argenté de l'intelligence divine se dirige maintenant vers mon cerveau et le fasse rayonner de manière à stimuler chaque neurone et à augmenter la perception spirituelle et la vigilance de mon cerveau. Je demande que le rayonnement de cette intelligence divine stimule tout neurone paresseux afin qu'il soit pleinement éveillé et alerte.

En plus de la lumière argentée, l'énergie jaune citron est merveilleuse pour aider le cerveau à travailler plus efficacement.

Prière méditative destinée à réapprovisionner le cerveau

Que le rayon jaune citron de la concentration se dirige maintenant vers mon cerveau et se projette dans chaque neurone afin d'en dégager toute énergie désorientée et d'y apporter de plus grands pouvoirs de concentration.

Le rayon émeraude est une énergie efficace pour aider à garder l'équilibre du cerveau, qui a tant à faire.

Prière méditative destinée à équilibrer le cerveau

Que le rayon émeraude de l'équilibre se dirige maintenant vers mon cerveau et le projette de façon à y équilibrer toutes les activités dans un ordre et un équilibre divin merveilleux.

Le rayon pourpre aide à soulager le stress. C'est l'une des énergies les plus essentielles aux cellules de tout le système nerveux.

Prière méditative destinée à apporter la paix au cerveau

Que le rayon pourpre de la paix se dirige vers mon cerveau afin de dégager ce dernier de tout stress et de toute pression. Que ce rayon de paix établisse un équilibre.

Puis, terminez votre travail avec le rayon doré pour renforcer votre cerveau.

Prière méditative destinée à renforcer le cerveau

Que le rayon doré de la sagesse se dirige maintenant vers mon cerveau et mes neurones afin d'y établir la force divine sur tous les plans – mental, physique et spirituel. Je demande surtout que le rayon doré renforce la circulation de lumière irradiant de mon Moi supérieur, et ce, jusqu'à mes glandes pituitaire et pinéale afin qu'elles puissent continuellement nourrir toutes les facettes de mon cerveau de ta sagesse et de ta protection.

Problèmes cutanés

Racine spirituelle (PMM) :	Énergies à utiliser :	
Aucune.	Flamme rouge orangé	Feu bleu-blanc
	Pure lumière blanche	

La peau est l'organe le plus étendu et le plus lourd du corps. Elle sert de zone tampon entre le corps et son milieu. La peau comporte trois couches. La couche supérieure, l'épiderme, est la partie visible. Le pigment de la peau, qui détermine sa couleur, est dans l'épiderme. Sous celui-ci se trouve la deuxième couche, le derme, qui contient toute la mécanique de la peau : les récepteurs de douleur et de toucher, les glandes sudoripares et sébacées, et les follicules des poils. La troisième couche, la graisse, isole le corps de la chaleur et du froid.

À ma connaissance, aucun schéma PMM n'est relié aux problèmes cutanés.

La peau est vulnérable à de nombreux problèmes externes puisqu'elle sert de première ligne de défense. Bien des choses peuvent compromettre sa santé, y compris les toxines environnementales, le contact de la peau avec elle-même, les diverses infections et maladies, les microbes et parasites, les réactions allergiques, les blessures et les brûlures.

Les trois principaux rayons de guérison spirituelle sont très efficaces pour soulager les problèmes cutanés.

Prière méditative destinée à purifier la peau

Dirige la flamme rouge orangé de purification vers ma peau afin de la nettoyer de tous les atomes noirs et gris. Atteins ses trois couches en y éliminant toutes les énergies négatives par la plante de mes pieds, dans le règne minéral, et en les dissolvant dans la lumière.

Ensuite, attirez le feu bleu-blanc, qui est excellent pour guérir les brûlures.

Prière méditative destinée à guérir la peau

Dirige le feu bleu-blanc de la vie éternelle vers ma peau afin de guérir toutes les zones endommagées ou malades. Charge et recharge ma peau d'une nouvelle force vitale.

Lorsque vous aurez terminé, attirez la lumière blanche pour bien vous recharger.

Prière méditative destinée à recharger la peau par la lumière blanche

Dirige la pure lumière blanche vers ma peau afin de la recharger dans ta divine pureté. Que cette lumière atteigne sa structure moléculaire pour stabiliser, aligner et accorder tous ses aspects dans la divine unité.

Problèmes de cœur, en général

Qualité spirituelle reliée au cœur :	**Énergies à utiliser :**	
L'amour.	Flamme rouge orangé	Rayon émeraude
	Feu bleu-blanc	Rayon rose foncé
	Pure lumière blanche	Rayon pourpre

On pourrait écrire un livre entier sur les qualités spirituelles du cœur et la façon d'en prendre soin convenablement. La fonction première du cœur est de pomper du sang dans tout le corps afin d'alimenter ce dernier en oxygène et d'en retirer les déchets nuisibles (dioxyde de carbone). Le cœur est essentiellement deux pompes en une. Il reçoit des poumons du sang riche en oxygène, et le pompe vers le corps. Puis, une fois l'oxygène extrait du sang, le corps pompe ce sang désoxygéné dans les poumons pour les réapprovisionner. Tout le cycle d'activité prend environ une minute lorsque le corps est au repos. Le cœur pompe quotidiennement de cinq à sept litres de sang.

Du point de vue spirituel, le cœur est relié à l'amour et à son expression. En amour, on donne et on reçoit, et le cœur fait de même à chaque battement. Il nourrit également, et c'est là aussi une fonction d'amour et de compassion. L'amour est le lien qui unit l'univers, et il soutient le courant de vie vers le corps. Le fait que la maladie cardiaque soit aujourd'hui l'une des causes premières de mortalité aux États-Unis reflète à quel point nous avons des choses à apprendre en ce qui concerne l'amour.

Pour les mystiques anciens, le cœur avait une grande signification spirituelle. Ces gens donnaient d'ailleurs un nom et une signification ésotérique à chacune des parties du cœur. Pour eux, le cœur était le siège de la vie non seulement en raison de ses fonctions physiques essentielles, mais aussi de son lien avec le chakra du cœur. Ce n'est pas un hasard si le chakra du cœur, ou Centre hermétique, coïncide avec le cœur physique. Le noyau du Centre hermétique, ou centre du cœur, est plus ou moins situé au sommet du cœur, là où les artères et les veines rejoignent ce dernier.

Le Centre hermétique est le noyau de nos affaires terrestres (voir la section sur le Centre hermétique, au chapitre 2). Tout événement de notre vie établit un lien énergétique avec ce centre. Lorsque nous prenons les choses à cœur, nous laissons ces énergies de l'extérieur travailler profondément dans notre aura, à travers ce centre. Et le Centre hermétique peut rapidement devenir surchargé si nous le permettons. Dès lors, cela pèse lourd sur le cœur, pouvant même nuire à son bon fonctionnement. Qui plus est, le Centre hermétique est le siège de l'âme. Celle-ci habite le corps physique au moyen du Centre hermétique, pour enregistrer et absorber toutes les leçons de la vie. C'est d'ailleurs pourquoi les mystiques ont dit du cœur qu'il est le siège de la vie.

Notre cœur physique est un microcosme du cœur cosmique, le cœur de Dieu, qui irradie de l'amour spirituel vers toute la création. Ce cœur céleste a son propre rythme. Lorsque nous communiquons avec Dieu, c'est dans la pulsation de l'amour spirituel, et nous nous accordons davantage avec le rythme spirituel de la vie. Comme nous l'avons vu à propos de la substance spirituelle, au chapitre 1, ce cœur céleste est même relié à un « système circulatoire » qui distribue de la substance spirituelle dans toute la création, afin de garder l'univers florissant et en croissance. En même temps, ce système circulatoire spirituel reprend des atomes non guéris pour les rétablir et les renouveler. Tout comme chaque cellule du corps physique se renouvelle tous les sept ans, chaque atome de l'univers se renouvelle environ tous les douze mois !

Si vous souffrez du cœur, examinez comment vous traitez les questions d'amour. Les affaires du cœur (ou de l'amour) peuvent prendre bien des formes. Êtes-vous aimant et gentil ? Exprimez-vous, ou retenez-vous, l'amour ? Pardonnez-vous ? Donnez-vous sans penser à recevoir ? Vous accrochez-vous au ressentiment, à la déception, ou à la tristesse ? Y a-t-il une perte que vous ne pouvez dépasser ? Laissez-vous trop entrer les malheurs du monde, essayant ainsi de porter le monde sur vos épaules ? Tous ces états pèseront fortement sur votre cœur.

Le cœur est facilement bombardé. Les méditations qui suivent sont merveilleusement efficaces pour tout problème susceptible de l'affecter négativement, que la cause soit physique, karmique ou reliée au syndrome PMM.

Commencez par demander au rouge orangé de dissoudre au besoin toute peine, frustration, anxiété, déception, tout chagrin. Tant d'expériences se logent ici, et ces problèmes peuvent s'accumuler par couches. C'est pourquoi il est utile de les nommer à haute voix. Votre cœur réagira à vos paroles.

Prière méditative destinée à purifier le cœur par une nouvelle force vitale

Que la flamme rouge orangé de la purification se dirige vers mon cœur et évacue les frustrations, l'anxiété, la tristesse, la dépression, la déception et les peines partout où ces énergies se logent dans mon cœur physique, peu importe où ces énergies se trouvent dans mon cœur physique. Je demande que la flamme rouge orangé aille dans mon Centre hermétique pour le dégager des énergies négatives, surtout le sentiment de fardeau ou de pression, chaque fois que j'ai absorbé trop de vibrations du monde extérieur. Je demande aussi d'évacuer toute énergie négative dans le règne minéral et de la dissoudre dans la lumière.

Donnez-vous du temps pour que cette énergie ait un effet véritable sur votre cœur, dans la mesure de ce que vous pouvez absorber. Comme vous ne serez peut-être pas capable de tout dégager en même temps, allez-y doucement. Puis, après avoir bien travaillé avec la flamme rouge orangé, faites descendre le feu bleu-blanc en visualisant cette énergie sous la forme d'une étoile de feu bleu-blanc.

Prière méditative destinée à recharger le cœur

Que le feu bleu-blanc se dirige vers mon cœur physique pour le charger et le recharger d'une nouvelle force vitale. Je te demande de placer cette énergie dans mon cœur, sous la forme d'une étoile de feu bleu-blanc, afin de guérir et de revigorer l'esprit vital et la force vitale en chaque aspect de mon cœur physique, restaurant ainsi sa fonction de parfaite santé. Je te demande également d'envoyer ce feu bleu-blanc dans mon Centre hermétique pour le charger et le recharger d'une nouvelle force vitale dans le sens des aiguilles d'une montre.

Ensuite, faites descendre la lumière blanche en vue de réparer toute lésion affectant déjà votre cœur.

Prière méditative destinée à réparer le cœur au moyen de la lumière blanche

Que la pure lumière blanche imprégnée de substance spirituelle se dirige vers mon cœur afin d'en réparer la structure atomique et de renforcer les canaux électriques de mon cœur physique. Je demande que cette lumière élève le cœur en ta pureté divine.

Ensuite, vous aurez besoin de beaucoup de lumière émeraude pour équilibrer les fonctions du cœur.

Prière méditative destinée à équilibrer le cœur

Que le rayon émeraude de l'équilibre et de l'harmonie se dirige vers mon cœur. Je demande que cette lumière fonctionne sous tous les aspects du rythme cardiaque, afin d'en rétablir la fonction parfaite. Que cette lumière aille aussi dans mon Centre hermétique pour équilibrer toutes mes activités dans le monde extérieur et établir une relation parfaite entre mon Centre hermétique et mon cœur physique.

Lorsque vous ramenez le cœur à l'équilibre, sentez le rayon d'amour qui s'y trouve. Si votre moral est bas à cause de la solitude et que vous vous apitoyez sur vous-même, rallumez votre Amour divin pour qu'il vous soulève. Les cellules du cœur réagissent magnifiquement au rayon d'amour.

Prière méditative destinée à guérir le cœur au moyen du rayon d'amour

Que le rayon rose foncé de l'amour se dirige vers mon cœur en remplissant ce dernier d'amour et de compassion. Si je retiens l'expression naturelle de mon amour, ouvre mon flux d'amour pour que je donne et reçoive facilement l'amour. Que cette lumière touche mon Centre hermétique afin de guérir tout chagrin et que je sache que l'amour véritable est éternel.

En plus de ces rayons, vous pouvez ajouter le rayon pourpre, surtout si vous avez de la peine ou si un choc extérieur a affecté votre cœur.

Prière méditative destinée à calmer le cœur au moyen du rayon de paix

Que le rayon pourpre de la paix se dirige vers mon cœur afin de le remplir de paix et de tranquillité. Je demande que cette lumière calme toute région perturbée de mon cœur et y dégage tout stress ou choc. Que cette lumière atteigne aussi mon Centre hermétique pour apporter le silence de la paix et la paix du silence à tous ses aspects.

Problèmes de dos (colonne vertébrale)

Racine spirituelle (PMM) :	**Énergies à utiliser :**	
Rigidité ; pensée inflexible.	Flamme rouge orangé	Feu bleu-blanc
	Pure lumière blanche	Rayon émeraude
	Flamme violette	Rayon rose foncé

Le squelette ou la neurologie sont à la base des problèmes de dos. Selon votre cas, je vous suggère de suivre les applications générales de lumière pour les problèmes squelettiques ou neurologiques, ou les deux. Focalisez surtout la lumière dans le dos, la moelle épinière, les vertèbres et le cartilage.

La racine PMM des problèmes de dos, surtout la douleur de dos chronique, est la rigidité, entre autres dans le comportement et l'attitude – il faut faire les choses de telle façon. Les gens qui dégagent ce type d'énergie peuvent être de bonnes personnes, mais rendre mal à l'aise ceux qui les fréquentent. L'aura peut également montrer de l'entêtement, par un rouge vicié. Si vous êtes confronté à des problèmes de dos, observez à quel point vous êtes flexible, à quel point votre colonne vertébrale l'est. Voyez comment elle peut se tourner et ployer tout en maintenant sa force et ses qualités protectrices. Soyez fort, mais flexible.

Problèmes de poids

Racine spirituelle (PMM) :	**Énergies à utiliser :**	
Aucune.	Flamme rouge orangé	Feu bleu-blanc
	Pure lumière blanche	Rayon rose foncé
	Rayon pourpre	Rayon incarnat

Les problèmes de poids ont atteint des proportions épidémiques aux États-Unis et dans d'autres parties du monde. Par exemple, l'obésité est devenue, après le tabac, la deuxième cause principale de décès évitables. Pour entretenir un poids convenable, il s'agit d'équilibrer le nombre de calories absorbées dans le corps et de calories brûlées. Le métabolisme joue un rôle clé dans le maintien d'un poids santé.

Du point de vue spirituel, aucun schéma PMM n'est associé à l'excès ou à l'insuffisance de poids. Ce problème est davantage d'ordre physique et comportemental. Les questions de poids résultent nettement de la maladie et de troubles physiques du corps, mais il ne faut pas négliger les causes comportementales. L'obésité peut découler de beaucoup de frustrations ; souvent, les gens mangent trop pour compenser. Il y a aussi un manque important de discipline dans le travail avec le corps en vue d'atteindre un poids santé. Les questions d'insuffisance de poids, telle l'anorexie, sont liées à des problèmes psychologiques, dont la dépression et le manque d'estime de soi.

Votre première tâche consiste à dégager les courants de pensée négative qui contribuent à ce problème, puis à demander à la lumière de libérer l'accumulation négative dans le corps.

Prière méditative destinée à purifier le corps des déséquilibres de poids

Dirige la flamme rouge orangé vers mes centres spirituels afin d'en relâcher toute pensée et tout sentiment négatifs affectant mon poids. Laisse aller toute frustration, paresse, dépression, tout manque d'estime de soi qui interfère avec l'équilibre normal de mon poids. Que cette lumière purificatrice atteigne mon corps physique afin d'éliminer toutes les toxines spirituelles et les vibrations malades qui interfèrent avec le métabolisme de mon corps.

Ensuite, attirez le feu bleu-blanc.

Prière méditative destinée à recharger la conscience

Dirige le feu bleu-blanc de la vie éternelle vers mes centres spirituels pour les charger et les recharger d'une nouvelle force vitale. Ainsi, je pourrai avoir un regard frais sur ma vie, mes pensées et mes sentiments, et ce, en termes de santé et de bien-être. Je demande que cette force vitale atteigne mon corps physique afin d'équilibrer ma chimie corporelle, surtout mon métabolisme, et de faire en sorte que mon corps soit en parfaite santé.

Lorsque c'est fini, attirez la lumière blanche pour une forte recharge.

Prière méditative destinée à stimuler la conscience

Dirige la pure lumière blanche vers mes centres spirituels et mon corps afin de stimuler toute ma conscience en ta divine pureté. Je te demande de stabiliser, d'aligner et d'accorder mes centres et mon corps. Ainsi, je pourrai sentir ta divine présence et mon lien avec Dieu.

Ensuite, attirez le rayon rose foncé afin de vous sentir aimé et soigné.

Prière méditative destinée à bénir la conscience par le rayon rose foncé

Dirige le rayon rose foncé de l'amour spirituel vers tous mes centres spirituels et dans mon corps afin que je sente la divine compassion de Dieu et que je me voie comme un précieux joyau divin. Je me pardonne si j'ai été dur envers moi-même. Que cette lumière bénisse mon corps, pour que chaque cellule réagisse à cet amour.

Ensuite, attirez le rayon d'amour pour une force dynamique.

Prière méditative destinée à renforcer la conscience

Dirige le rayon doré de la lumière de sagesse vers tous mes centres spirituels et dans mon corps afin de me renforcer dans la puissance divine. Je demande que cette lumière me donne la confiance, le courage et la discipline nécessaires pour équilibrer mes habitudes alimentaires. Ainsi, je prendrai soin de mon corps et le respecterai en tant que temple de l'âme.

Si vous avez un surplus de poids, ajoutez le rayon pourpre en vue d'attirer la paix dans votre conscience.

Prière méditative destinée à calmer la conscience par le rayon pourpre

Dirige le rayon pourpre de la paix vers mes centres spirituels et mon corps afin d'apporter le silence de la paix et la paix du silence. Dégage toute tension reliée au déséquilibre pondéral en soulageant les pressions mentale et émotionnelle ainsi que la tension physique de mon corps.

Si vous avez une insuffisance de poids, ajoutez la lumière incarnate pour stimuler votre appétit.

Prière méditative destinée à stimuler l'appétit au moyen du rayon incarnat

Dirige le rayon incarnat vers mon corps physique afin de stimuler mon appétit. Qu'il active mes centres spirituels pour que je sois rechargé mentalement et émotionnellement.

Problèmes de rate

Racine spirituelle (PMM) :	Énergies à utiliser :	
Aucune.	Flamme rouge orangé	Feu bleu-blanc
	Pure lumière blanche	Rayon orange vif
	Rayon incarnat	

La rate est un organe lymphatique situé du côté gauche du corps, dans la cavité abdominale. Le chakra de la rate coïncide avec la rate physique. La rate joue deux rôles : elle détruit et élimine les vieux globules rouges usés, et aide à combattre l'infection. On peut vivre sans rate, mais les autres organes, surtout le foie, doivent alors compenser pour garder le corps en équilibre.

À ma connaissance, aucun schéma PMM n'est relié à la rate, mais celle-ci est fort utile à l'assimilation de la substance spirituelle.

Prière méditative destinée à purifier la rate

Dirige la flamme rouge orangé de la purification vers ma rate et répands-la dans toutes les directions afin de dégager ma rate des toxines spirituelles. Évacue tous les atomes noirs et gris dans le règne minéral et dissous-les dans la lumière.

Prenez votre temps avec cet organe. Puis, attirez le feu bleu-blanc.

Prière méditative destinée à guérir la rate

Dirige le feu bleu-blanc de la vie éternelle vers ma rate pour la charger et la recharger d'une force de vie nouvelle. Je demande que cette lumière guérisse toutes les zones lésées de ma rate et ramène celle-ci à une parfaite santé.

Lorsque vous aurez terminé, attirez la lumière blanche pour une forte recharge.

Prière méditative destinée à recharger la rate par la lumière blanche

Dirige la pure lumière blanche de façon à recharger ma rate dans ta divine essence. Je demande que la lumière blanche atteigne la structure moléculaire de ma rate afin d'égaliser, d'aligner et d'accorder tous ses aspects dans la divine unité.

Comme la rate a besoin de beaucoup d'énergie, je suggère de travailler avec le rayon orange vif, puis avec le rayon incarnat.

Prière méditative destinée à stimuler la rate

Dirige le rayon orange vif de la motivation et de l'enthousiasme vers ma rate afin de la stimuler par une activité nouvelle.

Puis, travaillez avec le rayon incarnat. Cette énergie aide toujours à recharger toutes les zones épuisées.

Prière méditative destinée à recharger la rate

Dirige le rayon incarnat vers ma rate pour la revitaliser et la recharger. Dégage-la ainsi de toute fatigue ou de tout épuisement.

Si votre rate est gonflée, utilisez aussi le rayon pourpre pour détendre les zones tendues.

Prière méditative destinée à soulager la rate au moyen du rayon pourpre

Dirige le rayon pourpre vers ma rate afin de calmer et de soulager les zones tendues et de favoriser la guérison des zones de mon corps qui contribuent à tout déséquilibre de ma rate.

Problèmes de reproduction

Qualité spirituelle du système reproducteur :	**Énergies à utiliser :**	
Force créatrice.	Flamme rouge orangé	Feu bleu-blanc
	Pure lumière blanche	Rayon incarnat

La capacité de procréer est l'un des dons les plus sacrés et les plus spirituels que Dieu nous ait donnés. Elle reflète le processus divin par lequel fut créée chacune de nos âmes immortelles. La qualité spirituelle du système reproducteur est la force créatrice. Cette force, cependant, n'est pas limitée à la seule expression sexuelle. Elle peut être utilisée (et elle l'est) pour toute entreprise créatrice. Harnacher notre énergie sexuelle, c'est harnacher notre force créatrice. Dieu est créateur. Des problèmes de reproduction peuvent être un signe de mésusage de la force créatrice et procréatrice en soi.

Naturellement, en travaillant avec la lumière, dirigez l'énergie spirituelle vers vos organes sexuels, mais également vers votre chakra racine, car le système reproducteur y est étroitement relié. Pour concevoir et engendrer des enfants, l'énergie de ce chakra est nécessaire. Le karma entre aussi en jeu. Par exemple, l'impuissance et l'infertilité sont souvent des problèmes karmiques.

Prière méditative destinée à purifier les organes sexuels

Dirige la flamme rouge orangé de la purification vers tout mon système reproducteur afin de me nettoyer de toutes les vibrations contraires à la force créatrice de Dieu. Je demande que cette lumière se rende à mon chakra racine en vue de dégager toute perturbation que j'ai pu engendrer par un mésusage de cette dimension sacrée de mon être. Dirige tous les atomes noirs et gris vers le règne minéral, et dissous-les dans la lumière.

Ensuite, vous aurez besoin du feu bleu-blanc afin de recharger la force spirituelle de vos organes sexuels.

Prière méditative destinée à guérir les organes sexuels

Dirige le feu bleu-blanc de la vie éternelle vers mon système reproducteur pour le charger et le recharger d'une nouvelle force vitale en refaisant le plein de toutes les énergies épuisées. Je demande que cette force vitale refasse le plein de l'ectoplasme et des effluves de mes organes sexuels afin de les garder vivants et forts. Je demande aussi que le feu bleu-blanc se rende à mon chakra racine pour le charger et le recharger dans le sens des aiguilles d'une montre.

Lorsque vous aurez terminé, attirez la lumière blanche afin de recharger la dimension sexuelle de votre être. Si vous avez mal employé cette force créatrice, demandez que la lumière aide à vous racheter.

Prière méditative destinée à recharger les organes sexuels de lumière blanche

Dirige la pure lumière blanche vers mes organes reproducteurs afin de les stimuler dans la Lumière divine et sacrée. Que le feu créatif qui brûle dans mes reins et mon chakra racine reflète les feux créatifs sacrés de Dieu. Si, d'une manière ou l'autre, j'ai mal utilisé cette énergie vitale, je demande pardon. Je demande aussi à être racheté dans la pureté et la lumière divine.

Puis, terminez votre travail par le rayon incarnat.

Prière méditative destinée à recharger les organes sexuels au moyen du rayon incarnat

Dirige le rayon incarnat d'énergie de façon à revitaliser et à remagnétiser mon système reproducteur pour que je me sente puissant et fort dans cet aspect de moi-même. Puisse cette lumière bénir mon chakra racine afin que je sois motivé à exprimer le bien le plus haut par la force de mon énergie créatrice.

Problèmes de squelette

Qualité spirituelle du système squelettique :	**Énergies à utiliser :**	
Aucune en particulier ; la moelle osseuse est reliée à la force vitale du corps.	Flamme rouge orangé Pure lumière blanche Rayon argenté Rayon incarnat	Feu bleu-blanc Rayon rose foncé Rayon pourpre

Le système squelettique est composé d'os et de cartilages qui soutiennent et protègent le corps. Ce système sert d'autres fonctions, comme la production de globules rouges et blancs et l'emmagasinage de minéraux tel le calcium pour l'absorption par le corps. Les os sont étonnamment forts et résistants, mais très légers. Vivants, ils sont très humides et poreux. Les articulations forment le point de rencontre de deux os. Elles contiennent presque toujours du cartilage et des liquides afin de rendre les mouvements spontanés, souples et indolores.

Je ne connais aucun schéma PMM se rapportant au système squelettique. Toutefois, un attribut spirituel est relié à la moelle des os : la force vitale du corps. Le système squelettique peut se détraquer de bien des façons. Les os peuvent se briser ou devenir fragiles, sinon même désalignés. Les articulations et le cartilage peuvent devenir usés ou abîmés, ce qui rend le mouvement difficile ou pénible. Comme les troubles musculo-squelettiques font partie des causes les plus courantes de douleur chronique et d'incapacité physique, assurez-vous que la lumière atteigne en force votre système squelettique – les os et la moelle, les articulations et les cartilages, les tissus conjonctifs.

Prière méditative destinée à purifier le système squelettique

Dirige la flamme rouge orangé de purification vers mes os, la moelle, mes articulations et le cartilage afin de les purifier de tous les atomes noirs et gris. Que cette lumière purifie également mes tissus conjonctifs. Évacue toutes les énergies destructrices dans le règne minéral, et ce, par la plante de mes pieds, et dissous-les dans la lumière.

Ensuite, attirez le feu bleu-blanc. Assurez-vous de travailler avec cette lumière dans la moelle de vos os.

Prière méditative destinée à recharger le système squelettique par le feu bleu-blanc

Dirige le feu bleu-blanc de la vie éternelle vers mes os, mes articulations et le cartilage pour les charger et les recharger d'une nouvelle force vitale. Je demande que cette lumière soit dirigée vers la moelle de mes os afin de la revitaliser. Que cette lumière guérisse aussi les os endommagés ou fracturés, les articulations usées ou lésées, et aide à aligner mon squelette.

Lorsque vous aurez terminé, attirez la lumière blanche et demandez qu'elle agisse dans la structure moléculaire de votre système squelettique.

Prière méditative destinée à stimuler le système squelettique par la lumière blanche

Dirige la pure lumière blanche imprégnée d'une substance spirituelle vers la structure moléculaire de mes os, de ma moelle osseuse, de mes articulations et du cartilage afin de réparer par la lumière divine toute zone lésée. Que cette lumière blanche libère la moelle de mes os de toute vibration malsaine.

Le rayon rose foncé aide ici à garder les os souples et poreux.

Prière méditative destinée à stimuler les os par le rayon d'amour

Dirige le rayon rose foncé de l'amour vers mes os, mes articulations et le cartilage afin de stimuler l'esprit vital de chaque cellule et de faire en sorte que toutes les cellules réagissent à ton amour spirituel. Que cette lumière guérisse les zones que j'ai pu maltraiter ou soumettre à une pression indue. Qu'elle atteigne la structure moléculaire de mon système squelettique en vue de garder les os lubrifiés, souples et poreux.

Ensuite, attirez le rayon argenté pour stimuler les cellules des os.

Prière méditative destinée à stimuler les os par le rayon argenté.

Dirige le rayon argenté vers mes os, surtout dans mes articulations et mon cartilage, afin de stimuler l'esprit vital de chaque cellule et de faire en sorte que toutes les cellules réagissent à ton intelligence. Que cette lumière se rende aussi dans la moelle de mes os pour la rajeunir.

Lorsque vous aurez terminé, attirez le rayon pourpre afin de soulager vos os, surtout vos articulations.

Prière méditative destinée à soulager les os et les articulations au moyen du rayon pourpre

Dirige le rayon pourpre vers mes os, surtout mes articulations et mon cartilage, afin de soulager les zones tendues. Que ce rayon de paix équilibre ma structure squelettique pour que mes os fonctionnent en harmonie avec mes muscles et les autres parties de mon corps.

Puis, concluez par le rayon incarnat et dirigez-le vers la moelle de vos os.

Prière méditative destinée à recharger la moelle des os

Dirige le rayon incarnat d'énergie vers la moelle de mes os pour la revitaliser et la remagnétiser, et surtout pour assurer la formation de nouveaux globules rouges en santé.

Problèmes du système immunitaire

Racine spirituelle (PMM) :	Énergies à utiliser :	
Aucune.	Flamme rouge orangé	Feu bleu-blanc
	Pure lumière blanche	Rayon argenté
	Rayon incarnat	Rayon pourpre

Le système immunitaire est le système de défense naturel du corps ; c'est une armée qui combat les envahisseurs ou tout ce qui compromet le bien-être corporel. Sans lui, nous serions vulnérables à tout virus ou microbe, et nous péririons rapidement. Le système immunitaire a sa propre intelligence, s'adapte, et lutte contre divers types d'attaque.

Les combattants essentiels du système immunitaire sont les globules blancs. Produits dans la moelle épinière (avec les globules rouges), les globules blancs ont pour rôle d'attaquer l'envahisseur et de le tuer. Ces cellules ayant un véritable souvenir des infections antérieures, elles peuvent réagir rapidement à d'autres attaques. Plusieurs organes du corps contribuent au système immunitaire, dont le thymus, les amygdales, la peau, le foie, la rate, les plaques de Peyer sur l'intestin grêle, ainsi que l'appendice. Le principal chemin utilisé par le système immunitaire est le système lymphatique, qui traverse chaque organe du corps à l'exception du cerveau. Les vaisseaux lymphatiques ont ce qu'on appelle des ganglions lymphatiques, soit d'importants distributeurs de lymphocytes qui sont des globules blancs spécialisés pouvant être mobilisés vers la zone en panne. Le système lymphatique est aussi une façon pour le corps de se débarrasser des envahisseurs étrangers qu'il a conquis.

Du point de vue spirituel, il n'y a pas à ma connaissance de schéma PMM unique relié aux troubles immunitaires. Des problèmes d'immunité précis peuvent l'être, mais pas le système immunitaire dans son ensemble. Cependant, comme pour tous les aspects de la guérison, la lumière est utile dans toutes les situations, car le système immunitaire peut devenir surchargé.

Les deux principales maladies associées au système immunitaire sont des problèmes d'auto-immunité, où le corps réagit à l'excès à une menace perçue, et les maladies d'immunodéficience, où le système de défense est trop faible pour affronter la menace à la santé du corps. Dans les méditations qui suivent, nous inclurons les deux types de problèmes.

Prière méditative destinée à purifier le système immunitaire

Que la flamme rouge orangé de la purification se dirige vers mon système immunitaire, surtout mon système lymphatique, afin de le purifier de toute vibration destructrice et de toute toxine spirituelle. Je te demande d'évacuer tous les atomes noirs et gris dans le règne minéral et de les dissoudre dans la lumière.

Ensuite, travaillez avec le feu bleu-blanc pour guérir votre système immunitaire et lui redonner sa pleine puissance.

Prière méditative destinée à regénérer le système immunitaire

Que le feu bleu-blanc de la vie éternelle se dirige vers mon système immunitaire, surtout mon système lymphatique, pour le charger et le recharger d'une nouvelle force de vie électrisante. Je demande que ce feu atteigne l'esprit vital de chaque cellule, surtout mes globules blancs, afin de les guérir et de les nourrir d'une nouvelle force vitale. Charge et recharge tous les organes reliés à mon système immunitaire et tous les ganglions lymphatiques.

La lumière blanche est toujours utile pour renforcer le système immunitaire en général.

Prière méditative destinée à renforcer le système immunitaire

Que la pure lumière blanche imprégnée de substance spirituelle se dirige vers toutes les facettes de mon système immunitaire, surtout mon système lymphatique, afin de les remonter et de les renforcer dans ta pureté et ta divine essence. Que cette lumière atteigne la structure moléculaire de chaque globule blanc en vue de réparer toute cellule lésée ou affaiblie.

Le rayon argenté est très utile ici si votre système immunitaire est confus ou ne peut comprendre comment lutter contre un microbe en particulier.

Prière méditative destinée à stimuler le système immunitaire avec le rayon argenté

Que le rayon argenté de l'intelligence divine se dirige vers tous les aspects de mon système immunitaire, surtout mes globules blancs, afin de les stimuler. Ainsi, ils pourront réagir à ton intelligence sacrée et indiquer à mes cellules comment traiter toute situation particulière vécue par mon corps.

Ensuite, utilisez le rayon incarnat, car le système immunitaire peut devenir fatigué et stressé par un excès de travail dans le processus de lutte contre l'infection.

Prière méditative destinée à revitaliser le système immunitaire

Que le rayon incarnat se dirige vers tous les aspects de mon système immunitaire afin de le revitaliser avec vigueur et énergie. Je demande que cette énergie palpitante en stimule les régions fatiguées pour qu'elles soient remagnétisées et rechargées dans la Lumière divine.

J'inclus ici le rayon pourpre de la paix. Ce rayon est surtout utile si vous êtes stressé, pour quelque raison que ce soit, car le stress impose une charge supplémentaire au système immunitaire.

Prière méditative destinée à calmer le système immunitaire

Que le rayon pourpre de la paix se dirige vers toutes les facettes de mon système immunitaire afin d'apporter le silence de la paix et la paix du silence. Je demande que cette lumière élimine tout stress ou déséquilibre pour que mon système immunitaire retrouve son équilibre. Entre dans tous mes centres afin de calmer tous les aspects de mon être en ta divine unité.

Problèmes endocriniens et hormonaux

Qualité spirituelle du système endocrinien :	**Énergies à utiliser :**	
Récepteur de l'énergie spirituelle dans le corps.	Flamme rouge orangé	Rayon pourpre
	Feu bleu-blanc	Rayon rose foncé
	Pure lumière blanche	Rayon incarnat
	Rayon émeraude	Rayon doré

Le système endocrinien comprend un groupe d'organes qui produisent des hormones et les sécrètent dans le système sanguin afin d'aider à réguler diverses fonctions corporelles. Ces principaux organes sont la glande pituitaire, la glande pinéale, les surrénales, la thyroïde, le thymus, les ovaires et les testicules. Mentionnons d'autres glandes : l'hypothalamus, la parathyroïde et le pancréas. Les hormones (d'un mot grec qui signifie « mettre en mouvement ») sécrétées par ces glandes se rendent dans chaque partie du corps et régulent le métabolisme, la croissance et le développement sexuel, ainsi que la façon dont le corps gère le stress, le sommeil, l'eau et l'équilibre minéral.

La qualité spirituelle reliée au système endocrinien est la capacité du corps à recevoir la Lumière divine. Il y a une merveilleuse interaction entre l'énergie spirituelle et ce système. Ces glandes sont essentiellement des récepteurs/transmetteurs d'énergie. La Lumière divine (habituellement la lumière blanche, et parfois le feu bleu-blanc) descend du Point du Moi supérieur et, en passant par le point argenté du mental éthérique, arrive au corps mental éthérique, où elle est directement envoyée à ces glandes, en un cycle automatique. Cette lumière est ensuite envoyée pour aider à lubrifier le courant de lumière dans les divers aspects du corps. Ce processus est essentiel pour régulariser le courant spirituel d'énergie dans le corps. S'il y a un trouble ou un problème dans ce système, cela peut indiquer une résistance ou une rupture de ce flux de lumière dans le corps, lequel ne reçoit peut-être pas la quantité de lumière dont il a besoin.

Il y a aussi un lien entre ces glandes et certains des centres spirituels du corps. L'énergie spirituelle circule vers les centres et rayonne vers ces glandes pour leur permettre de garder leur force afin d'accomplir leurs tâches. Voici les glandes et les centres qui entrent en jeu dans ce processus :

- Pituitaire (chakra couronne)
- Pinéale (centre mental)
- Thyroïde (centre de la gorge)
- Thymus (Centre hermétique)
- Surrénales (centre émotionnel)

Dans les prières méditatives indiquées un peu plus bas, incluez toutes les glandes, mais si vous avez de la difficulté avec l'une d'elles en particulier, focalisez la lumière sur cette zone. Je recommande aussi une guérison directe des glandes affectées. Dans chaque cas, placez l'index et le majeur de votre main droite sur le centre relié à la glande touchée, envoyez la lumière par vos doigts, et maintenez-la environ trois minutes. La lumière se rendra à l'endroit voulu. Voici également des recommandations pour des glandes précises.

L'hypothalamus

L'hypothalamus est le lieu d'interaction des systèmes endocrinien et nerveux. Les rayons argenté et émeraude lui sont fort essentiels.

La pituitaire

La pituitaire est souvent appelée la glande maîtresse, car elle aide à réguler les fonctions des autres glandes. Comme elle semble se déséquilibrer plus souvent que les autres, la pituitaire a fortement besoin du rayon émeraude. Elle réagit également très bien au feu bleu-blanc.

La pinéale

La pinéale a toujours fait l'objet d'une grande vénération en raison de son lien avec le troisième œil. Il est vrai que cette glande fait partie du système de soutien de la perception spirituelle, mais elle aide aussi à envoyer de l'énergie au cerveau et au mental. Biologiquement, il est intéressant de noter que cette glande sécrète de la mélatonine, laquelle régule notre rythme de veille et de sommeil. (Les mystiques parlent du réveil du troisième œil.) La pinéale influence aussi le développement sexuel.

La thyroïde

La thyroïde a un lien étroit avec le métabolisme. Lorsqu'elle ne fonctionne pas convenablement, elle a tendance à devenir trop active [hyperthyroïdie], ou insuffisamment active [hypothyroïdie]. Le feu bleu-blanc aidera à normaliser la fonction thyroïde. Visualisez le rayon qui entre et qui étincelle vraiment en grande force.

Le thymus

Le thymus fait partie du système immunitaire du corps. On travaille avec lui presque comme avec la thyroïde. Faites entrer le feu bleu-blanc et le plus de lumière possible à tout endroit qui vous semble déréglé dans votre Centre hermétique et où vous ressentez de la pression ou du stress. Votre thymus est votre système de défense naturel. Si vous vous sentez attaqué, assurez-vous de vous protéger de cette façon. Travaillez avec le rayon doré.

Les surrénales

Les surrénales sont les glandes qui vous donnent un supplément d'énergie. Vous avez sans doute déjà remarqué qu'en cas de situation d'urgence ou de stress, vos surrénales entrent en action. Toutefois, vous devez prendre soin de ne pas les surmener par un excès de stress. Le rayon émeraude pour l'équilibre et le feu bleu-blanc pour un surcroît de force s'avèrent indispensables ici. Le rayon rose foncé et la flamme violette sont également utiles aux surrénales surstressées. Si vous avez subi un surcroît de stress, assurez-vous de recharger aussi votre corps mental et la pituitaire.

Prière méditative destinée à purifier le système endocrinien

Que la flamme rouge orangé de la purification se dirige vers mon système endocrinien afin de dégager tous les atomes noirs et gris logés dans mes glandes et mes hormones. Retire tout blocage ou obstacle pour que la lumière puisse circuler librement dans ce système. Évacue toutes les énergies négatives dans le règne minéral et dissous-les dans la lumière.

Puis, laissez entrer le feu bleu-blanc en vue de rebâtir votre force.

Prière méditative destinée à recharger le système endocrinien

Que le feu bleu-blanc de la vie éternelle se dirige vers mon système endocrinien pour charger et recharger mes glandes et mes hormones. Je demande que le feu bleu-blanc guérisse toute zone affectée de mes surrénales ou tout déséquilibre chimique afin que tout fonctionne à la puissance maximale.

Ensuite, la lumière blanche est fort nécessaire pour stimuler votre système endocrinien et votre conscience.

Prière méditative destinée à renforcer le système endocrinien

Que la pure lumière blanche imprégnée de substance spirituelle se dirige vers mon système endocrinien afin de l'élever dans la sainte unité de Dieu. Je demande que cette lumière stimule la réaction de chaque glande, qu'elle fasse en sorte que l'énergie spirituelle soit envoyée à la partie du corps qui en a besoin, et que mon corps soit flexible et bien lubrifié par la Lumière divine.

Ensuite, le rayon émeraude est une énergie efficace pour aider à garder l'équilibre dans tous les aspects de votre corps et de vos glandes.

Prière méditative destinée à équilibrer le système endocrinien

Que le rayon émeraude de l'équilibre se dirige vers mes glandes et mes hormones afin d'équilibrer les activités et la chimie de mon système endocrinien, et son interaction avec le reste de mon corps.

Le rayon pourpre aide à soulager le stress lorsque votre système endocrinien est surmené ou surchargé.

Prière méditative destinée à apporter la paix au système endocrinien

Que le rayon pourpre de la paix imprégné de substance spirituelle se dirige vers tout mon système endocrinien, surtout les surrénales, pour y apporter sérénité et tranquillité. Dégage le stress de toutes les zones hypertendues afin que le système endocrinien puisse se détendre dans ton équilibre parfait. Ainsi soit-il.

Le rayon rose foncé aide aussi à soulager le système endocrinien, surtout s'il y a un sentiment de séparation entre vos aspects physique et spirituel.

Prière méditative destinée à soulager le système endocrinien

Que le rayon rose foncé de l'amour spirituel se dirige vers tous les aspects de mon système endocrinien afin de le soulager dans cette Lumière divine. Dégage tout obstacle à la circulation de la lumière dans mon corps ou à ma réceptivité à la lumière. Je demande que ce rayon d'amour ouvre mon corps et ma conscience à la compassion et à la divine unité.

Je recommande d'inclure le rayon incarnat, car souvent les glandes, surtout la thyroïde, ont simplement besoin de plus de vitalité.

Prière méditative destinée à charger le système endocrinien

Que le rayon incarnat se dirige vers mes glandes et mes hormones, surtout la thyroïde, afin de revitaliser et de recharger toute partie du système endocrinien dans la Lumière divine. Ainsi soit-il.

Puis, terminez votre travail par la lumière dorée en vue de renforcer les glandes.

Prière méditative destinée à fortifier le système endocrinien

Que le rayon doré de la lumière de sagesse se dirige vers mon système endocrinien afin de le fortifier par ta force dynamique. Je demande que le rayon doré renforce la circulation de lumière rayonnant à partir du Moi supérieur vers l'hypothalamus, la pituitaire, la pinéale, la thyroïde, le thalamus et les surrénales afin qu'ils nourrissent sans cesse de ta lumière et de ta puissance tous les aspects de mon corps.

Problèmes infantiles

On m'a demandé plusieurs fois comment travailler avec les enfants et la lumière, surtout en guérison. Bien des maladies chez les enfants en bas âge sont karmiques, physiques ou comportementales. Le schéma PMM n'entre pas en jeu avant qu'ils aient grandi.

Vous devez faire très attention en travaillant avec la lumière sur des enfants, car l'aura se forme à mesure que le corps de l'enfant grandit. En outre, l'aura a de nombreuses facettes, et il faut du temps pour que ces dernières s'enclenchent toutes. Dieu l'a voulu ainsi afin que l'enfant ne soit pas submergé par tout ça. Je me rappelle avoir observé avec fascination le développement aurique de mes enfants à mesure qu'ils grandissaient.

Jusqu'à l'âge de sept ans, la conscience et l'aura ne sont pas encore tout à fait fixes ni établies. C'est pourquoi les très jeunes enfants sont si impressionnables. Leur conscience est ouverte, car ils n'ont pas encore développé les outils visant à les protéger. Du point de vue de l'aura, les enfants ne communiquent pas avec leurs corps astral et mental éthérique avant l'âge de sept ans ; le schéma PMM ne s'applique donc pas vraiment aux jeunes enfants. Néanmoins, le Plus Haut les protège autrement en cette période de vulnérabilité. C'est là qu'entre en jeu le concept d'ange gardien.

Lorsque l'enfant développe son corps astral – après l'âge de sept ans –, il est plus cristallisé et établi dans sa force énergétique spirituelle. Puis, à 12 ans, ou vers le début de la puberté, il reçoit son Point du Moi supérieur. Dès lors, il est beaucoup plus pleinement engagé dans son pouvoir.

Bien sûr, vous pouvez travailler pour votre enfant afin de l'aider à guérir de n'importe quelle maladie avec l'aura et la Lumière divine, mais restez prudent. D'abord, ne l'obligez pas à adopter votre point de vue spirituel, à moins qu'il ne le demande. Certains enfants ne s'intéressent pas à l'aura, et c'est très bien ainsi. Rien ne les y oblige. On peut les aider en silence. Par contre, d'autres montrent un intérêt certain pour les questions spirituelles. Dans ce cas, on peut être plus ouvert avec eux. Même là, il faut toutefois y aller avec douceur et prudence.

Je ne recommande pas d'enseigner à tout enfant de moins de 12 ans à travailler directement avec l'énergie spirituelle, car avant cet âge il n'a pas encore son Point du Moi supérieur. S'il montre de l'intérêt, vous pouvez jouer à des jeux méditatifs de réflexion avec lui. Par exemple, faites-le s'imaginer des couleurs ou se voir en train de nager dans une piscine de lumière de la couleur de son choix. À 12 ans, il peut apprendre à travailler directement avec la lumière.

Peu importe l'intérêt de l'enfant, je vous suggère fortement de travailler discrètement avec la lumière, en son nom. La lumière fonctionnera tout aussi efficacement, et vous ne courrez pas le risque de perturber l'enfant d'aucune façon.

Pour lui envoyer de la lumière, vous n'avez qu'à élever votre conscience vers votre Point du Moi supérieur et à demander aux êtres angéliques d'aller vers votre enfant et de lui fournir la lumière dont il a besoin. Si vous voulez formuler une demande précise, c'est chose possible. Restez simplement en silence pendant quelques minutes, en ancrant la lumière ; les anges feront le reste. Chaque fois que vous envoyez de la lumière à quelqu'un, demandez toujours la permission, « selon la loi divine et l'amour du bien de tous ceux qui sont concernés ».

Problèmes lymphatiques

Racine spirituelle (PMM) :	Énergies à utiliser :	
Aucune.	Flamme rouge orangé	Feu bleu-blanc
	Pure lumière blanche	Rayon argenté
	Rayon incarnat	Rayon pourpre

Le système lymphatique est une part essentielle du système immunitaire. Il aide le corps à détruire les agents pathogènes et les cellules cancéreuses, de même qu'à filtrer les déchets des cellules. Moins connu que le système circulatoire, il a toutefois des caractéristiques similaires et fonctionne de concert avec celui-ci. Cependant, le trait frappant du système lymphatique est le manque d'un cœur pour pousser la lymphe [un liquide]. Des muscles souples dans les parois des vaisseaux lymphatiques aident donc à la circulation de la lymphe vers la région thoracique.

À ma connaissance, aucun schéma PMM n'est directement relié à ce système, mais il est important de diriger la lumière vers ce dernier. Suivez les prières méditatives se rapportant au système immunitaire et demandez surtout que la lumière aide à dégager toute stagnation de votre système lymphatique. Si vous avez des ganglions lymphatiques enflés, incluez également le travail avec la lumière pour les infections. Massez et gardez votre corps actif.

Problèmes oculaires

Qualité spirituelle des yeux :	**Énergies à utiliser :**	
La perception.	Flamme rouge orangé	Feu bleu-blanc
	Pure lumière blanche	Rayon émeraude

Les yeux constituent une partie fascinante du corps. On dit qu'ils sont « le miroir de l'âme ». Pour certaines écoles de pensée, les yeux sont liés au sens le plus sublime, car ils perçoivent la plus grande distance. À ma connaissance, aucun schéma PMM n'est relié aux yeux. La plupart des problèmes oculaires ont trait à des questions physiques. Le karma joue également un rôle clé dans ce type de maladie, surtout la cécité.

La qualité spirituelle associée aux yeux est justement la perception. Bien sûr, la perception dont il est question ici est à la fois physique et spirituelle. Les problèmes oculaires peuvent être liés à notre refus de voir quelque chose. Il nous arrive « d'avoir des yeux, mais de ne pas voir ». Si vous avez des problèmes d'yeux, demandez-vous s'il y a une chose que vous refusez de voir, sur laquelle vous « fermez les yeux ».

Il est important de nourrir votre perception spirituelle, car c'est à partir de celle-ci que vous prenez vos décisions, en général. À mesure que vous développerez votre âme et votre aura, vous augmenterez largement vos pouvoirs de perception. Jusqu'à un certain point, vous vous ouvrirez vraiment à une toute nouvelle dimension de la vue, le troisième œil. Comme j'ai éveillé mon troisième œil, je peux affirmer que cela vous donne une nouvelle perspective sur la vie en vous mettant en contact direct avec les mondes intérieurs. Au moment venu dans l'évolution de toute âme, le troisième œil s'ouvrira, et il faut s'y attendre avec impatience.

Prière méditative destinée à purifier les yeux

Père céleste, Sainte Mère Dieu, fais descendre dans mes yeux la flamme rouge orangé de la purification afin d'en dégager tous les atomes noirs et gris dans le règne minéral et de les dissoudre dans la lumière. Je te demande d'écarter toute énergie négative là où je refuse peut-être de voir quelque chose que l'on me présente.

Ensuite, attirez le feu bleu-blanc afin de charger et de recharger vos yeux d'une nouvelle force spirituelle.

Prière méditative destinée à recharger les yeux

Que le feu bleu-blanc de la vie éternelle imprégné de substance spirituelle se dirige vers mes yeux pour en charger et en recharger tous les aspects d'une nouvelle force vitale. Que le feu bleu-blanc guérisse toute zone lésée de mes yeux et des nerfs optiques qui vont jusqu'au cerveau. Ainsi soit-il.

Ensuite, la lumière blanche est fort nécessaire pour stimuler et éclairer les yeux.

Prière méditative destinée à stimuler les yeux par la lumière blanche

Que la pure lumière blanche imprégnée de substance spirituelle se dirige vers mes yeux afin de les guérir et de les stimuler dans la pureté de Dieu. Je demande que ta clarté bénisse mes yeux et ma conscience. Ainsi, je serai davantage sensibilisé, spirituellement, à ce que le Divin porte maintenant à mon attention.

Puis, le rayon émeraude est une énergie efficace pour garder l'équilibre dans mes yeux.

Prière méditative destinée à équilibrer les yeux

Que le rayon émeraude se dirige vers mes yeux afin d'équilibrer l'œil droit et l'œil gauche, ainsi que leur façon d'enregistrer de l'information dans mon cerveau. Puissent mes yeux s'harmoniser avec mes autres sens corporels et ma perception spirituelle.

Problèmes sanguins et circulatoires

Qualité spirituelle reliée aux systèmes sanguin et circulatoire :	**Énergies à utiliser :**	
Circulation de la Lumière divine et du prâna.	Flamme rouge orangé	Feu bleu-blanc
	Pure lumière blanche	Rayon émeraude
Racine spirituelle (PMM) :	Rayon rubis	Rayon rose foncé
Ego dominateur.	Rayon doré	

Notre système circulatoire, étonnamment complexe, permet au sang d'accomplir bien des choses pour nous. Conjointement avec le cœur, il transporte l'oxygène et les éléments nutritifs jusqu'aux cellules du corps afin que celles-ci aient l'énergie nécessaire à leur survie. Dans le cadre du même système d'activité, le système circulatoire charrie les déchets sécrétés par les cellules, afin d'en débarrasser le corps. Notre système circulatoire permet aussi au sang de réguler la teneur en eau du corps, sa température et son équilibre acido-basique, et de combattre l'infection.

Du point de vue spirituel, le système circulatoire est étroitement relié à la capacité du corps de faire circuler la Lumière divine et le prâna vital. Lorsque nous inspirons le prâna, sa substance spirituelle est distribuée dans tout le corps par le système circulatoire. Dans le grand flux cosmique de la vie, un système circulatoire céleste envoie de la substance spirituelle dans l'ensemble de la création et attire les atomes non réparés. Cette circulation cosmique est essentielle à la santé et au maintien des formes manifestées. Si vous avez un problème sanguin et circulatoire, cela peut signifier que, d'une façon quelconque, vous bloquez ou inhibez la circulation naturelle de la lumière et du prâna dans votre corps et votre conscience.

La cause fondamentale des troubles sanguins, en termes de PMM, est l'ego prédominant de la personnalité. Lorsque nous pensons pouvoir résoudre nous-mêmes tous nos problèmes, tout gérer, si nous avons une attitude trop ambitieuse par rapport à tout, cela crée dans le sang de fortes ondes qui affectent à leur tour le système circulatoire. Le plus grand dynamisme de l'ego se trouve dans le sang.

Il y a eu un grand malentendu à propos du mot *ego*, qui signifie « moi ». En psychanalyse, l'ego réfère à la partie consciente de la psyché qui contrôle la pensée et le comportement. Certes, comme nous avons tous un « moi », nous devons tous avoir un ego. Mais en terminologie métapsychique, nous devons établir une distinction entre l'ego humain, intéressé, appelé l'ego de la personnalité, et l'ego de notre nature divine. Dans la nomenclature spirituelle, l'ego divin est celui de l'individualité. Notre Moi supérieur, le canal de la Lumière divine et de l'inspiration que nous recevons, fait partie de cet ego divin.

À vrai dire, notre plus grande lutte dans l'existence est celle entre l'ego spirituel authentique, qui est notre véritable identité, et le faux ego, mesquin, qui veut dominer et contrôler notre vie. Le champ de bataille physique de cette guerre interne est en grande partie notre système circulatoire. Il n'est pas étonnant alors que les maladies cardiovasculaires représentent la cause principale de décès dans bien des pays.

Pour guérir le système sanguin, le premier rayon avec lequel vous devrez travailler est sans contredit la flamme rouge orangé, l'une des énergies les plus importantes. Bien des toxines spirituelles peuvent circuler dans le sang et doivent être dégagées pour que le sang soit efficace. Si vous avez une transfusion sanguine, demandez que la lumière se rende dans ce sang pour éliminer toute vibration négative de la personne dont vous recevez le sang. Il est excellent de garder de son propre sang en réserve pour une transfusion éventuelle.

Prière méditative destinée à purifier le système sanguin

Que la flamme rouge orangé de la purification se dirige maintenant vers tous les aspects de mon système sanguin, en évacuant dans la lumière les atomes noirs et gris et les toxines spirituelles dans le règne minéral. Je demande que cette flamme rouge orangé désintègre toutes les vibrations de l'ego de la personnalité qui perturbent l'équilibre du sang et ma conscience.

Puis, attirez le feu bleu-blanc afin de retrouver la force vitale et la guérison. D'ailleurs, ce feu est très approprié ici pour stabiliser la température du corps.

Prière méditative pour remplir le sang d'une nouvelle force vitale

Que le feu bleu-blanc de la vie éternelle se dirige maintenant vers mon système sanguin pour le charger et le recharger d'une nouvelle force vitale. Guéris mon sang et redonne-lui toute son énergie. Que cette lumière le nourrisse d'une nouvelle force divine. Je demande aussi que mon système circulatoire soit stimulé afin que la lumière et le prâna puissent circuler librement dans toutes les parties de mon corps qui ont besoin de leur puissance.

Lorsque vous en aurez fini avec le feu bleu-blanc, attirez la pure lumière blanche pour élever votre structure sanguine et atomique.

Prière méditative destinée à élever le sang par la lumière blanche

Que la pure lumière blanche se dirige maintenant vers mon système sanguin pour guérir et réparer toutes les zones affectées. Que cette lumière blanche travaille sur la structure atomique de mon sang afin de l'élever jusqu'à sa fréquence de fonctionnement optimale.

Ensuite, vous aurez besoin d'une grande quantité de lumière émeraude en vue de stabiliser et d'équilibrer la circulation sanguine.

Prière méditative destinée à équilibrer la circulation sanguine

Que le rayon émeraude d'équilibre et d'harmonie se dirige maintenant vers mon système sanguin afin d'équilibrer mon sang. Puisse cette lumière atteindre la chimie de mon sang et bénir ce dernier dans la Lumière divine.

Puis, attirez le rayon rubis dans votre sang. Rappelez-vous que l'aura du sang est de couleur rubis. Lorsque le sang est impur, cette vitalité est affectée négativement. Comme la vitalité spirituelle circule puissamment par le sang, gardez celui-ci vivant et fort.

Prière méditative destinée à recharger le sang

Que le rayon rubis de vitalité se dirige vers mon sang pour le recharger et le revitaliser par cette divine énergie sacrée. Je demande que cette lumière atteigne tous les aspects du sang qui sont faibles et sous-alimentés, surtout les globules rouges qui transportent l'oxygène aux cellules du corps. Je demande de me sentir complètement remagnétisé dans cette lumière divine.

Si vous savez que votre ego a triomphé de vous, vous devrez surtout travailler avec la lumière rose foncé.

Prière méditative destinée à remplir le sang du rayon d'amour

Que le rayon rose foncé de l'amour spirituel se dirige maintenant vers mon système sanguin en remplissant mon sang d'amour et de compassion. Laisse-moi sentir l'amour et la compassion de Dieu, et puisse mon être divin circuler librement dans mon corps et toutes les parties de ma conscience, nourrissant chaque cellule, organe et fonction corporelle.

Puis, terminez par le rayon doré afin de renforcer votre sang et d'y établir la vibration de votre ego divin, celui de l'individualité.

Prière méditative destinée à renforcer le sang

Que le rayon doré de la lumière de la sagesse se dirige vers mon système sanguin afin de renforcer mon sang par ta divine essence. Je demande à cette lumière d'aider à déplacer les vibrations de l'ego de la personnalité et à établir les vibrations sacrées de mon ego divin, afin d'éclairer et d'élever la forme physique ainsi que mon être entier.

Problèmes sensoriels

Qualités spirituelles des organes sensoriels et des sens :	**Énergies à utiliser :**	
Yeux : perception	Flamme rouge orangé	Feu bleu-blanc
Oreilles : compréhension	Pure lumière blanche	
Nez : discrimination		
Goût : jugement		
Toucher : cognition		

Nos sens nous servent à percevoir notre milieu. C'est par nos cinq sens physiques que nous recevons de l'information et qu'il nous est possible d'interagir avec le monde. Il est fascinant de voir que si le corps perd un sens, un autre peut devenir plus sensible pour compenser.

Travaillez avec les trois énergies de guérison essentielles si vous avez des problèmes dans l'un ou l'autre de ces domaines ou si vous voulez affiner votre perception sensorielle. Demandez aussi que la lumière atteigne votre cerveau afin qu'elle enregistre l'information avec exactitude. Puis, selon le sentiment avec lequel vous travaillez, demandez que la qualité spirituelle reliée à ce sens soit renforcée dans la lumière.

Rhume

Racine spirituelle (PMM) :	**Énergies à utiliser :**	
Ne pas accorder d'attention aux questions de la vie.	Flamme rouge orangé	Feu bleu-blanc
	Pure lumière blanche	Rayon incarnat
	Rayon émeraude	Rayon doré

Selon une vieille expression, « on n'attrape pas le rhume, c'est le rhume qui nous attrape » ! Le rhume est une infection virale qui affecte surtout les sinus, la gorge et les voies respiratoires supérieures. Divers virus peuvent causer un rhume.

Le schéma PMM relié au rhume consiste à ne pas accorder d'attention à certaines questions. Lorsque la vie nous présente des choses qui nécessitent notre attention, que ce soit une situation financière, relationnelle, professionnelle ou personnelle, et que nous évitons de passer à l'action, cela crée une énergie négative, habituellement celle de la peur et de l'inquiétude, toute grise. Et cela peut créer l'état PMM qui nous rend vulnérables aux rhumes. Rappelons-nous que nous sommes venus sur terre pour faire partie de l'existence et apprendre nos leçons spirituelles. Si nous remettons toujours au lendemain, ou évitons carrément, ce que nous devons faire, nous retardons notre progrès, ce qui crée un état négatif dans notre aura. En plus de travailler avec la lumière pour nous soulager d'un rhume, nous pouvons invoquer celle-ci pour qu'elle nous aide à prendre une décision et à aborder la vie de front.

Le rhume est l'une des formes les plus courantes de schéma PMM. Encore une fois, comme pour toutes les formes de maladie, tous les rhumes ne sont pas dus à ce schéma. Mais si nous tenons compte du fait que la moitié de nos maux y sont reliés, nous pouvons affirmer avec certitude que la moitié des rhumes que nous avons dans la vie relèvent de ce schéma. C'est là une affection très simple, mais importante, que nous pouvons tous facilement corriger par un changement d'attitude et en travaillant avec la lumière.

Vous devez travailler avec la lumière comme vous le feriez pour les infections en général, mais en mettant un accent particulier sur les voies respiratoires supérieures, la gorge et les sinus. Et vous devez aussi travailler sur votre conscience pour qu'elle vous aide à affronter tout ce qui se passe dans votre vie.

Prière méditative destinée à purifier le corps

Que la flamme rouge orangé de la purification se dirige vers mon corps, surtout mes sinus, ma gorge, et les voies respiratoires supérieures, afin de les dégager de la vibration destructrice qui m'a rendu vulnérable aux infections virales. Je demande que la flamme rouge orangé élimine les toxines spirituelles et nettoie mon corps de toute vibration destructrice envahissant mon système immunitaire. Évacue tous ces atomes noirs et gris vers le règne minéral et dissous-les dans la lumière.

Une fois de plus, attirez le feu bleu-blanc pour accumuler une nouvelle force vitale et guérir votre corps.

Prière méditative destinée à guérir le corps.

Que le feu bleu-blanc de la vie éternelle se dirige vers mon corps, surtout mes sinus, ma gorge et les voies respiratoires supérieures, afin de charger et de recharger mon corps d'une nouvelle force vitale, en créant un environnement sain. Je demande que le feu bleu-blanc se rende au système immunitaire pour le charger et le recharger d'une nouvelle force vitale.

Sentez le feu bleu-blanc remplir votre corps d'une nouvelle force vitale. Respirez profondément, à quelques reprises, pour installer cette énergie. Puis, demandez à la lumière blanche de recharger et de réparer avec force les cellules lésées.

Prière méditative destinée à élever le corps au moyen de la lumière blanche

Que la pure lumière blanche imprégnée de substance spirituelle se dirige vers mon corps, surtout mes sinus, ma gorge et mes voies respiratoires supérieures, afin d'en recharger toutes les zones dans ta divine essence. Je demande que la lumière blanche entre dans la structure moléculaire de mon corps afin de réparer toute zone lésée.

Ensuite, attirez la lumière incarnate, car un rhume peut dévitaliser le corps.

Prière méditative destinée à charger le corps

Que le rayon incarnat se dirige vers mon corps physique, surtout dans mes sinus, ma gorge et mes voies respiratoires supérieures, afin d'en remagnétiser et d'en recharger toutes les facettes. Je demande que toute fonction corporelle ou cellulaire soit pleinement réapprovisionnée grâce au rayon vital incarnat.

Puis, attirez la lumière émeraude pour apporter un nouvel équilibre et une nouvelle harmonie.

Prière méditative destinée à équilibrer les fonctions corporelles

Que le rayon émeraude de l'équilibre et de l'harmonie se dirige vers mon corps, surtout mes sinus, ma gorge et mes voies respiratoires supérieures, afin de redonner au corps son état naturel d'équilibre et d'harmonie. Je demande que ce rayon émeraude équilibre la chimie de mon corps et établisse une parfaite harmonie entre l'esprit, le corps et l'âme.

Ensuite, terminez par le rayon doré pour renforcer votre corps ainsi que vos centres mental et émotionnel et avoir ainsi le courage d'affronter les devoirs de la vie.

Prière méditative destinée à renforcer le corps

Que le rayon doré de la lumière de sagesse se dirige vers mon corps, afin de le renforcer par ta sagesse et ton pouvoir divin. Je demande que cette lumière renforce mon système immunitaire afin qu'il fonctionne de manière optimale. Je demande aussi que mes centres mental et émotionnel soient renforcés dans la lumière dorée et que je sois rempli de courage et de confiance en moi-même.

Sclérose en plaques

Racine spirituelle (PMM) :	**Énergies à utiliser :**	
Colère forte parfois mêlée de haine.	Flamme rouge orangé	Feu bleu-blanc
	Pure lumière blanche	Rayon émeraude
	Flamme violette	Rayon rose foncé

La sclérose en plaques (SEP) est un trouble dans lequel l'enveloppe de myéline qui protège les fibres nerveuses du cerveau et de l'épine dorsale dégénère, provoquant une interruption des impulsions nerveuses et rendant difficiles et incohérents les mouvements corporels. L'enveloppe de myéline sert d'isolant, comme celle d'un fil électrique. Elle protège les fibres nerveuses, leur permettant d'envoyer des impulsions électriques dans tout le système nerveux. La cause de la SEP n'est pas connue, mais une infection virale de la colonne ou du cerveau est une possibilité, conjointement avec une éventuelle auto-immunité anormale.

Le schéma PMM relié à la SEP est une colère mêlée de haine. Dans l'aura, il s'agit d'une mauvaise combinaison d'énergies. Vous avez les énergies dramatiques de la colère, d'un rouge vicié, semblables à des pétards, mêlées aux énergies d'un noir d'encre de la haine. Il y a donc là beaucoup d'énergies négatives, mentalement et émotionnellement. Je vois souvent un fort élément karmique rattaché à la sclérose en plaques.

Les énergies spirituelles avec lesquelles travailler dans ce cas sont nombreuses. Suivez les prières méditatives ayant trait aux états neurologiques pour diriger la lumière vers les fibres nerveuses mêmes, afin d'aider à guérir les zones lésées. S'il y a infection, si le cerveau a été touché, la lumière doit se rendre dans les régions atteintes. Et la lumière doit certainement aller vers le système immunitaire en vue d'équilibrer toute réaction anormale.

Ensuite, vous devrez faire un peu d'introspection. Sondez votre cœur ; voyez s'il ne reste pas des sentiments forts qui n'ont pas été abordés. Le cas échéant, mettez-vous à l'œuvre pour dégager ces états avant qu'ils ne progressent davantage. Je serai honnête avec vous : pour que le schéma PMM apparaisse sous la forme de la SEP, l'énergie destructrice doit avoir atteint le code génétique, créant un état dégénératif. Une fois ce stade atteint, le travail avec la lumière représentera un réel défi, car même si l'énergie négative est retirée, les cellules affectées auront été « remaniées », pour ainsi dire. Cependant, la lumière peut s'avérer très efficace pour prévenir une dégénération supplémentaire.

Sida

Racine spirituelle (PMM) :	**Énergies à utiliser :**	
Accorder plus d'attention aux aspects humains qu'à Dieu.	Flamme rouge orangé	Rayon émeraude
	Feu bleu-blanc	Rayon rose profond
	Pure lumière blanche	Rayon doré
	Rayon incarnat	Rayon émeraude

Le sida est causé par le virus d'immunodéficience humaine (VIH). Ce virus détruit les cellules T (un type de globules blancs), et lorsque le nombre de cellules décline, le système immunitaire ne protège plus le corps, ce qui le rend vulnérable à la maladie. Le sida a atteint des proportions épidémiques et est considéré comme l'une des pires plaies de l'humanité.

En termes de schéma PMM, on peut relier le sida au fait d'accorder plus d'attention aux aspects humains qu'à Dieu. Autrement dit, pour que cette maladie ait une racine dans le schéma PMM, il doit y avoir une coupure forte par rapport au courant divin. Remarquez que cette maladie frappe le système immunitaire, qui a pour but de protéger le corps. Quand nous sommes « dans l'ombre du Tout-Puissant », nous voilà dans le courant divin, mais lorsque nous nous accrochons trop fortement à notre nature humaine, il nous arrive de sortir à notre insu du courant divin et de rester vulnérables.

Le sida a une composante sexuelle. En effet, le mésusage de nos pouvoirs sexuels et créatifs est l'une des façons les plus rapides de nous couper du courant divin, même si nous sommes spirituellement conscients dans d'autres domaines de nos vies. Avec le sida, j'ai vu des énergies grises mêlées à du rouge vicié, dans et autour des organes reproducteurs, ce qui démontrait un usage impropre de l'énergie générative.

Parfois, l'énergie suit un courant descendant, ce qui indique un mésusage extrême des pouvoirs procréateurs.

Je dois ajouter que le sida a un élément karmique. Quand l'épidémie de sida a éclaté, j'ai demandé au Plus Haut d'où elle venait. J'ai compris qu'il s'agit d'une dette karmique ancienne remontant à l'époque de la Lémurie, et reliée à un mésusage de la sexualité. Le Plus Haut considère l'épidémie de sida comme une priorité élevée, et consacre beaucoup d'efforts à résoudre le problème. Malheureusement, cela ne se déroule pas aussi vite qu'il le faudrait, car les âmes ne s'éveillent pas à ce que le problème karmique est en train de leur dire.

Rappelez-vous que vous êtes sur la Terre pour accomplir une incroyable destinée spirituelle, pour grandir et évoluer. Et vous êtes précieux aux yeux de Dieu. Même si vous êtes immergé dans l'expérience humaine, votre allégeance est à Dieu, non à l'humanité. Si vous êtes infecté par le VIH, ou aux prises avec le sida, examinez votre cœur afin de voir si un schéma PMM s'applique à vous. Il n'y a là ni jugement ni condamnation d'aucune sorte. Mes propos sont empreints de compassion et de compréhension.

Je suggère que vous commenciez ce travail par une bonne prière de pardon. Demandez pardon à Dieu pour votre contribution à cette situation, et pardonnez à la personne de laquelle vous avez contracté la maladie. Aussi, si vous vous êtes puni, pardonnez-vous avec intensité. Vous devez aborder votre travail de guérison en ayant le cœur ouvert. Peu importe ce qui s'est passé, mettez désormais votre santé et votre vie entre les mains de Dieu. En travaillant avec la lumière, suivez l'approche générale recommandée pour les infections. Il s'agit d'aider le système immunitaire à gérer efficacement cette maladie.

Dans la recherche d'un remède au sida, l'un des défis est la mutation fort habile du virus. Partant, le système immunitaire devient confus et ne sait pas combattre la maladie. La lumière est également nécessaire à un réapprovisionnement en globules blancs, les principales cibles du virus.

Prière méditative destinée à purifier le corps du sida

Que la flamme rouge orangé de la purification se dirige maintenant vers tous les aspects de mon corps, surtout mon système sanguin, pour le dégager de toutes les vibrations destructrices. Élimine les atomes noirs et gris ayant généré un environnement négatif qui, à son tour, a laissé des organismes hostiles prendre le dessus. Je demande à la flamme rouge orangé de retirer les énergies négatives qui envahissent mon système immunitaire. Dirige toutes ces énergies négatives vers le règne minéral, et dissous-les dans la lumière.

Puis, attirez le feu bleu-blanc pour accumuler une nouvelle force vitale dans votre corps. Demandez que cette lumière recharge et guérisse votre système immunitaire et l'entraîne à vaincre le VIH et à produire de nouveaux globules blancs.

Prière méditative destinée à guérir le corps

Que le feu bleu-blanc de la vie éternelle se dirige maintenant de façon à guérir tous les aspects de ma structure physique. Je demande d'envoyer le feu bleu-blanc à mon système immunitaire pour le charger et le recharger d'une nouvelle force de vie, lui ordonner de mieux neutraliser tout organisme qui le confond ou l'affaiblit, et l'aider à accumuler de nouveaux globules blancs.

Si la situation que vous affrontez présentement est déjà grave, je vous suggère de répéter la flamme rouge orangé et le feu bleu-blanc avant de passer à la lumière blanche.

Prière méditative destinée à élever le corps au moyen de la lumière blanche

Que le rayon de pure lumière blanche se dirige maintenant vers tous les aspects de mon corps afin de le recharger de ta divine essence. Je demande à la lumière blanche de stabiliser, d'aligner et d'harmoniser tous les aspects de mon corps dans l'unité divine. Libère-moi de toute vibration malsaine et aide-moi à entretenir le schéma de santé parfaite. Je demande que la lumière blanche et la substance spirituelle passent dans la structure moléculaire de mon corps pour réparer les zones endommagées et rajeunir les cellules.

Puis, attirez une forte dose du rayon incarnat afin d'apporter de la vitalité à votre corps.

Prière méditative destinée à recharger le corps

Que le rayon incarnat, imprégné de la substance spirituelle, se dirige maintenant vers tous les aspects de mon corps physique, surtout mon système sanguin, pour en remagnétiser et recharger tous les aspects. Je demande que toutes les fonctions corporelles ou cellulaires dévitalisées soient pleinement rechargées par ce rayon vital incarnat. Je demande aussi que cette lumière revitalise surtout le système immunitaire.

Ensuite, invoquez le rayon émeraude pour équilibrer et harmoniser le corps.

Prière méditative destinée à équilibrer les fonctions corporelles

Que le rayon émeraude de l'équilibre et de l'harmonie se dirige maintenant vers mon corps afin de lui redonner son état naturel d'équilibre et d'harmonie. Élimine les problèmes de déséquilibre qui ont créé la souffrance physique, et permets-moi d'atteindre la parfaite harmonie entre l'esprit, le corps et l'âme.

Ensuite, utilisez le rayon rose foncé pour générer plus d'amour dans votre conscience et votre corps, car il peut y avoir un manque d'amour chez les personnes atteintes du sida.

Prière méditative destinée à imprégner le corps du rayon d'amour

Que le rayon rose foncé de l'amour spirituel se dirige maintenant vers moi de façon qu'il remplisse mon corps d'amour et de compassion. Permets à l'esprit vital de chaque cellule de s'abreuver profondément à cet amour sacré, pour se sentir en harmonie avec cette lumière sacrée. Que chacun de mes centres spirituels soit béni afin que j'agisse à partir d'un espace d'amour, de tendresse, de pardon et de compassion.

Ensuite, complétez votre travail avec le rayon doré en vue de renforcer votre corps et vos centres spirituels.

Prière méditative destinée à renforcer le corps avec le rayon doré

Que le rayon doré de la lumière de la sagesse se dirige vers moi maintenant de manière à renforcer mon corps au moyen de ta sagesse et de ta puissance divine. Renforce mon système immunitaire de façon qu'il fonctionne dans des conditions optimales. Je demande aussi que tous mes centres soient bénis par cette lumière dynamique, pour qu'elle m'apporte courage et force. Ainsi, mon attention restera concentrée sur une santé parfaite.

Syndrome de fatigue chronique

Racine spirituelle (PMM) :	**Énergies à utiliser :**	
Confusion mentale.	Flamme rouge orangé	Feu bleu-blanc
	Pure lumière blanche	Rayon argenté
	Rayon jaune citron	Rayon pourpre
	Rayon incarnat	

Le syndrome de fatigue chronique (SFC) est de plus en plus répandu. Il se caractérise par une fatigue débilitante dont le début est décelable, et ne s'améliore pas par le sommeil. Parmi les autres symptômes, mentionnons les maux de tête, le manque de concentration et le mal de gorge.

La racine PMM du SFC est la confusion mentale. Ce type d'énergie apparaît dans l'aura sous la forme d'un rayon jaune moutarde sale. À cela s'ajoutent parfois des énergies grises et désorientées, mal éclairées, selon le type de confusion. Il y a presque toujours aussi une faiblesse du corps mental. Cela ne veut pas dire que la personne manque d'intelligence, mais que la pensée ne s'appuie pas sur une force suffisance.

Nous sommes tellement bombardés d'informations et de stimuli qu'il est très facile de surcharger notre système et de tomber dans la confusion mentale, ce qui envoie des signaux contradictoires au corps et à la conscience, et entraîne un état de fatigue chronique. Le rayon argenté est essentiel, ici, pour apporter de la clarté. Si ces images chevauchantes persistent, le corps mental devient confus et ne vous donne pas ce que vous voulez. Bientôt, vous émettez cette énergie négative léthargique et entamez le schéma PMM.

En travaillant avec la lumière, vous devez focaliser les énergies de votre centre mental de manière à dégager les pensées erronées qui encombrent votre esprit. La lumière a naturellement besoin d'atteindre votre corps pour le recharger, car celui-ci a été dévitalisé par tout le stress imposé.

Commencez par la flamme rouge orangé, afin de purifier votre centre mental, et utilisez-la chaque fois que cette énergie négative s'installe dans votre corps.

Prière méditative destinée à purifier le corps mental de la pensée confuse

Que la flamme rouge orangé de la purification se dirige vers mon corps afin de me débarrasser de la confusion mentale et des illusions. Écarte les images superposées, déformées, les bombardements mentaux et l'empiètement. Évacue tous ces atomes noirs et gris vers le règne minéral, et dissous-les dans la lumière. Que la flamme rouge orangé purifie aussi mon corps physique de toutes les énergies négatives qui y sont incrustées.

Ensuite, vous aurez besoin du feu bleu-blanc pour accumuler de la force dans votre centre mental et guérir votre corps physique.

Prière méditative destinée à recharger le corps mental

Que le feu bleu-blanc de la vie éternelle se dirige vers mon corps mental en chargeant et rechargeant toutes mes pensées d'une nouvelle force vitale. Que cette lumière renouvelle l'énergie dans ma gorge, mon Centre hermétique et mes centres émotionnels. Je demande aussi que le feu bleu-blanc nourrisse d'une nouvelle force de vie chaque cellule de mon corps. Que cette énergie sacrée remplisse et soulage les zones épuisées de mon corps en me stimulant et me renforçant, afin que je me sente renouvelé et par une vitalité et une vigueur nouvelles.

Puis, la lumière blanche sera nécessaire pour recharger votre corps et votre conscience, et apporter un caractère sacré.

Prière méditative destinée à éclairer le corps mental

Que la pure lumière blanche se dirige vers mon centre mental afin de l'éclairer dans la pureté divine. Je demande que cette lumière se rende aussi à mon corps physique pour le stimuler et revigorer la structure atomique de chaque cellule.

À présent, attirez le rayon argenté, l'énergie la plus cruciale dans ce genre d'état. Lorsque le corps mental se met à générer de l'énergie confuse et négative, vous devez dégager l'encombrement et apprendre à traiter une seule image à la fois. Pour y arriver, il faut un rayon argenté. Demandez que chaque neurone soit stimulé. Votre rayon argenté vous tirera de cette confusion et vous donnera cette claire vision que vous désirez.

Prière méditative destinée à clarifier l'esprit au moyen du rayon argenté

Que le rayon argenté de l'intelligence divine se dirige vers mon corps mental afin de stimuler mon esprit et chaque cellule de mon cerveau en cette intelligence sacrée. Je demande que cette lumière élimine tout résidu de pensée confuse et apporte le rayonnement de l'esprit de Dieu dans mon conscient et mon subconscient, et qu'elle instaure un rythme mental magnifique.

Pour aider à renforcer le rayon argenté, demandez le rayon jaune citron de la concentration pour le corps mental.

Prière méditative destinée à apporter des pouvoirs de concentration au corps mental

Que le rayon jaune citron de la concentration se dirige vers mon corps mental afin de stimuler et de renforcer mes pouvoirs intellectuels et ma capacité de concentration. Je demande que cette lumière dégage tout ce qui me distrait et n'est pas actuellement essentiel à ma vie, afin que je puisse me focaliser sur ce qui a besoin d'attention.

Le rayon pourpre est également très utile pour calmer votre esprit et vous amener à l'unité divine.

Prière méditative destinée à apporter la paix à la conscience

Que le rayon pourpre de la paix se dirige vers mon corps mental afin de le calmer et que je puisse être en silence et savoir que tu es Dieu. Que mon esprit et mon corps reposent sur les eaux tranquilles de la paix.

Ensuite, vous aurez besoin du rayon incarnat pour recharger votre vitalité. Vous pouvez également utiliser le rayon rubis, pourvu que ce ne soit pas le soir.

Prière méditative destinée à recharger l'esprit et le corps

Que le rayon incarnat de la vitalité se dirige vers mon centre mental afin de le recharger d'une nouvelle Lumière divine et de dégager toute fatigue ou souffrance mentale. Stimule tous mes centres pour que chaque partie de mon être soit revitalisée par le rayon incarnat. Je demande que la lumière soit dirigée vers mon corps physique afin de vivifier chaque cellule pour que je puisse abandonner complètement toute fatigue ou tout épuisement et m'unir à la réserve infinie d'énergie divine.

Syndrome du côlon irritable

Racine spirituelle (PMM) :	Énergies à utiliser :	
Frustration, agitation.	Flamme rouge orangé	Feu bleu-blanc
	Pure lumière blanche	Rayon émeraude
	Rayon pourpre	

Le syndrome du côlon irritable est un trouble de l'activité normale du mouvement intestinal. Cet état peut causer de la constipation, de la diarrhée et de la douleur.

La frustration et l'agitation sont les racines PMM de cet état. Travaillez avec la lumière comme vous le feriez pour les troubles digestifs, et concentrez-la dans l'intestin. Envoyez également la lumière avec force vers votre nature émotionnelle afin de la rééquilibrer.

Toux

Racine spirituelle (PMM) :	Énergies à utiliser :	
Aucune.	Flamme rouge orangé	Feu bleu-blanc
	Pure lumière blanche	Rayon pourpre

La toux, un réflexe nécessaire, consiste à soudainement forcer l'air par les voies respiratoires pour en expulser de la matière irritante. Aucun schéma PMM n'y est relié. Si votre toux est chronique, pénible ou grave, focalisez la lumière sur la cause de celle-ci. Travaillez avec les prières méditatives utiles dans les cas de problèmes respiratoires. Aussi, travaillez avec le rayon pourpre pour apporter la paix dans les zones de votre corps agitées par la toux.

Trouble déficitaire de l'attention avec hyperactivité

Racine spirituelle (PMM) :	**Énergies à utiliser :**	
Aucune ;	Flamme rouge orangé	Feu bleu-blanc
maladie comportementale.	Pure lumière blanche	Rayon jaune citron
	Rayon émeraude	Rayon pourpre
	Rayon rose foncé	

Le trouble déficitaire de l'attention avec hyperactivité (TDAH), habituellement diagnostiqué chez l'enfant, entraîne une diminution de la durée de l'attention et une impulsivité. Les schémas TDAH se prolongent habituellement jusqu'à l'âge adulte. La plupart des études récentes indiquent que la cause du TDAH est un problème neurologique qui affecte les fonctions décisionnelles du cerveau. La prédisposition génétique semble aussi être un facteur. Du point de vue de l'aura, aucun schéma PMM n'est relié au TDAH, qui semble être surtout un problème physiologique. Cependant, ce trouble peut avoir une racine comportementale. Une perturbation mentale ou émotionnelle de la conscience de l'enfant peut engendrer cet état. Comme cela se produit dans l'inconscient, l'enfant ne sait pas pourquoi il agit de la sorte. Il pourrait s'agir de problèmes personnels non résolus, à la maison ou à l'école, auxquels l'enfant est sensible. S'il n'est pas maîtrisé, ce schéma peut s'ancrer et se prolonger jusqu'à l'âge adulte, donnant lieu à des problèmes éventuels. Aux causes physiologiques ou comportementales s'ajoute le karma physique comme facteur premier. Dans ces situations, il y a un trait génétique ou héréditaire. Quelle qu'en soit l'origine, le TDAH n'est pas fabriqué de toutes pièces comme certains le prétendent. C'est un trouble réel qui, même s'il n'a été que récemment identifié, existe depuis longtemps et doit être traité le plus tôt possible.

Si votre enfant a reçu un diagnostic de TDAH, je vous recommande de suivre les consignes données sous la rubrique « Problèmes infantiles » et de travailler avec les méditations qui suivent.

En travaillant avec ces rayons, focalisez sur les quatre centres spirituels, surtout si la cause est comportementale. En outre, travaillez avec la lumière dans le corps où cet état a fait des ravages physiques. Dans ce cas, il n'est pas nécessaire d'inclure la substance spirituelle. Il est essentiel d'avoir beaucoup de patience, de persistance et de compassion en traitant cet état.

Prière méditative destinée à purifier la conscience de son agitation

Que la flamme rouge orangé de la purification se dirige maintenant vers mes centres spirituels afin de libérer les énergies perturbatrices qui diminuent ma durée d'attention et créent de l'agitation, de l'impulsivité, de l'hyperactivité. Je demande que cette lumière se rende dans mon subconscient pour rompre les schémas destructeurs. Je demande aussi que cette énergie purifie tous les aspects de mon corps dans lesquels cet état fait des ravages physiques. Balaie tous les atomes noirs et gris dans le règne minéral, et dissous-les dans la lumière.

Ensuite, attirez le feu bleu-blanc pour remplir votre conscience d'une nouvelle force vitale.

Prière méditative destinée à recharger la conscience

Que le feu bleu-blanc de la vie éternelle se dirige maintenant vers mes centres spirituels, pour charger et recharger mes centres d'une nouvelle force de vie, et apporter un nouveau point de vue spirituel. Je demande que cette force de vie baigne mon corps, le guérisse et le restaure dans ton unité spirituelle. Je demande aussi qu'un rayon de ce feu bleu-blanc soit dirigé vers mon subconscient afin de générer de nouveaux schémas de saine activité.

La lumière blanche est nécessaire pour aider votre conscience à retrouver la bonne voie.

Prière méditative destinée à élever la conscience

Que la pure lumière blanche se dirige maintenant vers mes centres spirituels et tous les aspects de mon corps afin de m'élever et de me renforcer dans ta pureté et ta divine essence. Puisse cette lumière aider à renverser toute dynamique ou tout comportement négatif afin que je puisse pleinement accueillir la Lumière divine et la sainte unité de Dieu.

Puis, invoquez le rayon jaune citron pour vous aider à retrouver vos pouvoirs de concentration, surtout vers votre corps mental.

Prière méditative destinée à développer les pouvoirs de concentration

Que le rayon jaune citron se dirige maintenant vers mon centre mental, pour augmenter mes pouvoirs de concentration. Je demande que cette lumière stimule mon esprit conscient et mon inconscient, les dégageant des énergies confuses et désorientées.

Ensuite, le rayon émeraude est très utile pour ramener votre conscience à l'équilibre.

Prière méditative pour équilibrer la conscience

Que le rayon émeraude se dirige maintenant vers mes centres spirituels et mon corps afin d'équilibrer et d'harmoniser tous les aspects de mon être en une harmonie parfaite de l'esprit, du corps et de l'âme. Je demande que tout ce qui déséquilibre ma conscience soit dégagé pour que je puisse garder la tête haute dans mon unité divine. Je demande aussi que chaque partie de ma vie progresse vers l'ordre divin, qu'elle se déroule dans l'harmonie, en accord avec la vie divine.

Puis, utilisez le rayon pourpre de la paix afin d'aider à calmer les zones agitées qui contribuent à un manque de concentration. Le rayon pourpre est particulièrement important dans le cas d'un TDAH.

Prière méditative destinée à calmer la conscience

Que le rayon pourpre de la paix se dirige maintenant vers tous mes centres et mon corps afin d'établir le silence de la paix et la paix du silence. Je demande de relaxer dans les eaux calmes de la paix et de la tranquillité, en paix avec moi-même et avec Dieu.

Ensuite, complétez votre travail avec le rayon d'amour pour guérir la douleur des blessures émotionnelles qui pourraient résulter de cet état.

Prière méditative destinée à établir le rayon d'amour dans la conscience

Que le rayon rose foncé de l'amour spirituel se dirige maintenant vers les centres spirituels et tous les aspects de mon corps physique afin de me guérir – esprit, corps et âme. Dégage toute blessure émotionnelle qui pourrait encore m'affecter négativement et laisse-moi sentir la divine étreinte de cette lumière sacrée. Je demande de reconnaître à quel point je suis précieux aux yeux de Dieu.

Troubles digestifs		
Qualité spirituelle reliée au système digestif :	**Énergies à utiliser :**	
Digérer les pensées.	Flamme rouge orangé	Feu bleu-blanc
	Pure lumière blanche	Rayon émeraude
	Rayon pourpre	

Le système digestif est un étonnant système d'organes qui décomposent la nourriture en éléments nutritifs et en énergie qui servent à élaborer et à réparer les cellules du corps. Il transforme également la nourriture inutilisée en déchets, lesquels sont ensuite éliminés du corps. Les organes reliés à la digestion comprennent l'œsophage, l'estomac, le duodénum, l'intestin grêle, le gros intestin, le rectum, l'anus, le foie, le pancréas et la vésicule biliaire.

La nourriture avalée suit dans notre corps un parcours élaboré qui implique plusieurs organes et processus biologiques. Cette complexité du système digestif se reflète dans sa qualité spirituelle. Du point de vue spirituel, le système digestif représente notre processus d'acceptation et d'assimilation des pensées. Comme nous l'avons vu, notre corps est un reflet de la qualité spirituelle de l'esprit. Lorsque nous recevons de nouvelles idées, nous les digérons pour, éventuellement, soit utiliser, soit rejeter et libérer les pensées qui entrent dans notre conscience. Les problèmes de l'appareil digestif peuvent indiquer que, d'une certaine manière, il nous est difficile de digérer telle ou telle pensée dans notre conscience.

En travaillant avec la lumière, assurez-vous que les énergies traversent tout votre système digestif. Bien sûr, faites entrer la lumière dans toute zone en difficulté dans votre système digestif. L'estomac affaibli a habituellement besoin d'une grande quantité de lumière émeraude. Le feu bleu-blanc est très utile si vous avez le trac. Comme il y a une forte relation entre le centre émotionnel, l'estomac et le système digestif, assurez-vous que la lumière atteigne également votre centre émotionnel.

Prière méditative destinée à purifier le système digestif

Que la flamme rouge orangé se dirige vers mon système digestif, y compris mon estomac, mes intestins, mon pancréas, mon foie, et vers les organes et les fonctions reliés à l'assimilation de la nourriture et des éléments nutritifs dans mon corps. Puisse cette lumière aider à dégager les déchets de mon corps. Je demande aussi que la lumière dissolve toutes les vibrations qui ont permis à mes émotions d'altérer ma digestion.

Ensuite, attirez le feu bleu-blanc pour renouveler et guérir toutes les parties de votre système digestif.

Prière méditative destinée à guérir le système digestif

Que le feu bleu-blanc de la vie éternelle se dirige vers toutes les parties de mon système digestif afin de charger et de recharger tous mes organes. Je demande que cette lumière travaille à l'assimilation et à l'absorption de tous les éléments nutritifs pour que mon corps reçoive l'énergie dont il a besoin et aide ainsi à guérir les fonctions de mon système digestif. Je demande en outre que cette lumière atteigne particulièrement mon estomac et le dégage de toute nervosité pour qu'il puisse traiter la nourriture facilement et sans effort.

Ensuite, demandez à la lumière blanche d'aider à réparer les zones lésées de votre système digestif.

Prière méditative destinée à stimuler la digestion

Que la pure lumière blanche imprégnée de substance spirituelle se dirige vers mon système digestif en vue de le renforcer et de le stimuler dans ta divine pureté. Je demande que cette lumière soit dirigée vers le plan moléculaire des organes de mon système digestif afin d'aider à réparer les zones endommagées.

Ensuite, vous aurez besoin de la lumière émeraude pour équilibrer le système digestif et faire en sorte que tout fonctionne ensemble.

Prière méditative destinée à équilibrer la digestion

Que le rayon émeraude de l'équilibre et de l'harmonie se dirige vers tous mes niveaux de conscience de façon à les stabiliser en une harmonie de l'esprit, du corps et de l'âme. Puisse ce rayon de force équilibré atteindre mon système digestif afin d'harmoniser l'assimilation de nourriture et le processus d'élimination. Équilibre mon estomac, mon foie, mon pancréas et mes intestins de façon qu'il y ait un rythme d'activité régulier.

Je vous recommande de travailler ensuite avec le rayon pourpre en vue de calmer l'anxiété qui provient du stress présent dans votre système digestif.

Prière méditative destinée à apporter la paix au système digestif

Que le rayon pourpre de la paix se dirige vers mon système digestif afin d'éliminer l'anxiété et le stress qui perturbent ma digestion. Je demande que cette lumière facilite le processus de guérison de tout aspect lésé de mon système digestif afin que je demeure calme et équilibré dans ma divine unité.

Troubles du foie

Racine spirituelle (PMM) :	Énergies à utiliser :	
Frustration.	Flamme rouge orangé	Feu bleu blanc
	Pure lumière blanche	Rayon émeraude
	Rayon rubis	

Le foie est l'organe le plus volumineux et, avec le cerveau, peut-être aussi le plus complexe. Il a un très grand nombre de fonctions : il convertit les aliments digérés en protéines, en graisses et en glucides ; il fabrique du cholestérol ; il filtre les substances nocives et les envoie aux reins pour les éliminer du corps ; il produit la bile, qui facilite la digestion. Le foie est un organe fascinant ; s'il est partiellement détruit, il se régénère. Spirituellement, le corps astral se relie au corps physique par le cordon d'argent au foie. Ce cordon d'argent est très élastique, mais s'il se rompt, l'âme a effectué sa transition à partir de la vie physique.

Parce que le foie est si polyvalent, plusieurs schémas PMM peuvent être reliés à la maladie du foie. La cause générale est la frustration, laquelle apparaît dans l'aura sous la forme d'une énergie bleu sombre. Cela indique une qualité dépressive liée à cette frustration. Il peut également y avoir du gris. Pour que le foie soit affecté, la frustration doit être profondément installée. Nous pouvons tous être frustrés à propos de tant de choses ! Par exemple, une personne tente d'accomplir quelque chose et se sent frustrée de ne pas réussir. Quelque chose ne va peut-être pas comme elle le veut, et cela la frustre.

Travaillez avec les rayons de lumière utilisés pour les troubles digestifs, mais focalisez également la lumière sur votre sang et la façon dont il agit dans le foie. La flamme rouge orangé est essentielle, ici, pour libérer une accumulation toxique dans le foie, en même temps que le feu bleu-blanc et le rayon rubis de la vitalité. Je recommande en outre de travailler avec la lumière émeraude afin d'aider à dégager la frustration et d'apporter l'harmonie dans la conscience.

Prière méditative destinée à apporter l'harmonie au foie

Dirige le rayon émeraude vers mes centres spirituels, surtout mon centre émotionnel, afin de les dégager de toutes les frustrations et de toute désorientation émotionnelle. J'abandonne les frustrations, la tristesse et la dépression à Dieu afin que les choses se déroulent selon sa volonté. Je demande que cette lumière se rende à mon foie afin d'établir un équilibre entre les émotions et mon foie. Que cette lumière harmonise toutes les fonctions de mon foie pour que tout circule comme il se doit, dans un équilibre parfait.

Troubles du sommeil

Racine spirituelle (PMM) :	**Énergies à utiliser :**	
Aucune.	Pure lumière blanche	Rayon violet

Plusieurs troubles sont reliés au sommeil, dont l'insomnie, l'apnée du sommeil, et la narcolepsie. Du point de vue spirituel, je n'ai découvert aucun schéma PMM se rapportant aux troubles du sommeil. Selon moi, il semble plutôt y avoir une rupture des cellules du corps ou un déséquilibre chimique. Cependant, les états mentaux peuvent contribuer à de médiocres habitudes de sommeil. Par exemple, le fait d'apporter ses problèmes au lit peut être fort dérangeant. Peu importe ce qui vous est arrivé durant la journée, vous avez besoin de laisser aller tout cela. Autrement, toutes ces pensées envahissantes se fraieront un chemin dans votre subconscient et gêneront votre sommeil. Aussi, le vieil adage qui invite à ne pas se mettre au lit en colère contre son conjoint est fort vrai, car cela nuirait à votre cycle de sommeil.

Un sommeil convenable est essentiel pour donner au corps le temps de se recharger. Si vous forcez votre corps trop longtemps, vous engendrerez beaucoup de stress, ce qui finira par se manifester sous forme de souffrance physique. Évaluez vous-même la quantité de sommeil dont vous avez besoin, car celle-ci n'est pas la même pour tout le monde. La règle générale de sept à huit heures est appropriée, mais certains peuvent avoir des besoins moindres.

Les deux énergies qui peuvent vous aider à dormir sont la pure lumière blanche, capable d'équilibrer votre chimie corporelle, et le rayon violet, très soulageant.

Prière méditative destinée à aider le sommeil par la pure lumière blanche

Dirige la pure lumière blanche vers mes centres et mon corps afin de stabiliser, d'aligner et d'accorder ma conscience à ta divine unité. Mêle ce rayon à ma chimie corporelle pour dégager les dissonances et établir un rythme doux et reposant dans mon corps.

Prière méditative destinée à s'endormir avec le rayon violet

Dirige le rayon violet d'une douce paix et de la tranquillité vers tous les plans de ma conscience et de mon corps afin d'apporter le repos et la sérénité me permettant de dormir aisément et profondément. Que cette lumière dégage toute tension ou pression, toute préoccupation mentale, pour que je me détende dans la divine paix de l'Esprit.

Troubles musculaires

Racine spirituelle (PMM) :	Énergies à utiliser :	
Aucune.	Flamme rouge orangé	Feu bleu-blanc
	Pure lumière blanche	Rayon incarnat
	Rayon émeraude	

Tous les mouvements corporels sont produits par les muscles. Il y a trois types de muscles : squelettique, cardiaque et lisse. Le muscle squelettique soutient l'ossature et la fait bouger. Le muscle cardiaque, qui se trouve sur la paroi du cœur, peut fonctionner sans se fatiguer pour la vie du corps. Quant aux muscles lisses, ils se retrouvent généralement dans les parois des organes creux. Pour fonctionner convenablement, les muscles exigent beaucoup d'énergie sous forme d'adénosine triphosphate. Lorsque cette réserve d'énergie est trop basse, cela peut entraîner une faiblesse musculaire et une intolérance à l'exercice, accompagnées de douleurs musculaires ou de crampes. À ma connaissance, aucun schéma PMM n'est relié aux troubles musculaires, dont la plupart sont causés par des blessures, bien que des états telle la dystrophie musculaire soient presque toujours dus à une dette karmique. En travaillant avec la lumière, incluez votre centre émotionnel, car lorsque vous êtes perturbé ou tendu émotionnellement, vos muscles aussi se raidissent.

Prière méditative destinée à purifier les muscles

Dirige la flamme rouge orangé de la purification vers mes muscles et mes tendons afin de les dégager de toutes les énergies noires et grises qui y sont logées. Évacue toute accumulation toxique dans le règne minéral, en dissolvant ces atomes dans la lumière.

Ensuite, attirez le feu bleu-blanc pour accumuler une nouvelle force vitale dans les muscles et guérir les zones lésées.

Prière méditative destinée à guérir les muscles

Dirige le feu bleu-blanc de la vie éternelle vers tous mes muscles, tendons et tissus conjonctifs afin de guérir les zones endolories, enflammées et lésées, et de garder les muscles forts et en santé. Je demande cela en ton nom sacré.

Lorsque vous sentirez que le feu bleu-blanc est établi, attirez la lumière blanche.

Prière méditative destinée à réparer les muscles

Dirige la pure lumière blanche vers mes muscles en vue de dégager toutes les tensions et de réparer mes atomes dans ta divine unité.

Ensuite, rechargez vos muscles avec le rayon incarnat.

Prière méditative destinée à recharger les muscles

Dirige le rayon incarnat de la vitalité vers mes muscles afin de les recharger dans la lumière sacrée. Je demande que mes muscles reçoivent toute l'énergie dont ils ont besoin pour rester forts et fonctionner dans des conditions optimales.

Puis, terminez par le rayon émeraude pour équilibrer les muscles.

Prière méditative destinée à équilibrer les muscles

Dirige le rayon émeraude vers mes muscles afin d'équilibrer toutes leurs fonctions. Aussi, je demande l'équilibre entre mes pensées, mes émotions et mes muscles en vue d'éliminer les tensions et le stress, et de permettre à mes muscles d'atteindre un équilibre parfait.

Troubles neurologiques		
Qualité spirituelle reliée au système nerveux :	**Énergies à utiliser :**	
La patience.	Flamme rouge orangé	Feu bleu-blanc
	Pure lumière blanche	Rayon émeraude
	Flamme violette	Rayon rose foncé

Le système nerveux est un formidable réseau de cellules, de tissus et d'organes qui régulent les réactions du corps en réponse aux stimuli internes et externes. Les parties essentielles du système nerveux sont le cerveau, la moelle épinière et les nerfs. J'ai traité du cerveau ailleurs dans ce livre ; dans cette section-ci, nous nous pencherons davantage sur la moelle épinière, les neurones et les nerfs.

La qualité spirituelle se rapportant à la moelle épinière et aux nerfs est la patience, étroitement reliée au fait de travailler selon le rythme et la volonté de Dieu. Un adage spirituel dit ceci : « Dans la patience, possède ton âme. » La patience (ou son manque) est un thème très récurrent dans la vie des gens. Il est si facile de s'agiter et de s'impatienter lorsque les choses ne vont pas comme nous le voulons, ou dans les délais auxquels nous nous attendons ! Cela peut nous faire perdre patience et nous désynchroniser par rapport au courant divin de la vie. Lorsque cela se produit, nous pouvons entreprendre des activités décalées relativement à l'ordre divin de la vie, ce qui nous rend vulnérables à toutes sortes de calamités. Bien sûr, nous devons être actifs et poursuivre nos buts, mais, en même temps, nous devons apprendre à « respecter le Seigneur » et à intégrer ces actions dans le flux naturel de la vie.

Puisque les nerfs constituent le système de communication du corps, ils absorbent la plus grande part du stress lorsque nous sommes décalés par rapport à notre propre rythme spirituel. Maintes fois, dans mon travail de voyante, j'ai vu à quel point les nerfs peuvent devenir la proie de tensions. Et si les nerfs ne fonctionnent pas convenablement, le reste du corps en souffre.

Les nerfs requièrent une attention particulière, car à l'instar des neurones du cerveau, ceux de la moelle épinière et des nerfs périphériques ne se divisent pas et ne se multiplient pas comme les autres cellules. Heureusement, un ensemble de cellules de soutien, appelées cellules gliales, aident à protéger et à nourrir les neurones. Et même si la plupart des cellules nerveuses ne se divisent pas, leurs composantes individuelles peuvent être remplacées et réparées.

Il est au plus haut point important que la lumière se rende à vos neurones pour les aider à fonctionner comme il se doit, et que le système de communication soit fort et intact. Une fois nos cellules nerveuses complètement détruites, il devient extrêmement difficile de les régénérer, même avec la lumière, et cela exige des capacités spirituelles qui ne sont pas à la portée de la plupart d'entre nous. Cependant, la lumière peut s'avérer très efficace pour réparer les nerfs endommagés, mais il faut véritablement de la patience et de la persistance. La substance spirituelle a également une grande importance dans la réparation de lésions nerveuses. La lumière doit être dirigée vers les nerfs des systèmes autonome, sensoriel et moteur. Aussi, la lumière doit se rendre aux synapses des nerfs pour que les transmissions électriques fonctionnent convenablement.

Prière méditative destinée à purifier le corps nerveux

Dirige la flamme rouge orangé de la purification vers tous les aspects de mes nerfs – les neurones, les cellules de soutien, la colonne vertébrale, les nerfs périphériques et les cellules du cerveau –, éliminant ainsi les vibrations destructrices et les toxines spirituelles logées dans mon corps nerveux. Évacue tous ces atomes noirs et gris dans le règne minéral, et dissous-les dans la lumière.

Ensuite, attirez le feu bleu-blanc afin d'accumuler une nouvelle force vitale dans le corps nerveux. Ce feu est très calmant et thérapeutique pour les nerfs. Il est essentiel que cette énergie circule librement dans la colonne et les nerfs.

Prière méditative destinée à guérir le corps nerveux

Dirige le feu bleu-blanc de la vie éternelle vers tous les aspects de mon corps nerveux, y compris les neurones, les cellules de soutien, la colonne vertébrale, les nerfs périphériques et les cellules cérébrales, pour charger et recharger mon corps d'une nouvelle force vitale, tout en créant un milieu sain dans tous les aspects du cadre physique. Je demande que cette lumière guérisse les zones tendues qui ont été accablées ou stressées d'une manière quelconque.

Utilisez lentement le feu bleu-blanc pour lui donner le temps de pénétrer tous vos nerfs. Lorsque vous sentirez qu'il est établi, attirez la lumière blanche pour bien recharger et réparer les cellules lésées.

Prière méditative destinée à recharger le corps nerveux

Dirige la pure lumière blanche vers tous les aspects de mon corps nerveux pour aligner et accorder tous les aspects du système nerveux de communication dans l'unité divine. Je demande que cette lumière aide à recharger les systèmes de soutien spirituels de mon corps nerveux et qu'elle entre dans la structure moléculaire de mon corps afin de réparer et de régénérer toute zone nerveuse lésée.

Puis, attirez le rayon émeraude pour qu'il équilibre votre corps nerveux.

Prière méditative destinée à équilibrer le corps nerveux

Dirige le rayon émeraude vers tous les aspects de mon corps nerveux afin d'égaliser, d'équilibrer et d'harmoniser tous mes nerfs dans la Lumière divine. Que cette lumière travaille avec le feu bleu-blanc en vue d'établir un rythme magnifique dans tout mon système nerveux de communication.

La flamme violette est essentielle à la santé des nerfs. Au chapitre 8, je fournis un exercice spécial pour les nerfs, avec la flamme violette. Ci-dessous, je présente une méditation générale pour les nerfs avec cette force de guérison.

Prière méditative destinée à apporter une paix de guérison au corps nerveux

Dirige la flamme violette de ta paix de guérison vers mon corps nerveux pour y éliminer le stress et les pressions, et y établir une douceur et une tranquillité.

Puis, terminez par le rose foncé pour apporter un amour de guérison à vos nerfs et en dégager les énergies antagonistes.

Prière méditative destinée à bénir le corps nerveux avec le rayon d'amour

Dirige le rayon rose foncé de l'amour spirituel vers mon corps nerveux afin d'établir une vibration d'amour. Que ma conscience apprenne à avoir confiance en Dieu et en la voie divine qui a été tracée pour moi, pour que j'apprenne à respecter le Seigneur. Je demande que cette lumière d'amour guérisse tout antagonisme, toute colère et tout ressentiment qui crée de la pression sur mes nerfs.

Troubles rénaux

Racine spirituelle (PMM) :	**Énergies à utiliser :**	
Retenue, refoulement, répression.	Flamme rouge orangé	Feu bleu-blanc
	Pure lumière blanche	Rayon émeraude
	Rayon pourpre	Rayon doré

Le rôle des reins est d'entretenir un bon équilibre de l'eau et du pH dans le corps en filtrant le sang et les déchets, et en les dégageant sous forme d'urine. Les reins aident également à régulariser la tension artérielle et la production de globules rouges. Du point de vue spirituel, la racine PMM des troubles rénaux est le refoulement mental et, surtout, émotionnel. Comme nous le savons, le rôle des émotions est de s'exprimer. Lorsque nous retenons notre flux émotionnel, nous créons toutes sortes de problèmes dans l'aura et la conscience. Encore une fois, la plupart du temps ce phénomène est provoqué par la peur, et l'énergie destructrice générée est grise. Notre rôle dans la vie est d'être actifs et d'aller de l'avant, si petits que soient nos pas. La vie ne nous laissera pas longtemps assis entre deux chaises.

Il existe un lien profond entre les reins et le dos. Ainsi, dans votre travail avec la lumière, les énergies doivent aller autant à votre dos qu'à vos reins. Et comme il y a un lien profond entre les reins et le centre émotionnel, le rayon émeraude est également essentiel.

Prière méditative destinée à purifier les reins

Dirige la flamme rouge orangé de la purification vers chacun de mes reins afin d'en dégager tous les atomes noirs et gris. Purifie-les des blocages ou des obstacles pour que la lumière puisse circuler librement en eux. Que la lumière purifie mon dos, ainsi que son lien avec mes reins. Évacue toutes les énergies négatives dans le règne minéral, et dissous-les dans la lumière.

Puis, attirez le feu bleu-blanc afin d'accumuler une énergie nouvelle.

Prière méditative destinée à recharger les reins

Dirige le feu bleu-blanc de la vie éternelle vers chacun de mes reins pour les charger et les recharger d'une nouvelle force vitale. Je demande que ce feu guérisse toutes les régions lésées, ou tout déséquilibre chimique, afin que tout fonctionne avec l'énergie et la puissance maximales.

Ensuite, la lumière blanche est fort nécessaire pour recharger votre système et votre conscience.

Prière méditative destinée à recharger les reins

Dirige la pure lumière blanche imprégnée de substance spirituelle vers mes reins, afin de les recharger dans ta pureté sacrée. Je demande que cette lumière et cette substance se rendent dans la structure moléculaire des reins pour réparer les zones lésées en les faisant tourner dans le sens des aiguilles d'une montre.

Ensuite, le rayon émeraude est une énergie efficace pour garder l'équilibre entre les reins et les émotions.

Prière méditative destinée à équilibrer les reins

Dirige le rayon émeraude vers mes reins afin d'équilibrer leurs fonctions et leur chimie. Que chaque rein soit en harmonie avec l'autre, et qu'ils travaillent ensemble pour rester en équilibre avec mes émotions.

Le rayon pourpre aide à soulager le stress.

Prière méditative destinée à apaiser les reins

Dirige le rayon pourpre de la paix vers chacun de mes reins afin de leur apporter équilibre et tranquillité. Que ce rayon redonne un merveilleux équilibre et une douce paix à mes reins, mon dos et mon centre émotionnel.

Puis, terminez votre travail avec la lumière dorée afin d'aider à renforcer vos reins et votre conscience

Prière méditative destinée à renforcer les reins

Dirige le rayon doré de la lumière de sagesse vers chacun de mes reins afin de les renforcer d'une énergie dynamique. Je te demande ensuite de diriger cette lumière vers les plans mental et émotionnel de ma conscience pour me donner la force et le courage de laisser tomber toute peur retenant mon expression spirituelle. Laisse-moi avancer avec la confiance et le courage de Dieu.

Troubles respiratoires

Qualité spirituelle reliée aux poumons et aux voies respiratoires :	**Énergies à utiliser :**	
Attirer la Lumière divine.	Flamme rouge orangé	Rayon pourpre
	Feu bleu-blanc	Pure lumière blanche
	Rayon incarnat	

Le système respiratoire apporte l'oxygène aux poumons, le transfère au sang, en nourrit les cellules, puis élimine les déchets (dioxyde de carbone) une fois cet oxygène utilisé par les cellules. En inspirant, nous attirons de l'oxygène dans le corps ; en expirant, nous l'expulsons. Puisque le corps ne peut emmagasiner l'oxygène, il a besoin d'une réserve constante et régulière de celui-ci pour la survie des cellules, lesquelles ne peuvent vivre que quelques minutes sans cet apport. Pour maintenir une circulation régulière d'oxygène, la respiration est automatiquement contrôlée à la base du cerveau.

La qualité spirituelle reliée aux poumons et au système respiratoire est d'attirer la Lumière divine. Notre souffle physique est un minuscule microcosme du Souffle de Dieu. Le Souffle sacré est un lieu important ; c'est lui qui amène la Lumière divine à la création et qui attire vers lui les énergies négatives, les atomes noirs et gris d'énergie spirituelle non éclairée, pour qu'ils soient reconstitués dans la Lumière divine. En nous accordant plus étroitement à cette dernière, nous travaillons en meilleur rythme avec le Souffle de Dieu.

Si nos poumons ont un problème, ce peut être un signe que nous n'accordons pas d'attention à notre respiration et au fait de recevoir la lumière du Souffle de Dieu. Les problèmes pulmonaires peuvent indiquer un manque de force spirituelle dans le corps. Certains schémas PMM sont reliés à des troubles pulmonaires, comme le cancer du poumon, bien que certains états telle la fibrose kystique n'aient pas de racine PMM. Néanmoins, si vous faites face à une maladie pulmonaire, je recommande les méditations qui suivent.

Prière méditative destinée à purifier les poumons

Dirige vers mes poumons la flamme rouge orangé de la purification. Envoie-la dans mon système respiratoire afin de le purifier de toute vibration destructrice, de toute énergie négative. Dégage les toxines et empiètements spirituels de mes poumons pour ouvrir mes voies respiratoires et que je puisse ainsi recevoir une réserve fraîche d'oxygène et de prâna.

Sentez que vos poumons sont véritablement en train d'être nettoyés de toute impureté. Puis, attirez le feu bleu-blanc. Je recommande ici de vraiment sentir que vous attirez ce feu à chaque inspiration.

Prière méditative destinée à guérir les poumons

Dirige le feu bleu-blanc de la vie éternelle vers mes poumons et tout mon système respiratoire pour les charger et les recharger d'une nouvelle force vitale. Atteins mes bronches et mes sacs d'air pour ouvrir la circulation d'air et d'oxygène dans mes poumons. Je demande aussi qu'avec ce feu bleu-blanc je puisse inspirer une saine circulation de prâna afin de recharger mon corps de toute la substance spirituelle dont il a besoin.

Lorsque vous aurez fini, attirez la lumière blanche pour une forte stimulation. Si vous avez utilisé votre respiration pour parler de façon mesquine ou mal à propos, demandez aussi que cela soit guéri dans la lumière blanche.

Prière méditative destinée à stimuler les poumons par la lumière blanche

Dirige la pure lumière blanche vers mes poumons et mon système respiratoire afin de stabiliser, d'aligner et d'accorder tous les aspects de mon corps dans la divine unité. Stimule mon corps de manière qu'il réagisse mieux à l'énergie pranique qui le pénètre par mes poumons, afin que je puisse mieux accepter et réagir à cette force vitale.

Ensuite, le rayon pourpre est fort utile pour s'assurer que la respiration et la coordination entre le cerveau et les poumons fonctionnent comme il se doit.

Prière méditative destinée à calmer les poumons au moyen du rayon pourpre

Dirige le rayon pourpre de la paix vers mes poumons et étends-le de façon à apporter calme et tranquillité dans mon système respiratoire. Dégage toute tension de mes poumons et de mes voies respiratoires afin que tout avance à son propre rythme naturel. Que cette énergie bénisse mon cerveau et mon centre mental pour que la communication entre mon cerveau et mes poumons s'établisse comme il se doit.

Ensuite, complétez votre travail en utilisant le rayon incarnat. Cette énergie aide toujours à réapprovisionner toute zone épuisée

Prière méditative destinée à recharger les poumons

Dirige le rayon incarnat vers mes poumons afin de revitaliser et de recharger tout mon système respiratoire. Dégage toute fatigue ou épuisement de mes poumons et de mes voies respiratoires, et remplis mes poumons de cette force vitale afin que ma respiration soit pleinement rechargée dans la lumière.

Troubles urinaires

Qualité spirituelle du système urinaire :	**Énergies à utiliser :**	
Élimination des vibrations toxiques.	Flamme rouge orangé	Feu bleu-blanc
	Pure lumière blanche	Rayon émeraude
	Rayon pourpre	Rayon doré

Le système urinaire est chargé de contrôler le volume et la qualité des liquides dans le corps. Ce dernier est composé d'eau à 65 %. Le système urinaire élimine également des déchets et un trop-plein de liquides. Les principaux organes du système urinaire sont les reins, la vessie et l'urètre.

Sur le plan spirituel, le système urinaire aide à dégager les toxines spirituelles. Lorsque nous accumulons des vibrations destructrices dans notre corps en raison d'un schéma PMM, notre conscience dégage une partie de ces toxines à travers notre chakra racine, nos lignes de santé et notre centre de la rate, de même que directement, par la plante de nos pieds. L'appareil urinaire et le système digestif en sont l'équivalent physique, surtout le système urinaire.

Pour l'appareil urinaire, travaillez avec la lumière ayant trait aux reins, mais incluez la vessie et l'urètre. Assurez-vous de demander que toutes les toxines spirituelles soient dégagées de votre corps par la lumière.

Tuberculose

Racine spirituelle (PMM) :	**Énergies à utiliser :**	
Colère ; entretenir de fortes émotions négatives.	Flamme rouge orangé	Feu bleu-blanc
	Pure lumière blanche	Rayon incarnat
	Rayon émeraude	Rayon doré

La tuberculose est une maladie infectieuse due à une bactérie présente dans l'air. Elle affecte surtout les poumons, mais peut se répandre dans d'autres parties du corps, par le biais du sang. Jadis appelée « consomption », cette maladie a causé d'innombrables décès au cours des siècles. Grâce aux antibiotiques modernes, la tuberculose est désormais maîtrisée, mais elle se déclare encore.

Le schéma PMM de la tuberculose est la colère. Ce genre de colère est généralement entretenu un certain temps dans le corps émotionnel avant d'apparaître sous la forme de tuberculose. Cette situation indique une faiblesse spirituelle générale dans le corps. La partie émotionnelle de notre aura est un fort noyau d'activité spirituelle. Trop d'entre nous permettent à leurs sentiments de penser pour eux. Après avoir observé d'innombrables auras au cours des années, je peux affirmer qu'en général le corps émotionnel est la partie la plus faible de l'aura de bien des gens.

Pour guérir de cette maladie, travaillez avec la lumière comme vous le feriez dans le cas d'infections. Concentrez cette lumière sur vos poumons, si c'est là que se situe la tuberculose. Utilisez également les prières méditatives ayant trait au système immunitaire, car le corps peut habituellement traiter ce genre de bactérie. Ce qui se produit souvent avec la tuberculose, c'est que la bactérie reste latente dans le corps, jusqu'à ce qu'elle trouve une occasion de croître et de se multiplier. Travailler avec les prières méditatives destinées au système respiratoire est également très utile si la tuberculose s'est logée dans les poumons.

Ensuite, observez très attentivement de quelle façon vous traitez vos émotions. Vous accrochez-vous à la colère, au ressentiment et à la rancune ? Nourrissez-vous ces vibrations destructrices ? Travaillez avec la lumière sur votre nature émotionnelle et, si nécessaire, sur le fait de pardonner à quiconque vous a blessé d'une manière ou d'une autre.

Ulcères (ulcères de l'estomac)

Racine spirituelle (PMM) :	**Énergies à utiliser :**	
Colère, irritations générales.	Flamme rouge orangé	Feu bleu-blanc
	Pure lumière blanche	Rayon émeraude
	Rayon pourpre	

Les ulcères de l'estomac sont des plaies douloureuses dues aux sucs gastriques qui dévorent la paroi de l'estomac ou du duodénum (le début du petit intestin). Normalement, l'estomac et le duodénum sont très résistants aux acides digestifs, mais ils peuvent devenir irrités par des infections ou des attaques bactériennes ou virales.

Le schéma PMM relié aux ulcères est la colère et les irritations. Ces dernières se présentent dans l'aura sous la forme d'étincelles flottantes d'un rouge vicié. Les gens atteints d'ulcères peuvent être hypertendus sur le plan émotionnel.

Travaillez avec les énergies comme vous le feriez pour des troubles digestifs, et concentrez la lumière sur la zone affectée. Attirez vraiment le rayon émeraude et le rayon pourpre pour calmer votre estomac et ramener l'harmonie.

Vers

Racine spirituelle (PMM) :	**Énergies à utiliser :**	
Peur dévorante.	Flamme rouge orangé	Feu bleu-blanc
	Pure lumière blanche	Rayon incarnat
	Rayon émeraude	Rayon doré

Les vers sont des parasites qui infiltrent et habitent le corps. Il en existe de nombreuses espèces : l'ankylostome, le cestode, le nématode, le trématode et le plathelminthe, ou ver plat. Les vers proviennent d'aliments infectés, d'animaux contaminés et de lieux non hygiéniques.

Le schéma PMM relié aux vers est une peur dévorante. La peur apparaît sous la forme d'une énergie très grise dans l'aura. Comme il s'agit d'une émotion très courante, il n'est pas étonnant que les vers soient très répandus. Par exemple, on estime que le quart de la population mondiale est porteur d'ankylostomes dans ses intestins.

Chapitre huit

EXERCICES DESTINÉS À SOULAGER ET À RENFORCER LE CORPS

Au cours de mes nombreuses années de travail de guérison, j'ai reçu d'innombrables témoignages quant à la puissance de guérison de la Lumière divine. Mais le meilleur témoignage, c'est le vôtre. Lorsque vous travaillerez avec la lumière, vos propres expériences valideront la puissance de la guérison par l'énergie spirituelle. Dans la plupart des cas, la clé des guérisons les plus réussies est la régularité. Avec le temps, ceux qui travaillent régulièrement avec la lumière obtiennent les meilleurs résultats, car la Lumière divine a un effet cumulatif. Le corps a régulièrement besoin d'aliments et d'éléments nutritifs pour bien fonctionner, mais il a aussi besoin d'un flux constant de Lumière divine et de substance spirituelle pour garder son équilibre spirituel.

Pour compléter votre connaissance de la puissance de guérison de Dieu, ce chapitre explore des exercices spirituels qui renforcent le corps afin de le garder en santé, que vous affrontiez ou non la maladie. Comme le dit l'adage, une once de prévention vaut une livre de remède. J'ai trouvé les techniques suivantes essentielles à une vie saine.

Prâna et souffle

Une bonne respiration est essentielle à la santé spirituelle autant que physique. Par le prâna, nous nous relions au Souffle sacré de Dieu qui, à son tour, nous relie à la Lumière divine.

Par l'acte physique de la respiration, nous absorbons le prâna fondamental qui nous aide à reconstituer le corps physique. Ce miraculeux processus se déroule à chacune de nos respirations, mais grâce à des exercices de respiration particuliers, nous facilitons grandement la circulation de la substance spirituelle dans le corps.

Bien des techniques de respiration efficaces ont été développées afin d'amplifier le prâna dans le corps. Certaines sont simples ; d'autres sont assez élaborées. À tout moment, vous pouvez effectuer les trois suivantes, qui sont simples. Il est merveilleux de les faire avant de méditer. Vous pouvez rester debout, ou vous asseoir, pour tous ces exercices. Si vous ressentez un vertige ou de la souffrance physique, arrêtez immédiatement.

1. Inspirez lentement en comptant jusqu'à dix. Retenez votre souffle en comptant aussi jusqu'à dix, puis expirez lentement en comptant encore jusqu'à dix. Répétez dix fois.
2. Maintenez votre doigt sur votre narine droite et inspirez lentement par la narine gauche. Puis, fermez la narine gauche et expirez lentement par la narine droite. Recommencez avec la narine gauche toujours fermée et inspirez par la narine droite. Puis, fermez la narine droite et expirez lentement par la narine gauche. Répétez six fois.
3. Inspirez lentement. Retenez votre souffle un moment, puis expirez par petits coups jusqu'à ce que tout l'air soit expulsé. Répétez six fois. (Note : Ne pratiquez pas cet exercice à l'excès.)

Nettoyage du foie

L'un des premiers exercices que je donne à mes élèves consiste en un nettoyage spirituel du foie. Cela peut paraître étrange pour commencer votre formation spirituelle, mais la raison en est simple. Le corps astral est relié au corps physique par le cordon d'argent rattaché au foie physique. Ce lien reste durant toute votre vie terrestre. La mort au monde physique est associée à la rupture du cordon d'argent au foie. Le foie peut devenir surchargé de toxines spirituelles, surtout en raison de son rôle de purificateur, du système sanguin. Dans ce cas, son aura peut être tachetée de brun. Comme cet état est très courant, un bon nettoyage s'avère primordial.

Le processus en est fort simple. Prenez votre main droite et posez-la au-dessus de votre foie physique. Élevez votre conscience et demandez que la lumière descende de votre Moi supérieur directement à votre main droite, par la prière qui suit (voir Figure 8-1).

Prière méditative destinée à purifier le foie

Que la flamme rouge orangé de purification de mon Point du Moi supérieur, se dirige directement vers ma main droite, vers le noyau orange qui se trouve dans mon foie physique, et projette-la vers tous les atomes noirs et gris de mon foie pour les évacuer dans le règne minéral et les dissoudre dans la lumière.

Figure 8-1 : Purification du foie

Ensuite, sentez la lumière traverser votre main et entrer dans votre foie en le purifiant. Ce faisant, vous sentirez peut-être de la chaleur. Maintenez votre main en place deux ou trois minutes afin de laisser agir la lumière. Lorsque vous aurez fini, secouez votre main et lavez-la pour en dégager toute énergie résiduelle.

Puis, placez de nouveau votre main sur votre foie et demandez à la lumière de le recharger d'une nouvelle force vitale. De nouveau, tenez votre main sur votre foie environ deux ou trois minutes afin de laisser le feu bleu-blanc faire son travail.

Prière méditative destinée à renforcer le foie

Que le feu bleu-blanc de la vie éternelle de mon Point du Moi supérieur se dirige directement vers ma main droite et dans le noyau orange de mon foie physique, et fais-la sortir pour charger et recharger mon foie d'une nouvelle force vitale en le guérissant et le restaurant dans ta parfaite unité.

Énergiser le corps

Chaque fois que je me sens physiquement épuisée ou fatiguée, j'invoque immédiatement le rayon incarnat ou rubis. J'ai déjà parlé de ces énergies, mais je veux insister ici sur leur puissance et leur efficacité. Ces rayons énergiques sont destinés à stimuler et à augmenter la vitalité du corps et de la conscience. Nous pouvons perdre notre vitalité pour tant de raisons, dont le stress, les problèmes mentaux et émotionnels, la maladie, l'effort physique, et l'épuisement spirituel.

Renforcez d'abord votre protection spirituelle. Entourez-vous d'une bulle dorée de lumière et dégagez toute chose ou personne susceptible d'usurper votre énergie. Puis, attirez le rayon rubis si vous voulez un rapide éclair d'énergie, ou le rayon incarnat si vous désirez une énergie qui n'est pas tout à fait aussi intense, mais qui se maintiendra durant une plus longue période.

Demandez que la lumière travaille dans votre corps physique, surtout dans le système sanguin, afin de stimuler une nouvelle vitalité. Vous pouvez utiliser cette lumière de bien des manières.

Voici une prière méditative qui vous aidera à commencer. Adaptez-la à vos besoins.

Prière méditative destinée à recharger le corps

Que le rayon incarnat (ou le rayon rubis) se dirige vers toutes les parties de mon corps afin de les recharger d'une vitalité nouvelle. Qu'il recharge surtout les centres énergétiques de mon corps : mes surrénales, ma rate, ma thyroïde, mon système sanguin, et mes organes (nommez-en le plus grand nombre possible). Je demande que cette lumière circule en particulier dans mon système sanguin afin de le revitaliser et de le remagnétiser dans la Lumière divine.

Guérison générale des organes

Même si vous êtes en santé, il est bon d'envoyer périodiquement de la lumière dans vos organes. D'abord, élevez votre conscience vers votre Moi supérieur. Ensuite, demandez que la flamme rouge orangé descende vers le point argenté de votre mental éthérique et entoure votre corps mental éthérique de sept courants de lumière. Puis, faites descendre la lumière vers vos organes. Nommez le plus grand nombre possible de parties du corps et sentez la lumière toucher chacune. Voyez toutes les énergies négatives s'évacuer par la plante de vos pieds dans le règne minéral et se dissoudre dans la lumière. Prenez votre temps.

Accordez-vous une pause de quelques minutes, puis répétez l'exercice avec le feu bleu-blanc. Sentez-le toucher chaque organe et partie de votre corps qui a été purifiée par la flamme rouge orangé. Encore une fois, nommez chaque partie de votre corps et sentez la force vitale électrisante stimuler une énergie nouvelle dans chaque cellule. Vous pouvez ensuite continuer ainsi avec l'énergie que vous voulez.

Le centre de la rate et la lumière du soleil

Le soleil est la source de vie physique sur terre. Quand je regarde l'aura du soleil, je vois des teintes fantastiques d'orange et de jaune. Certaines études merveilleuses ont servi à explorer les effets de la lumière sur le corps et à développer d'efficaces thérapies par la couleur.

Dans le cadre de notre structure spirituelle, nous avons une reproduction miniature de la force vitale du soleil : le centre de la rate. On peut dire que le centre de la rate est le soleil du corps. Il a pour rôle unique de recevoir la substance spirituelle au sein des courants électromagnétiques du soleil et de la conduire au corps. Ce processus est automatique. Mais pour qu'il soit pleinement efficace, nous devons sortir à l'extérieur et profiter de l'air frais et de la lumière du soleil. Le seul fait d'être à l'extérieur dans la nature a un immense effet de guérison. Je recommande de passer vingt minutes par jour à l'extérieur, dans la lumière directe du soleil. Si possible, exposez la peau de la région de la rate. La lumière traverse les vêtements, mais le contact direct avec la peau est idéal.

Si vous passez beaucoup de temps à l'intérieur ou que vous habitez à un endroit où les périodes d'ensoleillement sont courtes, vous devez travailler directement avec votre rate pour faire en sorte qu'elle soit chargée des nutriments spirituels dont vous avez besoin pour rester en santé. Dans les pays où les saisons d'obscurité sont quasi constantes, on rapporte des taux élevés de dépression et de suicide, car les besoins en lumière solaire ne sont pas satisfaits.

Les deux meilleures énergies avec lesquelles travailler dans le centre de la rate sont l'orange vif et le jaune citron. Dans l'exercice suivant, nous travaillerons avec l'orange, pour son feu et sa vitalité. Quant au jaune, il apporte la chaleur et aide à régulariser la température du corps.

Prière méditative destinée à recharger le centre de la rate

Que le rayon orange vif se dirige vers mon centre de la rate, sous la forme d'un courant électrisant de ta puissance sacrée, afin d'y réactiver et d'y rallumer la force. Je demande que la substance spirituelle vitale fusionne avec cette lumière orange afin de reconstruire et de soutenir la force vitale de mon corps et de ma conscience. Je demande aussi que mon corps mental-éthérique et mon corps astral participent à la transmission de la lumière et de la substance à mon corps physique. Je suis maintenant chargé et rechargé d'une vitalité nouvelle et de substance spirituelle.

Stimuler les neurones

Sans contredit, c'est dans les neurones que la vitalité s'épuise en premier. Environ vingt pour cent de l'énergie du corps alimente le cerveau. Les neurones ont besoin de beaucoup d'énergie soutenue pour poursuivre leurs tâches.

Vous devez prendre garde de ne pas surcharger votre cerveau. Vous devez lui permettre de se reposer et lui accorder une nourriture convenable. Physiquement, vous pouvez travailler une journée entière et vous sentir fatigué, puis le lendemain vous sentir bien, car les cellules du corps se régénèrentr rapidement. Mais si vous vous fatiguez mentalement, vous pouvez vous réveiller le lendemain dans un brouillard mental. Pourquoi ? Parce que les neurones sont plus lents à se régénérer. Vous devez donc prendre garde de ne pas vous fatiguer mentalement. Si vous ne pouvez penser clairement, vous êtes confus et vos mouvements sont plus lents, ce qui peut indiquer une fatigue des neurones. Dans ce cas, il n'y a pas suffisamment de puissance spirituelle qui circule dans vos neurones. Il est temps alors de donner un répit à votre cerveau et de le laisser se recharger. Soyez vigilant et observez les signes.

Toutes les énergies sont efficaces pour le cerveau, mais la lumière argentée est l'énergie essentielle à utiliser en vue de le régénérer. La prière méditative qui suit est conçue pour améliorer la puissance et le fonctionnement du cerveau.

Prière méditative destinée à recharger les neurones

Que le rayon argenté se dirige vers le noyau blanc de mon cerveau physique et irradie tous les neurones, les stimulant par cette intelligence divine. Je demande que cette lumière touche chaque cellule nerveuse, chaque fibre et synapse pour restaurer à sa pleine puissance, vigilance et vivacité tout neurone fatigué, toute cellule qui fonctionne par automatisme. Je demande également que les liens entre mon cerveau et mon esprit soient renforcés, alertes et intacts.

Soulager le stress par la flamme violette

La Lumière divine soulage le stress à merveille. Le stress peut être causé par bien des choses, mais sa première victime est le système nerveux. Dans mon travail de guérison, je constate que bien des gens sont spirituellement épuisés, sur le plan nerveux, et cela peut les rendre vulnérables à une foule de maladies et de souffrances. Comme les neurones, les nerfs du corps ont besoin d'une circulation régulière de Lumière divine pour bien fonctionner ; une fois épuisés, ils ne se régénèrent pas rapidement. En soulageant le corps du stress accumulé, la Lumière divine doit être intensément dirigée vers le système nerveux. Parce que ce dernier fait partie du système de soutien spirituel du corps, je vois souvent une lumière bleu-vert entrer dans la colonne vertébrale par les centres du mental de la gorge et le Centre hermétique. À son tour, cette lumière nourrit le corps nerveux. Remarquez à quel point, certains jours, vous êtes débordant d'activité et tout est facile. D'autres jours, par contre, vous êtes moins actif, vous ne faites presque rien. Même vos mouvements sont au ralenti. C'est là un signe que vos nerfs manquent de courant vital. Quant tout demande un net effort, vous n'avez pas suffisamment de force dans vos nerfs. Vous pouvez également vous sentir irrité sans raison apparente. Vous vous faites de la bile concernant une remarque qui, à un autre moment, ne vous dérangerait pas. Cela peut être un signe de déséquilibre nerveux. Votre corps nerveux vous soutient tout entier ; ne lui permettez pas de vous laisser tomber. Ses connexions ont une certaine élasticité, mais sans plus. Elles ne peuvent aller plus loin, sous peine de se rompre.

La Lumière divine peut agir directement sur les nerfs pour soulager le stress et les points de pression. Bien des types d'énergies sont efficaces pour les nerfs. Dans la prière méditative qui suit, nous travaillerons avec la flamme violette, l'un des rayons de guérison les plus efficaces pour le corps nerveux. Cette énergie m'apparaît véritablement comme une flamme sereine. Son violet apporte une douce et réconfortante paix, tandis que sa configuration apporte la force spirituelle sous forme concentrée.

Prière méditative destinée à guérir le corps nerveux par la flamme violette

Que la flamme violette de la paix qui guérit se dirige vers mon épine dorsale et les nerfs périphériques afin de soulager, de guérir et de restaurer la force spirituelle et la vitalité de mes nerfs jusqu'à leurs extrémités. Avec cette lumière, je te demande d'apporter de nouveaux fluides vitaux afin de pleinement recharger mon corps nerveux.

S'enraciner

Voici un merveilleux exercice d'enracinement qui aide à équilibrer les forces spirituelles céleste et terrestre circulant en nous et à travers nous.

Tout d'abord, visualisez-vous adossé à un tronc d'arbre. Si vous pouvez le faire à l'extérieur, c'est encore mieux, mais la visualisation fonctionne tout aussi bien. Sentez l'arbre qui vous accueille dans son aura, et sentez que vous l'accueillez aussi dans la vôtre. Un merveilleux lien énergétique s'installe entre vous et l'arbre. Vous êtes pieds nus, et vous sentez la terre ferme sous vos pieds. Le seul fait d'être là debout vous revigore.

Puis, sans élever votre conscience, sentez cette merveilleuse énergie rouge monter du sol sous vos pieds et vous inonder à trois reprises. Cette énergie rouge et chaude fait partie de la force spirituelle de la Terre. Elle monte de sous vos pieds jusqu'au-dessus de votre tête et couvre votre dos, puis remonte deux autres fois au-dessus de votre tête. Chaque fois, à chaque cycle de lumière, vous vous sentez de plus en plus énergique.

Puis, sentez cette lumière partir de la plante de vos pieds et atteindre chaque partie de votre corps. Nommez chaque partie du corps et sentez la lumière qui active cette énergie en vous. Allez lentement et goûtez ce baptême de lumière. Lorsque vous avez fini, demandez que cette énergie rouge se concentre dans votre Centre hermétique.

Dans la seconde partie de cet exercice, élevez votre conscience vers votre Point du Moi supérieur et demandez au Plus Haut de faire descendre le feu bleu-blanc vers vous. Sentez cette lumière couler de votre Moi supérieur à travers votre point d'argent mental éthérique, autour de votre corps mental éthérique. Puis, demandez que cette lumière atteigne chaque partie de votre corps déjà touchée par le rayon rouge. Si vous le pouvez, nommez les parties de votre corps dans le même ordre qu'avec le rayon rouge. Prenez votre temps et goûtez ce merveilleux courant d'énergie. Lorsque vous aurez terminé, demandez que cette lumière se concentre également dans votre Centre hermétique. Demandez aussi que le feu bleu-blanc et le rayon rouge se mêlent ensemble pour vous centrer et vous enraciner dans la force divine.

Guérison du corps astral

La guérison astrale est un art en soi. Heureusement, lorsque vous méditez avec la lumière, le corps astral la reçoit également. Cependant, travaillez périodiquement avec votre corps astral uniquement avec l'exercice qui suit.

Une façon efficace de le faire consiste à visualiser votre corps astral assis devant vous, vous faisant face. Demandez à la flamme rouge orangé de descendre d'abord vers votre point argenté du mental éthérique, qui entoure le corps mental éthérique, puis visualisez cette lumière purificatrice baignant votre corps astral de la tête aux pieds, balayant tous les atomes noirs et gris vers le règne minéral. Voyez-la purifier toutes les parties du corps astral : la tête, la poitrine, le torse, et ainsi de suite, par la prière qui suit.

Prière méditative destinée à purifier le corps astral

Que la flamme rouge orangé se dirige vers toutes les parties de mon corps astral pour le purifier. Que cette flamme atteigne mon esprit astral, mon corps de désir, et tous les aspects de mon corps astral, balayant tous les atomes noirs et gris. Qu'elle purifie mon courant de vie astral, dégageant tous les empiètements et les bombardements, et réparant les fuites ou les déchirures. Je demande que toutes les énergies négatives soient évacuées dans le règne minéral et dissoutes dans la lumière.

Puis, utilisez le feu bleu-blanc. Demandez à la lumière d'atteindre tous les aspects que vous avez dégagés avec la flamme rouge orangé.

Prière méditative destinée à recharger le corps astral

Charge et recharge tous les aspects du corps astral dans le sens des aiguilles d'une montre en réapprovisionnant, guérissant et restaurant mon corps astral jusqu'à sa pleine fréquence vibratoire.

À ce stade, vous pouvez demander que la lumière baigne les trois corps – astral, physique et mental éthérique. Demandez aussi que cette lumière *aligne* les trois corps afin qu'ils soient parfaitement juxtaposés les uns avec les autres et avec la lumière. D'ailleurs, le corps mental éthérique est le corps primaire chargé de s'assurer que le corps astral est protégé et reçoit la lumière qu'il lui faut.

Renforcer les lignes de santé

Même si les lignes de santé alimentent automatiquement le corps en énergie, vous pouvez demander à la lumière de se rendre directement à elles pour les aider si elles sont vacillantes ou tombantes, et pour les garder fortes. Dans ce but, il vous est possible d'utiliser la flamme rouge orangé, le feu bleu-blanc et la lumière blanc argenté. Assurez-vous d'inclure votre corps mental éthérique dans cet exercice.

Prière méditative destinée à purifier les lignes de santé

Que la flamme rouge orangé se dirige vers le point argenté de mon mental éthérique et entoure mon corps mental éthérique de sept courants de cette lumière. Ensuite, envoie cette énergie à mes lignes de santé, de chaque côté de mon corps, afin d'écarter tous les atomes noirs et gris qui y sont logés.

Je demande que ce rayon purificateur facilite le processus naturel d'élimination des énergies négatives dans mes lignes de santé. Évacue toutes mes énergies destructrices et malades dans le règne minéral et dissous-les dans la lumière.

Visualisez les atomes noirs et gris qui sont éliminés par les extrémités de vos lignes de santé, et profondément enfouis dans le règne minéral. Puis, attirez le feu bleu-blanc.

Prière méditative destinée à recharger les lignes de santé avec le feu bleu-blanc

Que le feu bleu-blanc de la vie éternelle se dirige vers le point argenté de mon mental éthérique et entoure mon corps mental éthérique de sept courants de cette lumière. Puis, envoie cette énergie à mes lignes de santé, de chaque côté de mon corps, pour les charger et les recharger d'une nouvelle force vitale, et ouvrir le plein flux de lumière qui coule dans mon corps à travers ces stries spirituelles.

Ensuite, travaillez avec la lumière blanc argenté, une énergie spéciale qui aide à renforcer les lignes mêmes. Cette énergie fonctionne particulièrement bien pour les états sérieux dans lesquels les lignes de santé sont tombantes.

Prière méditative destinée à renforcer les lignes de santé au moyen de la lumière blanc argenté

Que la lumière blanc argenté se dirige vers le point argenté de mon mental éthérique et entoure mon corps mental éthérique de sept courants de cette lumière. Ensuite, envoie cette lumière dans mes lignes de santé, de chaque côté de mon corps, pour les renforcer. Dégage les lignes de toute agitation et renforce-les si elles sont tombantes ou faibles.

Renforcer le lien astral-physique

Comme nous l'avons vu, chaque cellule saine du corps a une aura argentée qui indique l'intelligence inhérente aux cellules. Vous pouvez alors imaginer que le corps a besoin d'une saine dose de lumière argentée pour bien fonctionner, tout comme les neurones.

Le corps astral conduit automatiquement la lumière argentée au corps physique, mais lorsque la conscience est emmêlée dans le schéma PMM, cette transmission peut être freinée. En fait, le rayon argenté de l'intelligence divine est envoyé au corps astral. Cette énergie est ensuite transmise au courant vital du corps astral, puis transmise au corps physique par le cordon argenté et les fils astraux, pour être ensuite envoyée aux cellules du corps. Rappelez-vous que chaque cellule du corps a sa propre intelligence et irradie une aura argentée qui reflète celle-ci. Le corps astral recharge continuellement chaque cellule du corps en énergie argentée.

Pour renforcer ce lien, commencez par élever votre conscience comme vous le feriez pour faire descendre la lumière de votre Point du Moi supérieur. Voyez votre corps astral assis devant vous et demandez qu'il soit baigné par le rayon argenté de l'intelligence divine. Puis, voyez cette énergie transmise à votre corps astral, par l'intermédiaire de vos fils astraux. Pendant que la lumière vous est envoyée, sentez votre corps physique qui accepte cette divine énergie et l'absorbe dans toutes ses cellules, les rajeunissant et y allumant une lumière nouvelle. Laissez ce processus se dérouler pendant environ trois minutes. Terminez en mettant la lumière protectrice autour de tout ce qu'on vous a donné.

Guérir les gabarits éthérique et astral

Les gabarits éthérique et astral fonctionnent très différemment du corps astral et du corps mental éthérique avec lesquels nous avons travaillé dans ce livre. Ils ont des tâches, une composition et une apparence différentes, mais l'une des différences les plus marquées est qu'ils sont passifs. Ils n'ont pas le même genre d'intelligence que les corps astral et mental éthérique.

Comme nous l'avons vu, les gabarits éthérique et astral pénètrent le corps physique sous tous les rapports. Chaque organe et chaque cellule est entourée de sa contrepartie éthérique et astrale. Même les atomes ont des contreparties éthériques et astrales pour soutenir leur structure. Et chacun de ces gabarits a son propre ensemble de chakras pour soutenir toutes les activités du gabarit.

Lorsque vous dirigez la Lumière divine vers votre corps, ces gabarits reçoivent aussi de la lumière. Néanmoins, il est utile de leur envoyer directement de la lumière, car ils deviennent également malades et sont aussi affectés par le schéma PMM. Lorsque l'énergie négative passe du corps astral au corps physique, cette énergie traverse ces gabarits, qui deviennent malades à peu près en même temps que le corps physique. Guérir ces gabarits peut donc grandement accélérer la guérison du corps.

Prière méditative destinée à purifier les gabarits éthérique et astral

Que la flamme rouge orangé se dirige vers mes gabarits éthérique et astral afin de les purifier de tous les atomes noirs et gris. Je demande que cette lumière interrompe toutes les vibrations de péché-maladie-mort logées dans ces gabarits, et évacue celles-ci vers le règne minéral, pour les dissoudre dans la lumière. Je demande aussi que la flamme rouge orangé aille également vers les chakras de chacun de ces corps afin de les purifier et de les nettoyer de tout débris, ou toute vibration négative, qui inhibe leur fonctionnement.

Puis, attirez le feu bleu-blanc pour guérir ces gabarits.

Prière méditative destinée à recharger les gabarits éthérique et astral

Que le feu bleu-blanc de la vie éternelle infusé de substance spirituelle se dirige vers mes gabarits éthérique et astral de façon à les charger et recharger d'une nouvelle force vitale. Je demande que cette lumière guérisse tous les aspects de ces gabarits et leurs liens avec mon corps physique. Que cette énergie charge et recharge mes chakras éthériques et astraux afin qu'ils fonctionnent à leur pleine fréquence vibratoire.

Guérir l'aura magnétique

Einstein a dit que le magnétisme était l'un des plus grands domaines inexpliqués de la physique. L'aura magnétique aide à soutenir les courants magnétique et électrique du corps. Le champ magnétique du corps est relié à son homéostasie, laquelle, à son tour, est reliée à l'équilibre acido-basique et au courant électrique, de même qu'à la manière dont le corps interagit avec le champ magnétique de la Terre et d'autres courants électromagnétiques et magnétiques. Tout déséquilibre peut rompre l'équilibre entier du corps, établissant dès lors un état de maladie. L'aura magnétique aide à garder cet équilibre. Lorsqu'elle est en panne ou que le corps est exposé à des courants magnétiques nuisibles, les énergies de cette aura peuvent montrer des gouttelettes flottantes de lumière grise.

Le système nerveux autonome entre ici en jeu, car c'est ce système complexe qui maintient l'homéostasie par le contrôle de certaines fonctions corporelles. Il le fait en régulant le pH du corps, soit en inhibant ou en augmentant l'activité des ions d'hydrogène.

Pour renforcer l'aura magnétique, il est important de passer du temps dehors, dans la nature. Notre champ magnétique individuel interagit avec le champ magnétique terrestre, lequel nous renforce et nous rajeunit. Lorsque nous nous enfermons dans un bureau ou une maison pendant des heures d'affilée, nous fermons certains de ces courants vitaux. Un geste aussi simple que de marcher pieds nus dans l'herbe verte peut avoir un effet merveilleux sur notre aura magnétique.

L'énergie avec laquelle travailler pour renforcer votre aura magnétique est le feu bleu-blanc. Il a une qualité électrisante qui est extrêmement bénéfique à votre aura magnétique.

Prière méditative destinée à renforcer et à équilibrer l'aura magnétique

Que le feu bleu-blanc de la vie éternelle se dirige vers mon aura magnétique pour la charger et la recharger d'une nouvelle force vitale. Je demande que cette force vitale électrisante guérisse toutes les zones où mon aura magnétique est compromise, déséquilibrée ou affaiblie d'une manière quelconque. Que cette lumière touche mon aura physique pour charger et rajeunir son homéostasie et équilibrer ses fonctions et systèmes, y compris l'équilibre acido-basique et mon système autonome, afin que mon corps soit en phase avec ton corps.

Affirmations et visualisations

Les affirmations et visualisations sont des moyens merveilleux pour aider à guérir le corps. Lorsque vous incluez la puissance additionnelle de la Lumière divine, vous amplifiez leur efficacité. Lorsqu'une personne envoie des pensées saines vers son corps ou un organe en particulier, je vois vraiment dans son aura un rayon de lumière dorée qui émane du centre mental pour aller vers l'organe ou la partie du corps où l'énergie positive est dirigée. C'est une vibration aurique extraordinaire à observer. De même, lorsque quelqu'un pense à quel point il est malade, je vois vraiment une énergie grise irradier de son corps mental vers la zone affectée, ce qui augmente cet état négatif. Cela nous dit très clairement de surveiller nos pensées à l'égard de la santé de notre corps.

Voici quelques consignes ayant trait à vos affirmations :

1. *Mémorisez vos affirmations.* Elles ont beaucoup plus de force lorsque vous n'avez pas à lire ce que vous êtes en train de dire. Et en les mémorisant, vous pouvez les invoquer chaque fois que vous sentez le besoin d'un renforcement spirituel.
2. *Croyez en ce que vous dites.* Vos affirmations auront peu de force si vous prononcez des paroles de santé mais pensez tout de même en termes de maladie. *Affirmer* signifie « renforcer ». Vos affirmations doivent donc être des déclarations fortes et positives remplies de conviction.
3. *Utilisez la Lumière divine.* En travaillant avec des affirmations de santé, demandez à la lumière dorée d'imprégner vos paroles. Il est excellent d'utiliser des affirmations au cours de votre période de méditation. Élevez votre conscience vers votre Moi supérieur et demandez à la lumière dorée de descendre jusqu'à votre centre mental. Puis, commencez à prononcer vos affirmations. Cela aura un effet beaucoup plus fort sur votre corps et votre conscience.
4. *Affirmez toujours une parfaite santé.* En d'autres mots, si vous voulez formuler une affirmation s'appliquant à votre foie, dites : « Mon foie est en parfaite santé », plutôt que « Mon foie se porte mieux ». L'effet en sera beaucoup plus grand.

Voici quelques-unes de mes affirmations préférées sur la santé. Je les ai d'ailleurs efficacement utilisées à maintes reprises :

- Mon corps est un temple de l'esprit vivant – il est la substance spirituelle.
- Mon corps est une Idée divine à jamais renouvelée par l'Esprit.
- Chaque partie de mon corps est en harmonie avec l'esprit vivant en moi. La vie de cet esprit divin circule dans chaque atome de mon être, revitalisant, revigorant et renouvelant chaque particule de mon corps physique.
- Un schéma de perfection au centre de mon être agit à présent dans chaque organe, fonction, action et réaction.
- Dieu est l'activité de mon corps qui manifeste l'harmonie et la volupté.
- Je suis la santé, l'harmonie et la félicité parfaites.

En vous servant de visualisations, vous exprimez dès lors une santé parfaite, peu importe ce que la forme physique vous montre. Les visualisations efficaces de la santé reflètent le processus d'imagerie divine qui se déroule déjà en vous. Voici quelques consignes ; elles sont semblables à celles qui concernent les affirmations :

1. *Croyez en ce que vous êtes en train d'imaginer.* Si vous imaginez la santé à un moment, puis la maladie, votre visualisation aura peu d'effet. Vous devez entretenir fermement l'image de la santé pour qu'elle se manifeste dans votre vie.
2. *Gardez en tête une image simple mais émotionnellement engageante.* Vous devez pouvoir vous identifier à ce que vous visualisez. Par exemple, pour imaginer la santé, voyez-vous en train de nager, de danser ou de faire quelque chose qui vous passionne et vous signale que vous êtes en parfaite santé.
3. *Conservez des images de la santé autour de vous.* Si vous essayez de guérir votre foie, prenez un manuel d'anatomie et voyez à quoi ressemble un foie en santé, puis imaginez fortement l'image dans votre esprit.
4. *Voyez-vous déjà en santé.* Comme pour les affirmations, au lieu de vous voir en train de *devenir* en meilleure santé, voyez-vous *déjà* fort et en santé.
5. *Utilisez la Lumière divine.* En travaillant avec des visualisations saines, demandez à la lumière dorée de les imprégner. Élevez votre conscience vers votre Moi supérieur et demandez à la lumière dorée de descendre dans votre centre mental. Puis, commencez votre visualisation.

En plus d'affirmations et de visualisations, je recommande tout simplement une relation avec votre corps. Parlez à ses cellules. Dites-leur à quel point elles sont merveilleuses et en santé, et quel bon travail elles effectuent. Remerciez-les pour la santé et le soutien qu'elles vous apportent. Rappelez-vous qu'elles ont leur propre intelligence et qu'elles réagissent par conséquent à l'intelligence. À votre tour, écoutez ce que votre corps a à vous dire. Il vous indiquera à quel moment il a besoin d'aide. Établir une relation avec votre corps est une grande partie de la santé physique.

Prière méditative destinée à la clarté et à l'orientation

Il y a des moments où nous ne connaissons pas la cause d'une maladie. Nous ne savons peut-être pas clairement si la racine est un schéma PMM, le karma, ou le corps physique. Et même si nous le savons *vraiment*, il peut s'avérer difficile de déceler le schéma PMM précis, la racine karmique, ou la maladie physique à la source de cette souffrance. La prière suivante vise à renforcer votre lien avec votre Moi supérieur afin de vous permettre d'atteindre une plus grande clarté.

Dans cette prière méditative, élevez votre conscience vers votre Point du Moi supérieur comme vous le feriez normalement. Puis, demandez à la lumière blanche de descendre dans votre Point du Moi supérieur et sollicitez des conseils avec la prière qui suit.

Prière méditative destinée à la clarté et à l'orientation

Père céleste, Sainte Mère Dieu, je vous demande de faire descendre la pure lumière blanche vers mon Point du Moi supérieur afin de le remplir de cette lumière. Je demande aussi à mon Moi supérieur de me donner la clarté, l'orientation et la direction concernant la santé. Aidez-moi à comprendre la cause de ma souffrance physique et ce que je peux faire pour guérir celle-ci. J'abandonne toutes les illusions et les fausses images concernant la santé, et je sais que Dieu est la source de toute guérison.

Je demande aussi que la sagesse et l'intelligence soient dirigées vers les médecins et les professionnels de la santé qui me traitent. Ainsi, ils seront inspirés et stimulés par cette lumière pour toute décision ou tout diagnostic se rapportant à moi. Ma santé est entre les mains de Dieu.

Chapitre neuf

UN SIMPLE PLAN DE DÉPART

En prenant le temps d'apprendre les techniques présentées dans ce livre, vous acquerrez l'ensemble de techniques de guérison le plus complet et le plus efficace. En outre, vous contribuerez largement à votre croissance spirituelle. Cependant, je ne veux pas vous faire croire que vous devez maîtriser toutes les techniques exposées ici avant de pouvoir travailler avec votre aura et la lumière. Vous pouvez commencer tout de suite. Naturellement, plus vous serez conscient, plus profonde sera l'expérience de guérison, mais l'essentiel est de démarrer. Inutile d'apprendre une chose si on ne s'en sert pas.

Si vous croyez avoir besoin d'une approche simplifiée pour amorcer votre travail de guérison, voici un plan simple pour entreprendre vos méditations :

- Assoyez-vous bien droit dans un fauteuil confortable, sans croiser les jambes. Si vous êtes trop malade pour vous asseoir sur une chaise, assoyez-vous dans un lit.
- Sentez autour de vous une bulle dorée de protection. Relaxez et prononcez quelques affirmations de santé.
- Imaginez au-dessus de votre tête un soleil doré rempli de lumière et de conscience divine (votre Point du Moi supérieur).
- Imaginez un magnifique rayon rouge orangé (la flamme rouge orangé) qui descend vers vous à partir du soleil doré, et sentez-le atteindre toutes les

parties de votre corps. Accueillez cette lumière dans votre conscience. Voyez-la purifier votre corps, dissoudre toutes les vibrations malsaines, toute maladie, toute inquiétude, toute tension. Observez cette énergie négative se dégager de vous sous la forme d'atomes noirs et gris, et se dissoudre dans le règne minéral.

- Lorsque vous aurez l'impression que c'est fait, accordez-vous une pause de quelques minutes.
- Recommencez en imaginant une magnifique lumière bleu-blanc (le feu bleu-blanc) qui descend vers vous à partir du soleil doré situé au-dessus de votre tête. Voyez cette lumière atteindre toutes les parties de votre corps et apporter un courant de guérison réconfortant. Sentez la force vitale qui palpite en guérissant toutes les régions de votre corps et de votre conscience. Si vous ressentez de la douleur, demandez à cette lumière de la soulager.
- Lorsque vous aurez le sentiment que c'est terminé, faites une courte pause.
- Finissez votre travail en imaginant une brillante lumière blanche qui descend à partir du soleil doré situé au-dessus de votre tête. Sentez cette lumière réparer chaque atome de votre être. À mesure que cette lumière atteint votre corps, ressentez une immense euphorie, comme si elle vous amenait à un tout nouveau plan de conscience où seule la santé existe.
- Lorsque vous sentirez que cette lumière a accompli sa tâche, imaginez une bulle dorée de protection qui vous entoure. Remerciez Dieu et pensez en termes de parfaite santé.

C'est tout. Votre méditation de guérison est terminée. La lumière commencera aussitôt à agir pour vous. Lorsque vous aurez l'impression d'être plus à l'aise, commencez à travailler avec vos centres spirituels, vos corps astral et mental éthérique, la substance spirituelle et toutes les autres techniques et prières méditatives présentées dans ce livre.

Vivre en santé

Tout est interrelié dans la vie. On ne peut isoler une zone à l'exclusion d'une autre. Nous vivons notre existence comme un tout. Si vous faites chaque jour la méditation avec la lumière tout en vous livrant à des activités nuisibles, l'efficacité de la lumière diminuera, naturellement. Vous devez travailler en coopération avec l'image divine de la santé. Assurez-vous de répondre à vos besoins fondamentaux : le repos, l'exercice, une alimentation saine, ainsi de suite.

Si vous êtes confronté à une souffrance physique, faites en douce l'inventaire de vos pensées et de vos émotions. Entretenez-vous du ressentiment ou de la colère ? Êtes-vous hanté par un souci ou une peur ? Si vous reconnaissez l'un ou l'autre de ces états en vous-même, mettez-vous au travail. Ne les gardez pas longtemps. Libérez-les, car ils peuvent faire – et ont peut-être déjà fait – des ravages sur le plan physique.

Vivez en harmonie avec la nature. Hippocrate y cherchait des façons de vivre en santé. Dans notre monde moderne, nous avons créé un environnement qui, si nous y consentons, peut nous séparer de la nature et d'une vie naturelle. Dieu nous a créé un paradis terrestre. La vie naturelle fait partie du processus spirituel de l'existence. Nous ne pouvons respecter cette demeure terrestre qu'en passant du temps dans la nature et en étudiant son fonctionnement. Lorsque nous nous tournons vers la nature, nous voyons la simplicité, l'harmonie et la beauté.

Créez-vous un paradis par la pensée, les sentiments, l'aura et le corps, et dans ce qui vous entoure, et vous acquerrez les bienfaits recherchés. Étudiez la beauté du corps et son fonctionnement, et dites-moi s'il y a ou non un ordre supérieur dans la vie. Dites-moi si l'incroyable modèle du corps n'est qu'aléatoire, dépourvu de direction et d'intelligence.

Faites appel à votre nature supérieure. Cette merveilleuse part de vous-même est la voie de la vie éternelle et de la santé parfaite. C'est elle qui vous relie à Dieu. Nous sommes tous beaucoup plus vastes que nous ne pouvons l'imaginer. Comme le disait le grand guérisseur et médecin Paracelse : « L'homme a besoin d'une intelligence exceptionnelle pour savoir qui il est. » En étudiant les mystères de la santé, nous sondons les mystères de notre véritable nature et de la vie.

Reconnaissez et utilisez les découvertes de la science dans le domaine de la santé, car elles font partie de l'univers de Dieu. Cependant, rappelez-vous toujours que la santé commence par Dieu, qu'il s'agit de vivre en harmonie avec Dieu afin de nous rapprocher de lui. La santé fait partie de notre retour à la maison.

Soyez affectueux envers vous-même. Si vous traversez une dure période du point de vue physique, soyez indulgent pour vous. Attachez-vous à l'image la plus élevée de vous-même, peu importe votre état physique. Faites votre part, mais mettez votre vie entre les mains de Dieu et observez les miracles qui se produisent. Dieu est toujours avec vous. Dans la maladie comme dans la santé, Dieu est présent. La Lumière divine aussi. Vous pouvez toujours les invoquer chaque fois que vous en avez besoin.

Soyez béni dans tous vos efforts de guérison.

APPENDICE : GUIDE DE RÉFÉRENCE EN GUÉRISON

Les principes de guérison spirituelle (page 8)

Tout genre de guérison spirituelle exige, pour être efficace, une coopération de l'esprit. Pour manifester la santé, vous devez penser en termes de santé. Peu importe le genre de technique de guérison spirituelle utilisée, rappelez-vous toujours que :

- la santé est votre droit de naissance divin,
- la santé commence par Dieu.

La section santé de l'aura (page 28)

La section santé est un aspect de l'aura qui traite directement de la santé physique et de la nourriture spirituelle du corps physique. Cette section comprend :

- l'aura autour des organes et des cellules du corps,
- l'aura qui entoure le corps même,
- les lignes de santé du corps.

Le corps astral (page 49)

Le corps astral est le système de soutien de la santé ; il amoindrit la maladie afin de l'empêcher de se manifester physiquement. Il est important d'inclure le corps astral dans vos méditations de guérison. Le corps astral vous ressemble et se tient généralement à votre droite, mais il peut se déplacer.

Le corps mental éthérique (page 54)

Le corps mental éthérique est un corps conducteur fort de l'énergie spirituelle, car il circule du Moi supérieur vers le corps. Il ressemble à une sphère dorée de lumière entourant la forme physique.

Le schéma PMM (péché-maladie-mort) (page 56)

Le schéma PMM est la plus grande cause de maladie du corps. Il est illustré par la séquence suivante : Nous péchons dans le mental, par une pensée destructrice ; puis, une part de cette énergie destructrice est transférée au corps astral afin d'être éliminée ; lorsque la pensée destructrice submerge le corps astral, l'énergie négative refoule dans le corps physique et entraîne la maladie physique ou la mort.

Il est nettement possible de prévenir le schéma PMM et de le corriger au moyen de pensées et de sentiments sains, et en travaillant avec la Lumière divine.

La substance spirituelle (page 78)

La substance spirituelle est le matériau divin à partir duquel toute forme est créée. Nous avons besoin d'une réserve régulière de cette substance pour maintenir la structure atomique de notre corps. Nous recevons cette substance :

- de l'air que nous respirons,
- par les courants éthériques de la Terre,
- de la lumière du soleil qui atteint notre corps,
- par le processus de méditation avec la Lumière divine.

Le Point du Moi supérieur (page 86)

Le Point du Moi supérieur est situé à 60 centimètres au-dessus de la tête physique. C'est l'émissaire de l'énergie et de l'inspiration divines. Toute énergie de guérison reçue passe par le Moi supérieur avant de nous atteindre.

Les quatre centres spirituels essentiels (page 91)

Dans le corps physique, quatre centres spirituels essentiels sont beaucoup utilisés pendant un travail de guérison :

1. *Le centre mental.* Situé au milieu du front, c'est le noyau de notre moi pensant conscient.
2. *Le centre de la gorge.* Situé au milieu de la gorge, ce centre est le noyau de notre tonalité créative.
3. *Le Centre hermétique.* Situé au milieu de la poitrine, ce centre est le noyau de nos affaires quotidiennes, y compris notre santé et notre bien-être.
4. *Le centre émotionnel.* Situé dans la région du plexus solaire, où se trouve le nombril, c'est le noyau énergétique de notre nature émotionnelle.

Méditer avec la Lumière divine (page 89)

La méditation du Moi supérieur est l'un des plus grands outils d'accès à la lumière spirituelle. La méditation consiste à s'ouvrir à Dieu ; la prière consiste à demander à Dieu. En travaillant avec la Lumière divine en vue de guérir votre corps, vous faites les deux.

Voici les six étapes par lesquelles vous ferez descendre la lumière :

1. *Détendez-vous.* N'amorcez pas la méditation dans un état de forte agitation. Faites de votre mieux pour abandonner vos inquiétudes.
2. *Établissez la protection.* Placez une bulle dorée de protection autour de vous avant de commencer votre méditation.
3. *Vérifiez vos centres spirituels.* Assurez-vous que vos centres spirituels tournent dans le sens des aiguilles d'une montre, comme si vous étiez l'horloge.
4. *Reliez-vous à votre Moi supérieur.*
5. *Faites descendre la Lumière divine et la substance spirituelle.*
6. *Enracinez-vous.* Après avoir reçu la Lumière divine, offrez vos remerciements et laissez la lumière se répandre uniformément dans votre corps et votre conscience avant de mettre fin à votre méditation.

En faisant descendre la lumière afin de guérir votre corps, il est fortement recommandé de suivre la séquence suivante :

1. Faites d'abord descendre la lumière vers vos quatre centres spirituels essentiels.
2. Puis, faites-la descendre vers votre corps mental éthérique. Vous pouvez inclure la substance spirituelle si vous le voulez.
3. Demandez ensuite à la lumière de se rendre dans votre corps astral.
4. Faites finalement descendre la lumière vers votre corps physique et dans toute région de votre corps qui en a besoin.

Pour augmenter davantage l'efficacité de votre travail de guérison, vous pouvez inclure la substance spirituelle avec votre travail sur la lumière (étapes 2 à 4).

Les trois rayons de guérison spirituelle essentiels (page 102)

Vous pouvez travailler avec plusieurs énergies (ou rayons) afin de guérir des états physiques. Cependant, trois de ces rayons sont essentiels dans toute situation :

- *La flamme rouge orangé de purification*. Ce rayon peut dissoudre du corps les atomes négatifs noirs et gris qui découlent d'une maladie.
- *Le feu bleu-blanc*. C'est le plus grand rayon de guérison qui soit. Lorsque vous travaillez avec la flamme rouge orangé, vous devez toujours la faire suivre du feu bleu-blanc. Ce rayon est excellent pour soulager la douleur.
- *La pure lumière blanche*. Voilà un rayon essentiel pour recharger le corps, l'esprit et l'âme. Il est particulièrement efficace pour aider à réparer la structure atomique du corps, surtout s'il est combiné avec une substance spirituelle.

Lectures recommandées

Avalon, Arthur. *The Serpent Power: The Secrets of Tantric and Shaktic Yoga*. New York, Dover Publications, 1974.

Barker, A. T. *The Mahatma Letters to A. P. Sinnett*. Fac-similé, 2e éd., Pasadena, CA, Theosophical University Press, 1997.

Bryson, Bill. *A Short History of Nearly Everything*. New York, Broadway Books, 2003.

Clayman, Charles. *The Human Body: An Illustrated Guide to its Structure, Function, and Disorders*. Londres, DK Publishing, 1995.

Cranston, Sylvia. *The Extraordinary Life & Influence of Helena Blavatsky*. New York, Tarcher/Putnam, 1993.

Gerber, Richard. *A Practical Guide to Vibrational Medicine: Energy Healing and Spiritual Transformation*. New York, Harper Collins, 2001.

Gerber, Richard. *Vibrational Medicine: The #1 Handbook of Subtle-Energy Therapies*. Rochester, VT, Bear & Company, 2001.

Goldsmith, Joel. *The Art of Spiritual Healing*. New York, Harper & Row, 1959. (Ce livre est une lecture obligatoire dans mon programme de guérison.)

Greene, Brian. *The Fabric of the Cosmos: Space, Time, and the Texture of the Cosmos*. New York, Vintage, 2005.

Gribbin, John. *In Search of Schrodinger's Cat: Quantum Physics and Reality*. New York, Bantam Books, 1984.

Hall, Manly P. *Man: Grand Symbol of the Mysteries*. Los Angeles, Philosophical Research Society, 1972.

Hall, Manly P. *Paracelsus: His Mystical and Medical Philosophy.* Los Angeles, Philosophical Research Society, 1964.

Holmes, Ernest. *The Science of Mind: A Philosophy, A Faith, A Way of Life*. New York, Tarcher/Putnam, 1966.

Jacobi, Jolande. *Paracelsus: Selected Writing*. Princeton, NJ, Princeton University Press, 1979.

Leadbeater, C. W. *The Chakras*. Wheaton, IL, Quest Books, 1969.

Leadbeater, C. W. et Besant, Annie. *Occult Chemistry: Investigation by Clairvoyant Magnification into the Structure of the Atoms of the Periodic Table and Some Compounds.* Whitefish, MT, Kessinger, 1997.

Merck & Co. *The Merck Manual of Medical Information: Home Edition*, 2e éd., New York, Pocket Books, 2004.

Militz, Annie Rix. *The Renewal of the Body*. Whitefish, MT, Kessinger Publishing, 1997.

Paramananda, Swami. *Spiritual Healing*. Cohasset, MA, Vedanta Centre, 1985. (L'un des meilleurs ouvrages sur les principes de la guérison spirituelle.)

Powell, A. E. *The Etheric Double*. Wheaton, IL, Quest Books, 1969.

Steadman, Thomas L. *Steadman's Medical Dictionary*, 27e éd., Philadelphie, Lippincott Williams & Wilkins, 2000.

Barbara Y. Martin

Auteure mondialement reconnue et spécialiste de l'aura, Barbara Y Martin est l'un des voyants et enseignants spirituels les plus importants de notre époque. Affectueusement surnommée « le Mozart de la métapsychique », Barbara est née avec le don de voir les auras dans toute leur subtilité. En tant que guérisseuse, elle peut littéralement voir les dimensions spirituelles de la santé et de la maladie dans le corps. Elle a enseigné à des milliers de gens du monde entier à améliorer leur santé et leur vie en travaillant avec l'aura. Son livre fort acclamé *Change Your Aura, Change Your Life* a reçu le Reader Preference Editor's Choice Award ; il est maintenant publié dans trente pays. Barbara habite à Los Angeles, en Californie, où elle a cofondé le Spiritual Arts Institute, une société éducative sans but lucratif exonérée de tout impôt et vouée à la promotion de la santé et du développement spirituel.

Dimitri Moraitis

D'abord formé à la production cinématographique et télévisuelle, Dimitri Moraitis a une expérience fort variée dans le divertissement et la publicité, en tant que producteur, scénariste et réalisateur. Il a reçu plusieurs prix et mentions, dont un Oscar pour son court métrage *Don't Let It Bother You*. Dimitri est un orateur éloquent quand il est question de l'aura, car il travaille avec Barbara Martin sur le champ énergétique humain depuis plus de vingt ans. Guérisseur spirituel accompli, il a en outre collaboré au livre de Barbara *Change Your Aura, Change Your Life*. Cofondateur et directeur du Spiritual Arts Institute, il anime des ateliers et des cours à cet institut.

Comment rejoindre Barbara Y. Martin

Pour en savoir davantage sur ses consultations privées sur l'aura, ses séances de guérison, ses cours, ses ateliers, ses livres et ses CD, écrivez ou téléphonez à :

Spiritual Arts Institute
P.O. Box 4315
Sunland, CA 91041-4315
Tél. : 818-353-1716
Ligne sans frais : 1-800-650-AURA (2872)
Télécopieur : 818-353-0506
Ou visitez le site de l'Institut : www.SpiritualArts.org.

Dons

Le Spiritual Arts Institute est une société éducative exonérée de tout impôt et incorporée en Californie. En tant qu'organisation sans but lucratif, nous dépendons du soutien du public pour mener à bien nos fonctions et nos services communautaires. Les dons contribuent à l'augmentation des inscriptions des élèves, à l'organisation de rencontres de guérison et de compagnonnage, à la mise sur pied de cours et d'ateliers à coûts abordables, ainsi qu'à la production et à la distribution de livres et de manuels de grande qualité.

Si les enseignements spirituels de ce livre vous ont aidé, nous demandons votre soutien afin que d'autres puissent bénéficier de ces connaissances sur l'aura, la guérison et la métapsychique.

Des contributions déductibles d'impôt (aux États-Unis) peuvent être envoyées à l'adresse mentionnée plus haut.

Merci de votre soutien. Puissiez-vous recevoir de riches bienfaits !

Quelques exemples de livres d'éveil publiés par Ariane Éditions

Aimer ce qui est
Anatomie de l'esprit
Contrats sacrés
Marcher entre les mondes
L'effet Isaïe
L'ancien secret de la Fleur de vie,
tomes 1 et 2
Vivre dans le cœur
Les enfants indigo
Le pouvoir de créer
Célébration indigo
Aimer et prendre soin des enfants indigo
Série Conversations avec Dieu,
tomes 1, 2 et 3
L'amitié avec Dieu
Communion avec Dieu
Nouvelles Révélations
Retour à Dieu
Le Dieu de demain
Le pouvoir du moment présent
Mettre en pratique le pouvoir du moment présent
Quiétude
Le futur est maintenant
Votre quête sacrée
Sur les ailes de la transformation
Messages du Grand Soleil central
Révélations d'Arcturus
L'amour sans fin
L'âme de l'argent
Le code de Dieu
Entrer dans le jardin sacré
L'oracle de la nouvelle conscience (jeu de cartes)
Guérir de la détresse émotionnelle
Cercle de grâce
Médecine énergétique
L'envolée humaine
Intelligence intuitive du cœur
Sagesse africaine
L'univers informé
Science et champ akashique
Guérir avec les anges (jeu de cartes)
Accéder à son énergie sacrée
Au-delà du Portail
Les cités de lumière intraterrestres
Nirvana
Nouvelle Terre
Telos, tomes 1, 2 et 3
Le livre de l'éveil
Et l'univers disparaîtra
Tout est accompli
Tansparence II
Créateurs d'avant-garde
Biologie des croyances
Reconquérir son ADN

Série Soria
Les grandes voies du Soleil
Maîtrise du corps ou Unité retrouvée
Voyage
L'Être solaire
Fleurs d'esprit
Cercles de paroles
Réalisation solaire

Série Kryeon
La graduation des temps
Allez au-delà de l'humain
Alchimie de l'esprit humain
Partenaire avec le divin
Messages de notre famille
Franchir le seuil du millénaire
Un nouveau départ
Un nouveau don de lumière